生态帝国主义分析与批判

张真真 —— 著

中央编译出版社
Central Compilation & Translation Press

图书在版编目（CIP）数据

生态帝国主义：分析与批判 / 张真真著. -- 北京：中央编译出版社, 2025. 8. -- ISBN 978-7-5117-5006-8

Ⅰ. B089.1

中国国家版本馆CIP数据核字第2025T8P630号

生态帝国主义：分析与批判

责任编辑	郑菲菲
责任印制	李 颖
出版发行	中央编译出版社
网　　址	www.cctpcm.com
地　　址	北京市海淀区北四环西路69号（100080）
电　　话	（010）55627391（总编室）　　（010）55627392（编辑室）
	（010）55627320（发行部）　　（010）55627377（新技术部）
经　　销	全国新华书店
印　　刷	北京印刷集团有限责任公司
开　　本	710毫米×1000毫米　1/16
字　　数	206千字
印　　张	16.5
版　　次	2025年8月第1版
印　　次	2025年8月第1次印刷
定　　价	96.00元

新浪微博：@中央编译出版社　　　微　信：中央编译出版社（ID: cctphome）

淘宝店铺：中央编译出版社直销店（http://shop108367160.taobao.com）　（010）55627331

本社常年法律顾问：北京市吴栾赵阎律师事务所律师　闫军　梁勤

凡有印装质量问题，本社负责调换，电话：（010）55627320

本书受到北京工业大学马克思主义学院资助出版
本书系北京市社科项目"习近平生态文明思想的世界意义研究"（22KDC010）阶段性成果

目 录
CONTENTS

导 论 ·· 1
  一、研究对象与选题意义 ······························ 1
    （一）生态学马克思主义 ··························· 1
    （二）生态学马克思主义的帝国主义批判思想 ········ 3
    （三）理论和实践价值 ····························· 5
  二、国内外研究综述 ·································· 7
    （一）国内研究现状述评 ··························· 8
    （二）国外研究现状述评 ··························· 13
  三、研究方法和创新点 ································ 20

第一章 帝国主义批判思想在生态学马克思主义中的地位 ······ 24
  一、生态学马克思主义对帝国主义的争议 ················ 24
  二、帝国主义批判思想是生态学马克思主义的重要议题 ···· 33
  三、帝国主义批判思想是生态学马克思主义的重要支撑 ···· 40
    （一）生态经济学 ································· 41
    （二）生态现代化 ································· 48

第二章 生态学马克思主义视域下的帝国主义与资本积累 …… 60
一、资本积累是"资本的首要指令" …… 60
（一）资本主义的首要目标是积累资本 …… 61
（二）资本主义生产方式的不可持续性 …… 68
二、资本逻辑与生态原则的对抗性 …… 76
（一）资本对无限利润的追求与有限的自然资源不相容 …… 76
（二）生态危机的国际转移是资本扩张的突出表现 …… 80

第三章 生态学马克思主义视域下的帝国主义与资本国际扩张 …… 87
一、资本国际扩张的动力 …… 87
（一）推进生物进化 …… 88
（二）扩大资本输出 …… 92
（三）拓展国际市场 …… 98
二、资本国际扩张的途径 …… 107
（一）政府是资本国际扩张的首要途径 …… 107
（二）非政府组织是资本国际扩张的重要途径 …… 111
（三）跨国公司是资本国际扩张的主要途径 …… 116

第四章 生态学马克思主义视域下的帝国主义与生态不平等交换 …… 123
一、生态不平等交换的概念 …… 123
（一）生态不平等交换的界定 …… 125
（二）生态不平等交换的论战 …… 131
二、生态不平等交换的特征 …… 134
（一）不对称转移性 …… 134

　　　　（二）成本外化性 ································· 138
　　　　（三）发展不均衡性 ······························· 142
　　三、生态不平等交换的影响 ···························· 145
　　　　（一）生态不平等交换对发展中国家的影响 ·········· 146
　　　　（二）生态不平等交换对人类福祉的影响 ············ 155

第五章　生态学马克思主义的帝国主义批判思想的表现形式 ································· 161
　　一、生态帝国主义 ···································· 161
　　　　（一）生态帝国主义的研究转向 ···················· 162
　　　　（二）生态帝国主义的新特征 ······················ 165
　　二、绿色帝国主义 ···································· 171
　　　　（一）绿色帝国主义对扩张行为进行辩护 ············ 171
　　　　（二）新技术是一种创造性的毁灭力量 ·············· 174
　　三、能源帝国主义 ···································· 180
　　　　（一）能源帝国主义不能彻底解决能源问题 ·········· 180
　　　　（二）生物燃料被吹捧为一种"替代能源" ············ 185
　　（四）气候帝国主义 ·································· 192
　　　　（一）气候帝国主义对"灾难论"的争议 ·············· 192
　　　　（二）气候危机与能源需求之间存在冲突 ············ 198
　　　　（三）气候帝国主义的本质是气候不正义 ············ 203

第六章　生态学马克思主义的帝国主义批判思想的理论价值与缺陷 ······································· 209
　　一、生态学马克思主义的帝国主义批判思想的理论价值 ···· 209
　　　　（一）有助于正确认识当代资本主义 ················ 209

（二）推动着当代西方马克思主义的新进展 …………… 212
二、生态学马克思主义的帝国主义批判思想的理论缺陷 …………… 219
　　（一）对马克思主义的误解 …………………………… 219
　　（二）对未来社会制度构想的局限性 ………………… 226

参考文献 ……………………………………………………… 235

导 论

当代资本主义社会发展面临的新情况、新问题以及由此所引发的思想交锋与争论，无疑成为生态学马克思主义的帝国主义批判思想产生的重要背景。因此，深入研究生态学马克思主义的帝国主义批判思想具有重要意义。

一、研究对象与选题意义

（一）生态学马克思主义

生态学马克思主义是美国学者本·阿格尔（Ben Agger）在20世纪70年代提出的一个新概念，用以概括当代西方学者运用马克思主义认识和解释危机理论及生态问题的理论动向。[①] 从20世纪中后期赫伯特·马尔库塞（Herbert Marcuse）认识到生态问题与资本主义制度的关系之后，大批西方学者致力于运用马克思主义理论解释资本主义商品生产的危机与生态问题，形成了诸多影响深远的理论和启发性观点。特别值得关注的是，在阿格尔之后，西方学界对这一新的理论动向给予高度重视和充分关注，并展开了不同视角的深入研

---

① ［加］本·阿格尔：《西方马克思主义概论》，慎之等译，北京：中国人民大学出版社1991年版。

究。然而，国内学界在这一新思潮的称谓上，并不统一而且十分混乱，生态学马克思主义、生态马克思主义与生态学的马克思主义——是国内学者对"Ecological Marxism"的三种主要不同译法。其中，使用过"生态学马克思主义"译法的学者有王谨①、曾文婷②、何萍③等，使用过"生态马克思主义"译法的学者有郇庆治④、刘仁胜⑤、周穗明⑥，使用过"生态学的马克思主义"译法的学者有陈学明⑦、张之沧⑧、黄继锋⑨等。本研究之所以选择"生态学马克思主义"的译法，主要原因有两个：第一，这是目前国内学界使用频率最高的一种译法，而这也表明绝大多数的国内学者对这种译法达成了一定的共识。第二，这是一种既分析生态学又结合马克思主义的理论学说，所以对二者的讨论也是这一理论的重要内容。而且在阿格尔看来，这种译法能更好地反映资本主义扩张。他认为，这一理论不仅包括资本扩张所带来的资源减少和环境污染，还包括异化劳动和异化消费。基于阿格尔的界定，本研究认为，这一理论既不能

---

① 王谨：《生态学马克思主义》，载《马克思主义研究》，1985年第4期。
② 曾文婷：《"生态学马克思主义"的生态危机理论评析》，载《北方论丛》，2005年第5期。
③ 何萍：《生态学马克思主义的理论困境与出路》，载《国外社会科学》，2010年第1期。
④ 郇庆治：《生态马克思主义与生态文明制度创新》，载《南京工业大学学报（社会科学版）》，2016年第1期。
⑤ 刘仁胜：《生态马克思主义发展概况》，载《当代世界与社会主义》，2006年第3期。
⑥ 周穗明：《"生态马克思主义"论生态学与马克思主义的关系》，载《新视野》，1996年第3期。
⑦ 陈学明：《评生态学的马克思主义及其主要代表人物高兹》，载《当代国外马克思主义评论》（第三辑），2002年第1期。
⑧ 张之沧：《论生态学的马克思主义的人道主义》，载《伦理学研究》，2007年第3期。
⑨ 黄继锋：《"政治生态学"——"生态学的马克思主义"的一种解释》，载《马克思主义研究》，1995年第4期。

仅仅定义为从马克思主义的理论学说中借鉴了生态学思想，也不能仅仅理解为现代生态学理论与马克思主义的相互嫁接，而应该将那些运用马克思主义基本立场、观点和方法分析生态问题和帝国主义批判思想的西方学者都包含在内。可以说，生态学马克思主义是马克思主义在当代西方学界的一种新的理论形态。

（二）生态学马克思主义的帝国主义批判思想

就广义的角度而言，"帝国主义"是指发达资本主义国家对发展中国家的控制。总的来说，国际范围内对帝国主义思想的研究主要有两条路径。第一条路径是从民族国家的概念出发，研究国家与国家之间的关系。马克思在研究资本积累的基础上，发现了发达资本主义国家的对外扩张。基于此，列宁提出"垄断"的概念，并将资本扩张从国内垄断发展到国际垄断。对于经典马克思主义者而言，帝国主义是指主要发达资本主义国家之间的竞争，概括来说，表现在以经济、政治以及军事等手段开展的冲突中，并最终导致了发达资本主义国家之间的战争，集中体现在为取得控制权而进行的斗争方面，其中发展中国家以被动参与者而非积极参与者的身份出场。第二条路径是把帝国主义的研究从经济领域扩展到政治等其他领域。马克思从经济领域出发研究国家与国家之间的关系，列宁将这种关系从经济领域扩展到政治领域。从历史上看，多数西方学者对于帝国主义的研究，都是从发达资本主义国家对第三世界国家资源的控制程度出发的，因而更倾向于从经济盈余的影响来分析，虽然有部分学者将这种影响视为地缘政治问题或影响经济发展的因素，但很少有学者从资源的掠夺、环境的破坏等生态影响的角度进行分析。

正是在这个基础上，充分认识生态学马克思主义的帝国主义批判思想，就需要明确发达资本主义国家与发展中国家之间的系统性不对称，并进一步明晰这种不对称对发展中国家的影响。西方马克思主义对帝国主义批判思想的研究遵循的是第二条路径，而生态学

生态帝国主义：分析与批判

马克思主义作为西方马克思主义的重要内容，随着生态危机研究的深化将其内容和范围逐渐拓展，特别是以资源掠夺和生态剥削为特征的西方生态帝国主义理论的出场，更是加深了生态学马克思主义对帝国主义批判思想的研究。在一定程度上可以说，生态学马克思主义的帝国主义批判思想是生态学马克思主义者认识和解读当代资本主义发展在生态上呈现形态的系统化成果。在他们看来，如果没有内在于资本主义的生态扩张和不平等生态交换，资本主义就不能继续发展，发达资本主义国家就无法维持其国际地位。也就是说，生态学马克思主义的帝国主义批判思想绝不是人们通常意义上所认识的资本主义扩张，不仅是由发达资本主义国家的生态扩张引起的，更是根源于资本主义制度的生产方式。所以在当代资本主义发展进程中，不理解生态学马克思主义的帝国主义批判思想便无法真正透视资本主义生产方式的当代形态和新变化。

从阿格尔致力于实现生态学与马克思主义的结合，关注资本主义的经济危机和生态问题开始，生态学马克思主义就已经注意到了发达资本主义国家与发展中国家之间的不平等生态交换。詹姆斯·奥康纳（James O'Connor）和戴维·佩珀（David Pepper）在相关著作中也涉及了生态学马克思主义的帝国主义批判思想，但真正将其作为一个重要命题予以探讨的是约翰·贝拉米·福斯特（John Bellamy Foster）。美国 2001 年 9 月 11 日以来的全球行动，往往被视为"新军国主义"和"新帝国主义"，但无论是军国主义还是帝国主义，对美国来说都不是新鲜事，因为美国自成立以来，一直是一个扩张主义大国。更为重要的是，美国在阿富汗和伊拉克发动了战争，扩大了军事基地的全球覆盖范围，并提高了军费开支水平。针对 2001 年 9 月以来的美帝国主义的发展历程，福斯特发表了一系列文章，并在此基础上出版了《赤裸裸的帝国主义：美国谋求全球霸权》一书。这本书充分借鉴了马克思、列宁等人的观点，系统探讨了生态学马克思主义的帝国主义批判思想,同时也为历史发展提供了一种更一致、更有力和更能揭示问题的观点。在此之后,帝国主义批判思想成为西方生态学马克思主义者长期讨论的焦点议题。理查德·史密斯(Richard Smith)、迈克尔·洛维(Michael Löwy)、伊恩·安格斯(Ian Angus)、德里克·沃尔(Derek Wall)、克里斯·威廉姆斯(Chris Williams)、特德·本顿(Ted Benton)、瑞尼尔·格伦德曼(Reiner Grundmann)、乔纳森·休斯(Jonathan Hughes)、岩佐茂(Shigeru Iwasa)、斋藤幸平(Kohei Saito)、布雷特·克拉克(Brett Clark)等一大批生态学马克思主义者也将研究兴趣转向于此。其中一些生态学马克思主义者讨论了帝国主义批判思想形成的动因,也有一些生态学马克思主义者论述了帝国主义批判思想在当代的表现形式。应该说,帝国主义批判思想已经成为生态学马克思主义从多方面探讨、研究当代资本主义生态危机的完整的、系统的理论。

(三)理论和实践价值

生态学马克思主义专注于从生态学视角解读马克思主义理论,从而为当今日益严峻的生态问题提供可资借鉴的解决方案。在研究资本主义与生态环境关系的过程中,生态学马克思主义意识到发达资本主义国家的发展都是基于发展中国家的经济不发展之上的,而且前者生态环境的改善也是建立在后者生态环境持续恶化的基础之上。在全球化日益推进的过程中,生态学马克思主义逐渐认识到帝国主义批判思想的重要性,并主张从不同的视角进行研究,包括理论来源、理论形态等。而选择将"生态学马克思主义的帝国主义批判思想"作为研究对象,主要有以下三点原因:一是从国际社会主义运动来看,20世纪80年代末90年代初,苏联和东欧剧变导致国际格局发生重大变革,发达资本主义国家对外扩张的行为更加猖獗,随着石油等战略资源的日益紧缺,美国等发达国家甚至不惜动用战争手段来维护本国的资源安全和战略地位,而这进一步加剧了国际

生态帝国主义：分析与批判

范围内资源紧缺和环境污染的现状。二是从马克思主义理论的发展进程来看，"向马克思的回归"为生态学马克思主义理论家重新认识发达资本主义国家与发展中国家的关系提供了重要的理论依据，使他们进一步明确了发达资本主义国家与发展中国家之间剥削与被剥削的关系，明确了国际范围内的生态不平等交换。三是从生态学马克思主义对未来社会图景的设想来看，一些生态学马克思主义者否认了资本主义框架范围内能够解决生态问题的观点，否认了"市场至上论"和"技术万能论"，提出生态社会主义的未来社会图景，并展开了详细的阐释。

从整体上认识生态学马克思主义的帝国主义批判思想，不仅对从理论上廓清一些重要问题、全面推进西方马克思主义和生态学马克思主义具有重要的理论意义，而且对于人们深入认识资本主义金融危机及其本质、对于全面认识当代资本主义具有重要的实践价值。

第一，有助于完整系统地呈现生态学马克思主义的帝国主义批判思想。帝国主义批判思想在生态学马克思主义理论的发展进程中占据着十分重要的地位，力求容纳一般意义上的资本积累、政治扩张和军事干预等过程，从而给予资本主义社会的生态危机以合理的理论解释。可以说，帝国主义批判思想不是西方生态学马克思主义理论中某一个学者关注的焦点，而是诸多学者共同的研究兴趣；不是单一的概念、现象，而是一种融合诸多观点的系统化理论。本研究试图将帝国主义批判思想放在生态学马克思主义的整个理论发展进程中予以把握，通过全面梳理诸多学者对帝国主义的认知，系统勾勒出生态学马克思主义的帝国主义批判思想的逻辑架构。

第二，有助于推动生态学马克思主义理论在国内学术界的纵深发展。帝国主义批判思想不仅是生态学马克思主义的研究旨趣所在，也是这一理论研究的着力点。如果从王谨于20世纪80年代中期发表的文章算起，生态学马克思主义的研究在我国已经走过三十余年的历程。① 可以发现，多数已有的研究成果集中于单独的人物思想研究，而缺乏整体性的宏观视野。虽然说人物思想的研究对于新思想而言十分必要，但也不能止步于此，更为重要的是要考虑这些人物思想之间的内在联系。21 世纪以来，国内学界在生态学马克思主义的研究上实现了重大突破，开始运用"生态学马克思主义"或"生态马克思主义"对这一思潮进行整体性研究探讨。本研究以该思潮的主要理论为依托，试图勾勒出诸多学者关于帝国主义批判思想研究的内在逻辑关系，从而为全面把握生态学马克思主义提供一种整体性的研究视域。

第三，有助于理解当代资本主义的发展及全球化进程。生态学马克思主义的帝国主义批判思想对于研究国际范围内的不平等交换和不平衡发展，对于发展中国家如何在全球化的国际背景下，以更少的成本代价更好地发展本国经济、保护本国的生态环境，从而有效处理全球化进程中出现的各种生态问题具有重要意义。在生态学马克思主义那里，帝国主义批判思想绝不仅仅是一种国际关系，也绝不是简单的生态问题的经济呈现，而是当代资本主义生产方式的生态表征。基于这样的认识，可以说，不理解帝国主义批判思想就无法理解当代资本主义的发展及其所主导的全球化。生态学马克思主义对帝国主义批判思想进行的全方位、系统化研究，在某种意义上就是一种基于生态视角的当代资本主义发展的研究。总而言之，本研究力图全面、系统、完整地呈现生态学马克思主义的帝国主义批判思想的主要观点和逻辑框架。

二、国内外研究综述

任何的理论研究都是基于前人研究成果之上的，没有前人理论

---

① 王谨：《"生态学马克思主义"和"生态社会主义"——评介绿色运动引发的两种思潮》，载《教学与研究》，1986 年第 6 期。

成果的奠基，各种理论都无法开展下去，生态学马克思主义的帝国主义批判思想作为较新的理论成果亦是如此。本研究通过对生态学马克思主义的帝国主义批判思想的有关内容进行全面解读阐释，从而明晰这一思想的发展进程。通过学习和总结国内外学者对生态学马克思主义的帝国主义批判思想的研究成果，以形成整体性的认识和把握，最终在客观认识西方学者观点的基础上，全面认识生态学马克思主义的帝国主义批判思想。

（一）国内研究现状述评

从国内学者对生态学马克思主义思想史研究的情况来看，目前还没有形成系统的帝国主义批判思想的理论成果，还不能看到生态学马克思主义的帝国主义批判思想发展的全貌。现有的一些研究也仅局限于对几个重点人物的重点思想的阐述。所以全面系统地掌握生态学马克思主义的帝国主义批判思想的相关文献就成为必需，梳理其发展脉络、从总体上展现其理论也是当下要做的工作，借鉴国外生态学马克思主义的理论和方法，以期打破西方话语权。生态学马克思主义的帝国主义批判思想是随着生态危机的全球化发展起来、将生态问题与国际关系结合起来的理论形态。作为一种西方理论，生态学马克思主义并非直接进入国内学者的研究视野，而是伴随着学界对西方马克思主义生态理论等研究的深入逐渐展开的。总体来看，国内学界对生态学马克思主义的研究已经逐渐突破"人物"研究，转换成对其整体性的理解和具体理论的分析。作为生态学马克思主义重要组成部分的帝国主义批判思想，尽管已引起当下国内学界的关注，但更多的是以福斯特的思想为中心，其他生态学马克思主义理论家在帝国主义批判思想上的研究见解还未充分引起国内学者的广泛关注。

第一，国内生态学马克思主义研究现状。20世纪80年代，得益于王谨①、何萍②的一系列论文,生态学马克思主义开始被介绍到国内,成为人们关注的热点话题。但不可忽视的是,国内学者关于这一方面的研究主要聚焦于福斯特相关理论的研究。在整体性研究方面,徐艳梅从整体上探讨了生态学马克思主义的概念、逻辑、理论基础等内容。③ 在人物研究方面,康瑞华聚焦于福斯特,阐释了其对生态学马克思主义的理论贡献。④ 随着研究的深化,国内学界开始对这一思想流派的一些基本理论问题进行探索,综合来看主要集中在以下三个方面:

一是生态学马克思主义基本理论的研究现状。在生态学马克思主义的规定性上,以陈学明⑤、刘仁胜⑥为代表的学者分别从理论性质、西方马克思主义与生态学的关系出发规定生态学马克思主义,分别将其界定为生态学马克思主义的最新流派、西方马克思主义对生态学关注的结果。徐艳梅⑦、曾文婷⑧等学者还将马克思关于人与自然的关系、生态学以及系统论等作为这一理论的思想渊源。关于生态学马克思主义与中国生态文明建设的关系,王雨辰⑨和刘顺⑩不约而同地认为,这一理论为解决我国的生态问题提供了国际视野,

---

① 王谨:《生态学马克思主义》,载《马克思主义研究》,1985年第4期。
② 何萍:《"生态学马克思主义"简介》,载《教学科研资料》,1986年第13—14期。
③ 徐艳梅:《生态学马克思主义研究》,北京:社会科学文献出版社2007年版。
④ 康瑞华:《批判 构建 启思——福斯特生态马克思主义思想研究》,北京:中国社会科学出版社2011年版。
⑤ 陈学明、俞吾金:《国外马克思主义哲学流派新编·西方马克思主义卷(下)》,上海:复旦大学出版社2002年版。
⑥ 刘仁胜:《生态马克思主义概论》,北京:中央编译出版社2007年版。
⑦ 徐艳梅:《生态学马克思主义研究》,北京:社会科学文献出版社2007年版。
⑧ 曾文婷:《"生态学马克思主义"研究》,重庆:重庆出版社2008年版。
⑨ 王雨辰:《论生态学马克思主义与我国的生态文明理论研究》,载《马克思主义研究》,2011年第3期。
⑩ 刘顺:《资本全球化与国家生态安全》,载《现代经济探讨》,2017年第2期。

生态帝国主义：分析与批判

有助于改善我国的生态环境，推进我国经济社会的可持续发展和全面进步。

二是生态学马克思主义具体理论的研究现状。国内学界对这一方面的研究集中体现在生态批判、生态正义以及现代性批判等方面。以郭剑仁①和孟献丽、左路平②为代表的学者考察了这一理论的生态批判内容。以吴苑华③为代表的学者分析了这一理论的生态价值内容。而以汪盛玉④为代表的学者阐述了这一理论的生态正义内容。胡绪明和柴文一⑤分析了生态学马克思主义的现代性批判理论，主张从社会角度关注现代性问题，从而寻求解决生态危机的途径。

三是生态学马克思主义相关理论的对比性研究。在这一理论与马克思主义的比较研究方面，曾文婷⑥和郑湘萍、田启波⑦从马克思对人与自然的论述、西方马克思主义思潮的影响、方法论和唯物史观出发，分别认为前者属于后者、二者既有一致又有不同、二者存在本质不同。在这一理论与生态社会主义的比较研究方面，国内学界主要有四种不同的观点，其中陈学明和俞吾金⑧承认生态社会主义包含这一理论；郭剑仁主张二者都属于广义上的生态学马克思主义，

---

① 郭剑仁：《生态地批判——福斯特的生态学马克思主义思想研究》，北京：人民出版社2008年版。
② 孟献丽、左路平：《生态马克思主义的生态批判理论及其局限》，载《国外社会科学》，2018年第3期。
③ 吴苑华：《国外马克思主义的生态学价值诉求》，载《自然辩证法研究》，2009年第12期。
④ 汪盛玉：《"生态正义"何以可能——生态学马克思主义生态文明观探析》，载《贵州师范大学学报（社会科学版）》，2014年第4期。
⑤ 胡绪明、柴文一：《现代性的生态学批判——生态学马克思主义现代性批判论析》，载《马克思主义理论学科研究》，2017年第2期。
⑥ 曾文婷：《"生态学马克思主义"研究》，重庆：重庆出版社2008年版。
⑦ 郑湘萍、田启波：《生态学马克思主义与马克思主义关系辨析》，载《贵州社会科学》，2009年第12期。
⑧ 陈学明、俞吾金：《国外马克思主义哲学流派新编·西方马克思主义卷（下）》，上海：复旦大学出版社2002年版。

但各有侧重；周穗明①、刘仁胜②认为这一理论是生态社会主义的一个发展阶段；王谨③等学者则强调二者属于不同的社会思潮。

在一定意义上可以说，以往国内学界对于这一理论的研究集中于生态问题、生态批判以及生态社会主义的路径研究，但对于帝国主义批判思想的研究还相对较少。就整体而言，国内学界对于这一理论的研究取得了较为丰硕的成果，尤其是对个别人物思想的研究比较透彻，这对于我们加深对生态学马克思主义的帝国主义批判思想的认识有很大帮助。但不容忽视的是，国内学界对这一理论的研究还存在一定程度的不足：就总体研究而言，没有系统地阐明这一理论在新时期的新变化；就具体研究而言，缺乏对解决生态危机策略的专题性研究；就对比研究而言，对这一理论的内部争议研究不够。

第二，国内生态学马克思主义的帝国主义批判思想的研究现状。当前，国内学界还未对生态学马克思主义的帝国主义批判思想所具有的重要地位给予充分重视，未曾对这一重要理论进行系统梳理。但是，这并不意味着国内学者未曾关注这一问题。恰恰相反，生态学马克思主义的帝国主义批判思想研究正逐渐成为国内学者的重要研究领域，成为进一步深化福斯特思想研究的重要立足点。国内学界对这一思想的研究更多地表现为生态帝国主义理论，以曹义恒④的博士论文为例，他在梳理经典作家生态思想的基础上，考察了"生态帝国主义"的相关内容，不仅论述了各主要学派的地位，还阐释

---

① 周穗明等：《20世纪西方新马克思主义发展史（下）》，北京：学习出版社2004年版。

② 刘仁胜：《生态马克思主义概论》，北京：中央编译出版社2007年版。

③ 王谨：《"生态学马克思主义"和"生态社会主义"——评介绿色运动引发的两种思潮》，载《教学与研究》，1986年第6期。

④ 曹义恒：《"生态帝国主义"批判——马克思主义的视角》，武汉大学博士论文，2017年。

生态帝国主义：分析与批判

了这些不同学派之间的逻辑关系。杨程少[①]、马涛[②]、黄剑[③]也分析了生态帝国主义理论的渊源以及形成过程。曹立华[④]和艳红[⑤]专门分析了福斯特的生态帝国主义思想，其中前者勾勒了福斯特"批判与反思"的基本构架，后者批判了不触及资本主义核心问题的生态改革方案。生态帝国主义是生态学马克思主义的帝国主义批判思想在生态领域的直接体现。发达资本主义国家通过掠夺发展中国家的资源和利润，不仅满足了其资本积累、"绿色发展"以及维持霸权地位的需要，同时也制造了发展中国家的生态脆弱性。但不容忽视的是，生态问题不能简单地被地理扩张和资源掠夺所取代。

总体而言，国内学界主要分析了生态帝国主义的表现形式、本质、根源以及对发展中国家的影响。俞可平[⑥]、张建成[⑦]、刘伟哲[⑧]、董慧[⑨]、孟献丽和郝玉洁[⑩]将发达资本主义国家的扩张分为直接和间接两种形式。曾文婷[⑪]、时青昊[⑫]还探索了生态帝国主义的三种表现

[①] 杨程少：《生态帝国主义初探》，华中科技大学硕士论文，2010 年。
[②] 马涛：《生态帝国主义问题探析》，哈尔滨工业大学硕士论文，2013 年。
[③] 黄剑：《生态帝国主义探析》，福建师范大学硕士论文，2013 年。
[④] 曹立华：《约翰·福斯特对生态帝国主义的批判与反思——对马克思思想的一种生态学解读》，浙江师范大学硕士论文，2012 年。
[⑤] 艳红：《福斯特生态帝国主义批判研究》，内蒙古师范大学硕士论文，2019 年。
[⑥] 俞可平：《全球化时代的"社会主义"：九十年代国外社会主义评述》，北京：中央编译出版社 1998 年版。
[⑦] 张建成：《"生态帝国主义"的生态侵略》，载《当代世界》，1995 年第 3 期。
[⑧] 刘伟哲：《生态帝国主义与全球化》，载《中国发展》，2008 年第 2 期。
[⑨] 董慧：《生态帝国主义——一个初步考察》，载《江海学刊》，2014 年第 4 期。
[⑩] 孟献丽、郝玉洁：《生态帝国主义的批判与反思》，载《当代世界》，2019 年第 4 期。
[⑪] 曾文婷：《"生态学马克思主义"研究》，重庆：重庆出版社 2008 年版。
[⑫] 时青昊：《20 世纪 90 年代以后的生态社会主义》，上海：上海人民出版社 2009 年版。

形式：资源掠夺、污染输出和生态战争。龙睿赟①、孟献丽和郝玉洁分别将生态帝国主义的本质概括为帝国主义特征在生态问题上的表现、资本主义的逐利本性。王雨辰②和张剑③分别从资本主义制度、生态危机出发将生态帝国主义的根源归结为资本主义制度的反生态性、帝国主义的统治体系。张纯厚④、李娟⑤、李小红⑥还分析了生态帝国主义对发达资本主义国家和发展中国家的影响，探索了其对国际范围内生态资源、生态环境以及国际关系的影响。

总体而言，国内学界还没有形成生态学马克思主义的帝国主义批判思想的系统性研究，仅有的研究也是零星地散落在生态批判以及生态帝国主义等研究著作中，更没有关于生态学马克思主义的帝国主义批判思想的专题研究。帝国主义批判思想作为生态学马克思主义的重要组成部分，仍处于该理论的"边缘"地带。

（二）国外研究现状述评

国外学者对马克思主义与生态问题相结合这一动向的关注，也经历了从"人物"研究到整体性研究的历程。对于生态学马克思主义的帝国主义批判思想的研究，散见于生态学马克思主义和生态批判等相关著作中，主要呈现在对福斯特、克罗斯比等著作的述评中。

---

① 龙睿赟：《对生态帝国主义的基本认识与应对策略》，载《重庆理工大学学报（社会科学版）》，2019年第8期。
② 王雨辰：《反对资本主义的生态学——评西方生态学马克思主义对资本主义社会的生态批判》，载《国外社会科学》，2008年第1期。
③ 张剑：《生态殖民主义批判》，载《马克思主义研究》，2009年第3期。
④ 张纯厚：《环境正义与生态帝国主义——基于美国利益集团政治和全球南北对立的分析》，载《当代亚太》，2011年第3期。
⑤ 李娟：《生态学马克思主义的生态帝国主义批判与当代启示》，载《当代世界与社会主义》，2014年第1期。
⑥ 李小红：《生态帝国主义的根源与危害》，载《山西高等学校社会科学学报》，2014年第2期。

生态帝国主义：分析与批判

第一，国外生态学马克思主义研究现状。在生态学马克思主义看来，生态问题是由发达资本主义国家的对外扩张造成的，所以生态帝国主义、绿色帝国主义、能源帝国主义和气候帝国主义等国外左翼生态流派逐渐被提出来，以往研究中得到重点关注的殖民主义也相继将生态以及环境问题纳入其理论框架。可以说，生态与帝国主义关系问题的研究已成为西方学界的重要研究主题。但必须清楚的是，国外学界关于这一理论的研究集中体现在马克思有无生态思想的争论上。

一些生态学马克思主义者以马克思很少谈论生态问题为由否认马克思等学者对生态问题的研究。阿格尔认为，马克思忽视了资本主义对生态环境的影响，正是在这个基础之上，他否认了马克思对生态问题的研究，认为马克思等学者的研究没有意识到这种浪费性生产的影响。① 瑞尼尔·格伦德曼认为，马克思过度强调生产力的发展，而很少谈论生态内容，所以他否认马克思对生态问题的研究，换句话说，他反对重新建构生态学马克思主义的做法，因为在他看来大多数人都主张马克思不是生态学家。② 特德·本顿则从劳动手段出发，认为马克思仅仅把自然界视为劳动手段和劳动对象，从而夸大了劳动在改造自然过程中的作用。奥康纳认为在一些马克思主义理论家那里，确实存在生态学的"理论空场"，而且马克思也没能预测到资本的生产不足所引发的生态危机。③

还有一些生态学马克思主义者认为马克思在早期或晚期的相关著作中忽视或放弃了生态原则。鲁道夫·巴罗（Rudolf Bahro）认为

---

① ［加］本·阿格尔：《西方马克思主义概论》，慎之等译，北京：中国人民大学出版社1991年版。
② Reiner Grundmann, *Marxism and Ecology*, Oxford: Clarenddon Press, 1991.
③ ［美］詹姆斯·奥康纳：《自然的理由——生态学马克思主义研究》，唐正东、臧佩洪译，南京：南京大学出版社2003年版。

马克思的早期著作《1844年经济学哲学手稿》是最具生态意义的著作，因为他的晚期著作没有继续发展其早期关于人与自然关系的观点，而青年马克思对私有制的分析则促进了"自然和文化的和解"①。许多环境评价家认为，马克思早期著作以人与自然的关系为中心，但在晚期的著作中却忽视或者忘记了这些观点。② 基于此，部分学者认为马克思更多关注的是资本关系。对此，塞巴斯蒂亚诺·廷帕纳罗（Sebastiano Timpanaro）持不同意见，指出只有在其后期著作中才能发现马克思对自然的正确认识，特别是他认为"成熟的马克思……肯定比《关于费尔巴哈的提纲》时候的马克思更唯物主义得多"③。

与之形成鲜明对比的是，以福斯特为代表的一些生态学马克思主义者否认了上述两种观点，并系统阐发了马克思的生态思想。福斯特和保罗·伯格特（Paul Burkett）在2016年出版的《马克思和地球：一种反批评》一书中认为，尽管以奥康纳为代表的"第一阶段的生态社会主义者"公开表示赞赏马克思的生态遗产，深刻批判了资本主义，但他们倾向于以最有力的术语强调马克思生态学的理论缺陷，如"一个重大的生态缺陷""一个严重的错误""一个缺陷""一个失败"。④ 在福斯特等人看来，否认马克思生态思想的学者们不仅彻底抛弃了马克思的价值理论、物化理论和阶级理论，强调这些理论已经过时，而且认为恢复马克思的思想对于批判资本主义的环境破坏是毫无意义的。基于此，福斯特等人对这些批评进行了比

---

① ［英］乔纳森·休斯：《生态与历史唯物主义》，张晓琼、侯晓滨译，南京：江苏人民出版社2011年版，第141—142页。
② ［英］乔纳森·休斯：《生态与历史唯物主义》，张晓琼、侯晓滨译，南京：江苏人民出版社2011年版，第140页。
③ Sebastiano Timpanaro, *On Materialism*, London: New Left Books, 1975, p. 41.
④ John Bellamy Foster and Paul Burkett, *Marx and the Earth: An Anti-Critique*, Chicago: Haymarket Books, 2017, p. 16.

生态帝国主义：分析与批判

较严谨的"反批判"，以便最终解决这些争论，捍卫马克思的生态思想遗产。他们论证了马克思的生态学可以让我们得出"一种方法论方法，适用于当今截然不同（但并非无关）的环境问题"，从严格意义上来看，虽然一个多世纪过去了，但马克思对政治经济学的批判仍然可以提供分析资本主义基本逻辑和结构的独特洞察力。①

此外，在生态危机的根源方面，西方学者各抒己见：巴里·康芒纳（Barry Commoner）②和弗·卡普拉（Fran Kaplan）③主张现代技术说，唐奈勒·H. 梅多斯（Donnell H. Meadows）④和赫尔曼·E. 戴利（Herman E. Daly）⑤主张经济增长说，以及爱德华·O. 威尔逊（Edward O. Wilson）⑥所认为的人类中心主义说。针对这些观点，福斯特⑦、威廉·I. 罗宾逊（William I. Robinson）和乔尔·科威尔（Joel Kovel）等学者认为上述学者们对生态危机根源的分析，忽视了生态危机背后的社会因素，而且也没有认真思考生态与可持续发展之间的关系。福斯特等人主张从资本生产的内在逻辑、思想文化根源及世界体系出发，全方位考察生态危机的现状与趋势。在生态危

---

① John Bellamy Foster and Paul Burkett, *Marx and the Earth: An Anti-Critique*, Chicago: Haymarket Books, 2017, p. 24.

② [美] 巴里·康芒纳：《封闭的循环——自然、人和技术》，侯文蕙译，长春：吉林人民出版社1997年版。

③ [美] 弗·卡普拉：《转折点——科学·社会·兴起中的新文化》，冯禹译，北京：中国人民大学出版社1989年版。

④ [美] 唐奈勒·H. 梅多斯、丹尼斯·L. 梅多斯、约恩·兰德斯：《超越极限：正视全球性崩溃，展望可持续的未来》，赵旭、周欣华、张仁俐译，上海：上海译文出版社2001年版。

⑤ [美] 赫尔曼·E. 戴利：《超越增长——可持续发展的经济学》，诸大建、胡圣等译，上海：上海译文出版社2001年版。

⑥ Edward O. Wilson, *On Human Nature*, Cambridge MA: Harvard University Press, 1978, p. 17.

⑦ [美] 约翰·贝拉米·福斯特：《生态危机与资本主义》，耿建新、宋兴无译，上海：上海译文出版社2006年版。

机的解决途径方面,莱斯特·R. 布朗 (Lewis R. Brown)① 将生态退化的原因归结为市场没有充分发挥作用。他认为如果不能通过价格机制合理地将环境成本纳入市场体系,就不能通过供求关系充分地利用环境资源。相比较而言,福斯特②、乔尔·科威尔③等学者主张以生态社会主义取代资本主义,从根本上解决生态危机。

第二,国外生态学马克思主义的帝国主义批判思想的研究现状。国外学者关于生态学马克思主义的帝国主义批判思想研究的相关文献也散见于生态学马克思主义的相关著作中。根据现有的研究成果,可以明确的是,国外学者对生态学马克思主义的帝国主义批判思想的研究主要遵循两条路径:

第一条是从马克思本人的理论出发,试图从马克思的经典著作中寻找生态学马克思主义的帝国主义批判思想的理论基础。20世纪90年代,基于资本主义生产方式政治经济学维度的核心问题,詹姆斯·奥康纳认为,资本主义生产方式降低或破坏了包括环境在内的生产条件。他提出帝国主义国家和第三世界国家"不平衡发展"的对立性关系,认为"不平衡发展"所导致的发生在第三世界国家的生态灾难,远大于其对帝国主义国家的影响。④ 特德·本顿在《生态马克思主义》一书中从介绍马克思主义是生态的还是非生态的这一争议出发,引出生态马克思主义,并通过着重论述资本主义的第二重矛盾,论证了绿色政治对马克思主义的影响,表明只有通过

---

① [美] 莱斯特·R. 布朗:《B 模式2.0——拯救地球 延续文明》,林自新、暴永宁等译,北京:东方出版社2006年版。
② [美] 约翰·贝拉米·福斯特:《生态危机与资本主义》,耿建新、宋兴无译,上海:上海译文出版社2006年版。
③ [美] 乔尔·科威尔:《自然的敌人——资本主义的终结还是世界的毁灭?》,杨燕飞、冯春涌译,北京:中国人民大学出版社2015年版。
④ [美] 詹姆斯·奥康纳:《自然的理由——生态学马克思主义研究》,唐正东、臧佩洪译,南京:南京大学出版社2003年版。

生态帝国主义：分析与批判

红—绿联盟才能实现生态可持续发展。①

第二条是从资本主义的本性和当前生态危机的现实出发，在解释当代人类面临的生态环境现状的同时分析资本主义的未来出路。福斯特认为，资本主义自诞生以来，一直是全球扩张的体系，是按照等级划分为中心和外围的体系，其目的是中心国家向外围国家开放投资，从而确保以低廉的价格获取持续的原材料，并使剩余价值从外围国家流向世界体系的中心。他认为，帝国主义的发展不是美国所特有的，也不仅仅是特定国家政策的产物，而是整个资本主义历史和逻辑的系统结果。今天的帝国主义制度和过去一样，其目的依然是向核心资本主义国家开放外围经济，从而确保中心国家能够继续以低廉的价格获取外围国家的原材料，并保证经济盈余从外围国家净流入到世界体系的中心，从这个角度来看，外围国家的经济结构是为了满足美国和其他核心资本主义国家的外部需求，而不是满足本国人民的需要，这导致了外围国家对中心国家无休止的依赖和债务负担。因而，他强调唯一可行的改善当前环境危机和外围国家资源危机的方法不是在资本主义框架内，而是转向生态社会主义。②

弗雷德·马格多夫（Fred Magdoff）和福斯特在《每个环境学家都需要了解的资本主义》一书中从地球的生态危机出发，指出各种形式的环境退化，探索了世界资本主义体系的不可持续性：（1）资本主义追求无止境的资本积累，其生产必须不断扩大才能获得利润；（2）农业和粮食系统造成环境污染，但仍旧无法满足资本发展所需要的粮食；（3）严重破坏环境；（4）不断加剧国家内部和

---

① ［英］特德·本顿：《生态马克思主义》，曹荣湘、李继龙译，北京：社会科学文献出版社 2013 年版。

② John Bellamy Foster, *Naked Imperialism: The U.S. Pursuit of Global Dominance*, New York: Monthly Review Press, 2006.

国家之间的收入和财富的不平等；（5）将技术作为灵丹妙药，以避免该体系本身的运作和运作所引发的日益严重的社会和生态问题。基于此，他们呼吁开展一场反对资本主义的生态革命，建立一个新的保持人类与环境之间的合理新陈代谢并能促进经济和社会正义的生态社会主义制度，从而实现以下四个目标：（1）创造实质性平等；（2）满足现在和今后几代人的基本物质和非物质需要；（3）以加强和保护环境的方式尊重社会，而不是以私人的方式利用自然；（4）创造一种人类相互积极参与和社区充分互动的社会氛围。① 伊恩·安格斯指出，21世纪的人类面临着更多生态问题，而这些危机是由人类活动引起的地球系统危机，为降低资本主义在今天造成的损失，他主张必须将资本主义转向生态社会主义。②

但一些西方学者否认了反对资本主义的绿色革命，认为只有转向农业革命，才能实现可持续发展。虽然印度主流政治话语尚未真正关注环境问题或可持续发展，但伊朗学者拉明·贾汉贝格鲁（Ramin Jahanbegloo）和印度环境哲学家范达娜·席娃（Vandana Shiva）通过对话形式指出了核心资本主义国家笼罩下的资本主义生产方式给印度等地区带来的严重后果，这种资本主义的生产方式期望以较低的成本获取较多的利润，因此不顾疾病，甚至放弃可持续发展，这不仅破坏了农业循环，也影响了人类的身体健康。除此之外，这些国家还对殖民地的大学教授和科学家统一进行培训，主导和控制殖民地的生态革命，从而获得更多的资本。所以说，印度等地区的绿色革命是发达资本主义国家主导的驱动系统，而以使用大量杀虫剂为主的绿色革命造成了殖民地疾病的蔓延和土壤的退化，

---

① Fred Magdoff and John Bellamy Foster, *What Every Environment Needs to Know about Capitalism*, New York: Monthly Review Press, 2011.
② Ian Angus, *Facing the Anthropocene: Fossil Capitalism and the Crisis of the Earth System*, New York: Monthly Review Press, 2016.

因此席娃认为应该将绿色革命转向农业革命，以实现农业的可持续发展。① 克里斯·威廉姆斯认为在资本主义制度内开展一场争取真正改革的运动是绝对必要的，我们需要尽快减缓气候变化的速度，采取碳浓度较低的能源替代方法，认真对待能源节约问题，同时采取强有力的政府强制措施，最终实现生态社会主义。②

总体而言，生态学马克思主义以马克思生态学为基础，在资本积累和生态破坏的双重逻辑支撑下，以帝国主义资本扩张和资本主义环境破坏为特征，以实现生态社会主义为目标，构成了生态学马克思主义的帝国主义批判思想。从整体上来看，国内外学术界对生态学马克思主义的研究是比较丰富的，但无论是从生态学马克思主义的总体研究来看，还是从生态学马克思主义具体理论的研究来看，过去多以生态批判、现代性批判与其他理论的比较研究为主，而且对于生态学马克思主义的帝国主义批判思想的研究多散落于生态批判等相关著作中，缺乏整体性、专题性研究。

三、研究方法和创新点

学习理论最主要的目的就是用所学的知识和方法去分析、解读现实问题，得出具有可靠性的结论，从而检验理论的科学性。生态学马克思主义的帝国主义批判思想研究在唯物辩证法的指导下，坚持马克思主义理论，具体采用历史与逻辑相统一的方法、文本分析法以及比较研究法。

第一，历史与逻辑相统一的方法。本研究致力于完整呈现生态学马克思主义的帝国主义批判思想的基本观点和主要逻辑，然而诸

---

① Ramin Jahanbegloo and Vandana Shiva, *Talking Environment: Vandana Shiva in Conversation with Ramin Jahanbegloo*, Oxford: Oxford University Press, 2013.

② Chris Williams, *Ecology and Socialism: Solutions to Capitalist Ecological Crisis*, Chicago: Haymarket Books, 2010.

多学者在这一问题上的相关成果并不能完全按照逻辑的发展依次出现。本研究通过对自20世纪60年代以来生态学马克思主义发展历程的系统梳理，从众多学者的论著中筛选出与帝国主义思想紧密相关的研究成果。但在这些研究成果的观点和思想呈现上，并不必然按照历史的顺序，而是根据生态学马克思主义的帝国主义批判思想的整体逻辑来组织这些成果先后出现的位置，最终形成一个前后衔接、内在统一的完整理论体系。

第二，文本分析法。本研究建立在对生态学马克思主义阐述帝国主义批判思想的相关文献的整理和分析基础上，既包括文献综述部分提到的国内外学者关注并讨论较多的福斯特出版的关于帝国主义的论著，也包括还未引起国内外学术界广泛关注的其他一些学者的研究成果；既包括一些中文著作和已经翻译成中文的外文著作，也包括一些未被翻译成中文的外文著作。对搜集的文献资料进行研读和借鉴，经过去粗取精、去伪存真的整理，从中提炼出生态学马克思主义的帝国主义批判思想的主要观点和内在逻辑关系。

第三，比较研究法。为全面以及更好地理解生态学马克思主义的帝国主义批判思想，本研究对比分析了生态学马克思主义的帝国主义批判思想与其他西方绿色思潮的关系，阐明了帝国主义批判思想在生态学马克思主义中的重要地位，明确了帝国主义批判思想是生态学马克思主义的重要支撑。必须清楚的是，比较研究是理解生态学马克思主义的帝国主义批判思想的有效途径，其理论旨趣并不是把帝国主义批判思想作为解决现实问题的资料库，也不是单纯进行纯粹的西方马克思主义文本研究的考据。比较研究的目标之一是把生态学马克思主义"带入"当下，而不是一种教条主义的"迂回"。换言之，比较研究所关注的并不是生态学马克思主义有什么，而是生态学马克思主义在当代的生命力，以及变化的时代语境能否构成对其理论生命力的挑战等问题。

生态帝国主义：分析与批判

在全球化的背景下，生态危机已经演变为社会危机，并加速了经济危机、政治危机、社会危机和军事危机，从而演变为全球性危机。目前学界针对生态学马克思主义和帝国主义的研究有许多，包括著述和期刊论文，特别是在生态环境问题日益突出的背景下，关于生态学马克思主义的研究日益凸显。但国内外学界关于生态学马克思主义的研究多集中于生态危机、消费异化、生态理性等具体层面，很少有学者专门研究帝国主义批判思想。与已有的研究成果相比，本研究希冀在以下三个方面有所突破，从而进一步丰富国内学界在生态学马克思主义的帝国主义批判思想方面的研究。

第一，为整体认识生态学马克思主义的帝国主义批判思想提供一个相对完整的逻辑架构。当前国内外学界都对生态学马克思主义的帝国主义批判思想给予高度重视，并形成了一些研究成果，为进一步的研究奠定了坚实的基础。然而，这些研究成果也不同程度地存在一定的缺陷，其中最重要的是，这些研究成果散见于西方马克思主义的著作中，而没有专门性、系统性的研究。本研究试图突破这种局限，通过梳理诸多学者对生态学马克思主义的帝国主义批判思想的研究成果，整理出该理论的主要逻辑架构。

第二，拓展生态学马克思主义的帝国主义批判思想的广度和深度。应该说，帝国主义批判思想不是生态学马克思主义流派中某位学者关注的焦点，而是这一流派中诸多学者都普遍关注的问题。如果将研究仅仅聚焦在福斯特身上，那么所形成的研究成果在其所应当包含观点的广度和深度上，都不可能真正反映出这一理论的应有内涵。本研究尽可能全面地搜集生态学马克思主义者关于帝国主义批判思想方面的论著，以期呈现这一理论所实际涉及的范围。

第三，为进一步深化生态学马克思主义的研究提供一个崭新视角。可以说，国内学界在生态学马克思主义的研究上逐渐深化，但在已有的研究成果中，更多地还是按照人物的先后顺序来进行，通过依次呈现人物的主要观点和思想来勾勒生态学马克思主义的主要内涵。这样的研究在一定程度上使得人物的诸多思想与观点之间的逻辑衔接略有欠缺。本研究则是以理论为主,将帝国主义批判思想发展进程中所出现的关于国家与国家之间关系的观点按照逻辑顺序排列,呈现一种内在统一的理论体系。本研究提供了一个从特定理论角度切入生态学马克思主义研究的崭新视角,希冀推动该流派的研究向纵深发展。

第一章
帝国主义批判思想在生态学马克思主义中的地位

"帝国主义"是马克思主义政治经济学的重要内容。面对国际范围内忽视帝国主义的理论困境，以及国际范围内差距日益拉大、矛盾日益加剧的社会现实，生态学马克思主义在一定程度上回击了批判列宁帝国主义的观点。生态灾难的日益扩大和生态危机的国际化，促使生态学马克思主义者在反思社会现实的同时，将理论与现实结合起来，更加全面地分析发达资本主义国家与发展中国家的关系，以明确国际范围内的生态责任。生态学马克思主义的帝国主义批判思想研究不仅有助于回应国际范围内对帝国主义的争议，而且也是生态学马克思主义的重要内容，更是生态学马克思主义区别于其他西方绿色思潮的显著标志。换言之，在透视生态经济学和生态现代化的基础上，可以更加明确生态学马克思主义与其他西方绿色思潮之间的关系。

一、生态学马克思主义对帝国主义的争议

在马克思和恩格斯生活的年代，资本主义尚处于自由竞争时期，还没有进入垄断资本主义阶段。所以，马克思和恩格斯并没有提出关于帝国主义的相关论述。而到了列宁生活的时代，资本主义逐步

从自由竞争阶段过渡到垄断阶段，且愈演愈烈。列宁对资本主义这种新变化做了系统的分析和研究，提出了帝国主义的经典理论，认为"帝国主义就其经济实质来说，是垄断资本主义"①。列宁总结了帝国主义的五个基本特征：其一，在经济生活中，生产和资本高度集中，形成了起决定作用的垄断组织，其目的是获取高额垄断利润。其二，银行资本和工业资本逐步融合，在此基础上形成了金融寡头，金融寡头成为帝国主义时代经济社会生活的实际统治者。其三，在国际贸易中，资本输出取代商品输出，成为资本主义的主要扩张方式。其四，形成了瓜分世界的资本家国际垄断同盟。资本家在瓜分国内市场的基础上，开始形成垄断同盟，对世界市场进行瓜分。其五，世界上的绝大多数领土都被资本主义大国瓜分完毕。列宁认为帝国主义是资本主义的最高阶段，也是垂死的资本主义。

随着生态问题日益复杂严峻，生态影响也随即呈现出全局性、全球性趋势。生态学马克思主义以批判生态危机、探讨摆脱生态危机的有效路径，成为当代西方马克思主义的一种新的理论形态。长期以来，西方学者对于生态学马克思主义的研究集中于生态批判以及未来社会路径的研究上，而关于帝国主义的研究是远远不够的。之所以出现这种现象，主要有以下两个方面的原因：

一是从理论上来看，对帝国主义批判的声音越来越多。随着苏联解体，一些西方学者否认列宁帝国主义论，认为资本主义表现出越来越顽强的活力和生命力。一时间，"无用论""有待深化论""过时论"等消极论调甚嚣尘上。在大卫·哈维（David Harvey）看来，列宁基本上形成了鲁道夫·希法亭（Rudolf Hilferding）的金融资本的概念，但没有对这一概念进行清晰界定，也没有分析金融资本本身所具有的内在矛盾、扩张和张力。他认为，列宁"并没有在

---

① 《列宁专题文集（论资本主义）》，北京：人民出版社2009年版，第208页。

生态帝国主义：分析与批判

任何地方阐发金融资本的概念；至于它究竟以什么方式把资本主义的内在矛盾转化成了帝国主义之间的争斗，也很难看清"①。在哈维看来，在金融资本这一经济关系中不能发展与之对应的政治关系或权力主体。维什瓦·萨特加（Vishwas Satgar）认为列宁帝国主义论已经成为一种正统观念，但是作为了解当代资本主义及其动态的一个视角，它还有待深化。他认为列宁对帝国主义概念的分析是对资本主义发展的目的论解读，因为他的分析没有涉及跨国阶级形成的动力，没有认识到跨国组织形成过程中全球资本主义统治的产生，也没有认识到跨国集团形成的帝国统治的动力和新机制。② 英国学者安东尼·布鲁厄（Anthony Brewer）则直接否认了列宁对帝国主义论的贡献，认为列宁没有给这一理论增加多少内容，甚至认为"列宁背离了马克思主义传统"③。

比尔·沃伦（Bill Warren）曾试图挑战当时普遍的反帝国主义观点，所以在《帝国主义与资本主义工业化》一文中强调资本主义关系在全球范围内的扩张，认为这种扩张导致第三世界国家产生了依赖和不发达，所以他渴望表明"许多主要的不发达国家成功实现资本主义经济发展（暗示工业化）的前景都很好"，换言之他急于表明资本主义和帝国主义的扩张给第三世界带来了进步。④ 他甚至认为，"剩余价值从外围流向中心并没有任何意义，因为这可能仅仅是

---

① ［英］大卫·哈维：《资本的限度》，张寅译，北京：中信出版社2017年版，第454页。
② Vishwas Satgar, "Transnationalising Gramscian Marxism", in Michelle Williams and Vishwas Satgar (eds.), *Marxisms in the 21st Century: Crisis & Critique*, South Africa: Wits University Press, 2013, p. 59.
③ ［英］安东尼·布鲁厄：《马克思主义的帝国主义理论——一个批判性的考察》，陆俊译，重庆：重庆出版社2003年版，第122页。
④ Bill Warren, "Imperialism and Capitalist Industrialization", *New Left Review*, Vol. 81, 1973, pp. 3-44.

建立生产性设施所付出的代价。"① 所以，尽管沃伦承认帝国主义的存在，甚至极力暗示他的观点与列宁的观点相同，但他辩称"列宁的帝国主义在理论上是错误的，在历史上是不准确的"②。由此可以看出，一些西方学者对于帝国主义的研究是片面的、不准确的，甚至存在着歪曲、曲解或误读的危险。

二是从现实上来看，国际范围内的差距日益拉大、矛盾日益加剧，特别是发达资本主义国家对第三世界国家资源和发展空间的掠夺，最终引发了国际性的生态问题。或者更确切地说，发达资本主义国家以破坏第三世界国家的生态环境为代价，掠夺其资源，并凭借其在国际范围内的优势地位，维持其国内的优美环境和帝国式生活方式（imperial mode of living），但是，这导致了一系列世界范围内的生态问题。德国学者乌尔里希·贝克（Ulrich Beck）指出，全球化趋势带来的苦难并不具体，因为其发展风险被发达资本主义国家转嫁出去，而其所带来的生态灾难却由全体人类共同承担，因为生态灾难没有"国家边界"，而且也会造成对"合法性、财产和权益的威胁"③。正基于此，发展中国家曾积极呼吁西方国家的"气候赔偿"，但是这一说法在2009年12月的哥本哈根会议上遭到了美国政府高级环境发言人托德·斯特恩（Todd Stern）的断然拒绝："我实际上完全拒绝债务或赔偿或类似于……的任何概念。我们绝对承认我们在将排放物排放到现在的大气中所发挥的历史作用。但关于罪恶感、罪魁祸首或赔偿，我断然拒绝。"④ 可以说，美国等发达国

---

① Zhun Xu, "The Ideology of Late Imperialism the Return of the Geopolitics of the Second International," *Monthly Review*, Vol. 72, No. 10, 2021, p. 3.

② Zhun Xu, "The Ideology of Late Imperialism the Return of the Geopolitics of the Second International," *Monthly Review*, Vol. 72, No. 10, 2021, p. 2.

③ [德] 乌尔里希·贝克：《风险社会》，张文杰、何博闻译，北京：译林出版社2008年版，第21页。

④ Darren Samuelsohn, "No 'Pass' for Developing Countries in Next Treaty-Stern, Greenwire", *E&E Newst*, December 12, 2009.

生态帝国主义：分析与批判

家的历史责任已经被直接承认，同时也排除了通过气候修复来偿还气候债务的可能性。这从侧面反映出发达资本主义国家的霸权意识以及对国际生态话语权的占领，资本内在扩张的本性促使它们掠夺世界范围内的自然资源和生态空间，但它们在最大化利润的驱使下拒绝承担环境责任。

随着帝国主义的发展以及第三世界国家民族意识的觉醒，列宁的帝国主义论似乎逐渐淡出人们的视线，退出了历史舞台。之所以出现这种历史假象，是因为发达资本主义国家在当代社会文明不断进步的影响下，摒弃了传统侵略手段，由赤裸裸地占领领土和国际市场等有形方式转变为以世界文化的名义对全球秩序这一抽象规则的主宰和控制。在生态学马克思主义看来，帝国主义理论要有说服力，就必须概念清晰、论证严谨。他们以当代社会科学的方法澄清和阐释对帝国主义理论的误解，并取得了一定的成效。2008年全球金融危机以来，人们对马克思和马克思主义的兴趣重新点燃，与此同时，对帝国主义理论的深入挖掘越来越受到马克思主义理论研究者的重视，并引发了关于帝国主义理论的讨论热潮，这在很大程度上是因为"统治世界经济的利益集团试图控制世界上日益减少的石油供给"[①]。在这方面尤其值得提及的是，对资本主义生产方式的批判性反思再度成为学者们关注的焦点议题。生态学马克思主义者越来越多地关注帝国主义，并阐明了与帝国主义相关联的马克思主义问题。因此我们必须清醒地认识到，帝国主义批判思想作为马克思主义的重要内容，也是生态学马克思主义的重要议题，这是因为帝国主义批判思想是分析发达资本主义国家与发展中国家关系的重要切入点。正是基于上述考量，生态学马克思主义澄清了西方学界对

---

① John Bellamy Foster, "A Warning to Africa: The New U. S. Imperial Grand Strategy", *Monthly Review*, Vol. 58, No. 2, 2006, p. 1.

帝国主义的误解，同时也肯定了帝国主义批判思想的重要性。

一方面，一些生态学马克思主义者否认了国际范围内对帝国主义的各种消极论调。生态学马克思主义认为，金融资本发展为垄断金融资本，导致国际性的生态危机和社会危机，凸显了发达资本主义国家与发展中国家之间的不平衡发展，进一步扩大了世界范围内的贫富差距，但资本主义的扩张和掠夺本性没有变，而且发达资本主义国家暂时的发展都是建立在掠夺发展中国家自然资源和剩余价值的基础上，所以列宁的帝国主义论非但没有过时，反而还具有很强劲的当代解释力。基于这样的认识，约翰·贝拉米·福斯特指出，随着资本主义国家的经济发展越来越陷入停滞，经济"金融化"带来的金融开放和金融风险防范的困境却没有更好的解决方法，只能力挺金融机构和投资者，其结果只能是永无止境的经济停滞和金融膨胀。这预示着新帝国主义体系岌岌可危，也"为新的全球灾难开辟道路"①。因为处于衰落期的帝国主义恰恰是最凶恶的帝国主义，它必然会激起新帝国主义国家日益诉诸军事和金融强权，以试图扭转局势并增强它们不断缩小的生产力，这将会导致赤裸裸的帝国主义的复活，从而加剧社会危机、生态危机和战争危机。所以福斯特否认列宁帝国主义论退出历史舞台的观点。更为重要的是，他在肯定美国主流媒体对帝国主义的重新重视后，认为帝国主义内在于资本主义全球化趋势之中，旨在"为美国军事和政治统治辩护，使其与造成穷国和富国的鸿沟脱离干系"②。福斯特认为，列宁对帝国主义的论述仍具有现实意义，其主要原因在于，列宁的研究"不只集中在为剩余资本寻求投资出路的必然性问题上"，同时也强调"在

---

① John Bellamy Foster, *Naked Imperialism: The U. S. Pursuit of Global Dominance*, New York: Monthly Review Press, 2006, p. 120.
② ［美］约翰·B. 福斯特：《重新发现帝国主义》，王淑梅摘译，载《国外理论动态》，2004年第1期。

生态帝国主义：分析与批判

垄断阶段资本主义必然追求对原材料的垄断性控制和对国外市场的控制"。①

一些生态学马克思主义者认为，关于帝国主义的研究肇始于马克思。他们认为，马克思在分析资本积累的基础上，发现了发达资本主义国家的对外扩张。马克思曾指出，"创造世界市场的趋势已经直接包含在资本的概念本身中。"② 所以在这些生态学马克思主义者看来，虽然马克思没有系统地阐释生态思想，也没有明确提出帝国主义理论，但马克思的确注意到资本逻辑的空间化扩展，关注到经济扩张、帝国主义和生态剥削，从而为生态学马克思主义的帝国主义批判思想提供了分析基础。基于此，他们强调，列宁在提出"垄断"概念的基础上，将资本扩张从国内垄断扩展到国际垄断，认为在列宁所处的时代，帝国主义还未发展到生态帝国主义阶段，但列宁同样揭示了发达资本主义国家在世界范围内对工业原料的掠夺，而这在本质上也是一种对外扩张，是对世界范围内自然资源的掠夺和破坏。列宁认为资本主义以规律所规定的方式发展到帝国主义，并指出："殖民政策和帝国主义根本不是资本主义的一种可以医好的病变（像包括考茨基在内的庸人们所想的那样），而是资本主义基础本身发展的必然结果。"③

基于此，福斯特否认了"帝国主义过时论"，认为帝国主义涉及发达资本主义国家的资源掠夺，特别是战略资源，强调"帝国的发展不是美国所特有的，也不仅仅是特定国家政策的产物。它是整个资本主义历史和逻辑的系统结果"。④ 这种没有殖民地的殖民确实给

---

① [美] 约翰·B. 福斯特：《重新发现帝国主义》，王淑梅摘译，载《国外理论动态》，2004 年第 1 期。
② 《马克思恩格斯文集（第 8 卷）》，北京：人民出版社 2009 年版，第 88 页。
③ 《列宁全集（第 27 卷）》，北京：人民出版社 1990 年版，第 20 页。
④ John Bellamy Foster, *Naked Imperialism: The U. S. Pursuit of Global Dominance*, New York：Monthly Review Press, 2006, p. 13.

发展中国家造成了环境的威胁。哈里·马格多夫在 20 世纪 70 年代出版的《帝国主义：从殖民时代至今》一书中讨论了关于帝国主义的诸多误解。其中最著名的是关于"帝国主义是否必要"的问题，一些学者将资本主义与帝国主义视为两个完全不同的范畴，认为二者之间没有直接关系。针对这种说法，马格多夫提出反对意见，强调资本主义是世界体系的一部分。① 值得高度重视的是，福斯特在《纪念哈里·马格多夫》一文中还正面肯定了列宁帝国主义论的当代意义，即"列宁对一种新的、更加发达的帝国主义形式的认识，即资本集中和垄断阶段的出现，在我们的时代仍然有其重要意义"。②

针对部分学者对资本主义生命力的论述，一些生态学马克思主义者认为这种观点没有意识到资本主义的本质。德里克·詹森（Derrick Jensen）和阿里克·麦克贝（Aric McBay）认为工业资本主义始终在寻求维持资本主义制度的方法，而不是真正维护全球利益。他们指出："工业资本主义是不可持续的……它总是破坏赖以生存的原材料和土地，而且它将永远如此。直到没有土地（水，空气）可供开发。或者直到没有工业资本主义，这显然是更好的选择……所以在环境危机的背景下需要拯救的是资本主义，而不是地球环境本身。"③ 可以说，资本反生态的本性决定了帝国主义过时论的片面性。此外，一些生态学马克思主义者还认为，要结合生态危机、全面危机发展列宁的帝国主义论。约翰·史密斯（John Smith）指出，全球化的资本主义使发展中国家的消费品和剩余价值转移到发达资本主义国家。他认为孟加拉国的饥饿工资、死亡陷阱工厂和臭

---

① ［美］约翰·B. 福斯特：《纪念哈里·马格多夫》，孙寿涛摘译，载《国外理论动态》，2006 年第 3 期。
② ［美］约翰·B. 福斯特：《重新发现帝国主义》，王淑梅摘译，载《国外理论动态》，2004 年第 1 期。
③ Derrick Jensen and Aric McBay, *What We Leave Behind*, New York: Seven Stories Press, 2009, pp. 201–206.

生态帝国主义：分析与批判

名昭著的贫民窟，代表了整个全球南方数亿劳动人民所忍受的条件，是维持利润和助长帝国主义国家不可持续的、过度消费的剩余价值的来源。①

另一方面，一些生态学马克思主义者还指出了帝国主义的新特征。发达资本主义国家在地缘政治斗争的背后对资源的争夺日趋激烈，这就为新的剥削主义提供了养料。值得高度重视的是，"争夺世界霸权的斗争并没有消失，而是以新的面目出现了，并且常常以更加隐蔽的形式进行。"② 相较于列宁所处的时代，帝国主义国家在21世纪以来的扩张形式更加多样，甚至已经超出了殖民地的范围，并扩展到政治、经济、社会和生态等各个层面。在一定程度上可以说，当今关于帝国主义的解释可谓形形色色、千差万别，但"经典著作中所描绘的'帝国主义的基本指标'仍是核心问题"③。但无论帝国主义概念如何流变，其在传统意义上至少包含下列三层含义之一：（1）强国对弱国的征服；（2）统治强国之间的竞争；（3）发达资本主义国家对第三世界国家的压迫和剥削。马克思主义者关于帝国主义的定义，完全超越了上述内涵，而且列宁把帝国主义定义为"资本主义的最高阶段"，就从根本上抓住了帝国主义的本质。垄断的兴起、大规模的资本输出和列强之间"万人对万人"的战争都是此起彼伏的，这些观点不仅是研究马克思主义的帝国主义理论的题中应有之义，而且得到马克思主义者的普遍认同。正如福斯特指出的那样："我们这个时代的特征是去全球化高级阶段的垄断资本主义。实际上，这正是马克思主义者帝国主义理论的成功之处。它深刻地揭

---

① John Smith, *Imperialism in the Twenty-First Century: Globalization, Super-Exploitation, and Capitalism's Final Crisis*, New York: Monthly Review Press, 2016, p. 10.
② ［美］约翰·B. 福斯特：《垄断资本和新的全球化》，陈喜贵摘译，载《国外理论动态》，2003 年第 6 期。
③ John Bellamy Foster, "The New Imperialism of Globalized Monopoly-Finance Capital", *Monthly Review*, Vol. 67, No. 3, 2015, p. 1.

示了资本主义对外围的制度性剥削和帝国主义列强间的竞争状况。"① 可以看出,生态学马克思主义的帝国主义批判思想只是资本主义在垄断形式上发生了时代变迁,是帝国主义在当今生态危机加剧和生态资源日益短缺的背景下呈现的新形式。

通过以上分析可以发现,生态学马克思主义的帝国主义批判思想坚持了列宁的帝国主义论,肯定了帝国主义形式的多样性,但也明确了帝国主义的本质没有变。与此同时,生态学马克思主义的帝国主义批判思想与列宁的帝国主义论还有很大的区别,主要体现在以下三点:第一,从本质上来看,列宁的帝国主义论本质上反映的是资本主义的垄断阶段,而生态学马克思主义的帝国主义批判思想反映的是发达资本主义国家与发展中国家之间的剥削与被剥削、压迫与被压迫的关系。第二,从形成时间上来看,列宁认为帝国主义是资本主义发展的一个更高级的阶段,是资本主义发展到一定程度后才形成的。生态学马克思主义的帝国主义批判思想是资本主义企图追求剩余价值最大化的一种新的表现形式。第三,从未来走向上来看,列宁认为帝国主义是"寄生的、腐朽的、垂死的"资本主义,必然会走向灭亡,并最终走向共产主义。生态学马克思主义的帝国主义批判思想认为,资本主义制度最终会被生态社会主义所取代,以实现可持续发展。

二、帝国主义批判思想是生态学马克思主义的重要议题

生态学马克思主义是将资本主义批判与生态问题结合起来研究的重要理论,考察了资本主义世界的新危机样态,反思和批判了资本主义生产模式对生态环境的消极影响,重新阐释了帝国主义,并

---

① [美]约翰·B.福斯特:《重新发现帝国主义》,王淑梅摘译,载《国外理论动态》,2004年第1期。

生态帝国主义：分析与批判

将其视为当今理论界需要深入研究的重要课题，还将其作为分析发达资本主义国家和发展中国家关系的重要依据。生态学马克思主义反思和批判资本主义生产模式对生态环境的消极影响，从生态危机的视角考察其对不同阶段、不同社会群体所产生的不同的生态和社会影响，从而使生态成为一个考察社会现实的崭新切入视角。在当前资本主义世界的新危机样态的时代背景下，生态学马克思主义具有同其他国外马克思主义思潮更加深度协作融合的可能性。生态学马克思主义的重要议题可以归纳为以下四个方面：一是对人与自然关系的分析，二是对生态危机的分析，三是关于未来绿色社会的制度愿景，四是对生态社会主义的构思。从以下四点具体来看：

第一，对人与自然关系的分析。在生态学马克思主义看来，人与自然的关系本质上是一种社会自然关系，或者说，是一个社会中的社会关系状况规定着人与自然之间的关系。相应地，实质性克服或消除当代社会中的生态环境危机，也将是一个长期的历史性过程，而人类物质劳动及其相应的经济社会关系变革也是最终实现人与自然和解的现实途径。由此可见，马克思关于"人与自然关系"的论述恰好迎合了当今生态学马克思主义"自然主义转向"的理论趋势。但由于解决方式不同，生态学马克思主义对这一关系的解读存在很大差异。为超越传统政治经济学的理论框架，美国巴德学院教授乔尔·科威尔在反思价值理论的基础上，为减少或削减资本主义制度对自然界的破坏影响，提出了"内在价值"的概念。他将"内在价值"界定为每个人与生俱来的、人类本性所固有的东西，"而不是取决于人类可以如何利用自然"①。

针对这一观点，福斯特和保罗·伯格特认为，从环境史的角度

---

① [美]乔尔·科威尔：《生态社会主义——一种人文现象》，马特译，载《国外理论动态》，2015年第9期。

来看，自然的内在价值关注的不再是资本主义伦理学概念的问题，而是人类道德责任的延伸，包括其他物种的问题。他们认为科威尔的这一分析，不仅是对唯心主义的退缩，而且他在这方面对马克思的批评也被记录在马克思笔记本上的评论果断地驳斥了。① 还有一些生态学马克思主义者质疑超越人与自然关系的新陈代谢理论。詹森·W. 摩尔（Jason W. Moore）认为，新陈代谢断裂的前提是社会与自然之间存在的粗糙的"笛卡儿鸿沟"。实际上，在福斯特和伯格特看来，摩尔的这一观点不仅与新陈代谢的概念格格不入，而且片面强调了社会与自然的统一，回避了马克思的重要见解，即资本主义生产的特征是劳动与自然的异化。② 科威尔认为，生态问题的关键不是唯物主义或科学的问题，而是伦理问题，"新陈代谢"这一术语"不能帮助我们理解生态系统构成的本质上的结构性和形式上的问题"③。在生态学马克思主义看来，人与自然的关系同时也是一种社会自然关系，或者说，归根到底是社会关系规定着人与自然的关系。更为重要的是，人与自然的关系也构成了生态学马克思主义的帝国主义批判思想的理论基础，成为研究资本主义扩张的重要前提。

第二，对生态危机的分析。生态问题逐渐成为不同利益集团博弈的意识形态工具。从动态演进的视角来看，一些生态学马克思主义者基于资本主义制度的基本矛盾对新时期的生态危机进行了更为深刻、系统的研究，不仅认为资本主义制度是一种不安分的制度、一种为追求利润不断开拓新的投资领域的制度，同时指出生态危机

---

① John Bellamy Foster and Paul Burkett, *Marx and the Earth: An Anti-Critique*, Chicago: Haymarket Books, 2017, p. 47.

② Paul Burkett and John Bellamy Foster, "The Podolinsky Myth: An Obituary Introduction to 'Human Labour and Unity of Force', by Sergei Podolinsky", *Historical Materialism*, Vol. 16, No. 1, 2008, pp. 115–161.

③ Joel Kovel, "Ecology", *Ecosocialist Horizons*, Nov. 25, 2011.

生态帝国主义：分析与批判

在本质上也是一种资本主义制度危机。甚至毫不夸张地说，生态危机已经成为威胁整个人类生存的危机。但随着人类对生态危机的技术能力和科学认识的逐渐加深，生态危机的影响逐渐扩大，它所带来的生态灾难也越来越严重。福斯特认为，人类社会在与环境的关系上达到了一个临界值，因为"当今困扰世界的一系列生态矛盾包含了一长串紧迫的问题"①。而且现代人类正在迅速摧毁它赖以生存的自然世界，在使地球不能用于人类目的的意义上，"对地球的破坏已发展到威胁大自然的延续以及社会本身的生存和发展的程度"②。所以，资本主义的高生产和高消费虽然延缓了经济危机的影响进程，却破坏了地球的生态系统。

20世纪60年代西方社会经历了以滞涨为特征的经济危机。阿格尔认为资本主义进入危机频发的时期，生态危机成为主要危机。③他指出，20世纪70年代的危机既强调"资本主义的内在结构矛盾"，同时也关注"发达资本主义加深异化、分裂人的存在、污染环境以及掠夺自然资源的趋势"。④随着生态问题日益突出，奥康纳于20世纪90年代基于资本主义生产方式政治经济学维度的核心问题，指出资本主义制度存在双重矛盾。在此基础上，他阐述了资本主义生产方式降低或破坏了包括环境在内的生产条件的方式等。他认为，就经济危机和生态危机的关系而言，资本主义的积累和危机会导致生态问题，而生态问题又反过来会催生经济问题，进而导致影响更为

---

① John Bellamy Foster, *The Vulnerable Planet: A Short Economic History of the Environment*, New York: Monthly Review Press, 1999, p. 11.

② John Bellamy Foster, *The Vulnerable Planet: A Short Economic History of the Environment*, New York: Monthly Review Press, 1999, p. 11.

③ [加] 本·阿格尔：《西方马克思主义概论》，慎之等译，北京：中国人民大学出版社1991年版，第486页。

④ [加] 本·阿格尔：《西方马克思主义概论》，慎之等译，北京：中国人民大学出版社1991年版，第414页。

深远的经济危机。① 21世纪以来，随着环境问题的加剧，生态学马克思主义认为生态危机已经演变为全球性危机。而且据世界观察研究所称，自1972年联合国斯德哥尔摩会议正式发起全球环境运动以来，地球的健康状况已经恶化。在这里显而易见的是，生态学马克思主义在分析生态危机的过程中就已经包含了发达资本主义国家对发展中国家的剥削和掠夺，所以这里也就涵盖了帝国主义批判思想。

第三，关于未来绿色社会的制度愿景。2015年11月30日至12月11日，在法国巴黎举行的《联合国气候变化框架公约》第21届缔约方大会上，包括195个国家在内的国际社会达成了一项协议，即《巴黎协定》。该协定被与会者和媒体誉为应对人类导致的气候变化斗争中的一个重大政策转折点。但由于缺乏约束性的执行机制，不仅没有提供任何明确的行动计划，也没有尽快地实质性地削减温室气体排放，而且根据联合国环境规划署的一份报告显示，《巴黎协定》"甚至在生效之前就已经过时了"。② 这时要想解决生态危机必须采用一种新的制度取代这种不平等的阶级控制下所进行的竞争和利润驱动的生产。③ 毋庸置疑，面对全球性的生态危机，世界需要向全球性社会主义迈进，这就必须明确，导致生态危机和帝国主义扩张的并非仅仅是技术、道德等因素，而是根源于资本主义制度本身的内在逻辑。生态学马克思主义认为，资本主义制度限制了人类的可持续发展，而生态社会主义才是实现可持续发展的希望和未来。④

---

① [美] 詹姆斯·奥康纳：《自然的理由——生态学马克思主义研究》，唐正东、臧佩洪译，南京：南京大学出版社2003年版，第293页。

② Jessica Shankleman, "Climate Headned for Catastrophic Change Despite Paris Accord", Bloomberg News, November 3, 2016.

③ Paul Burkett, "An Eco-Revolutionary Tipping Point Global Warming, the Two Climate Denials, and the Environmental Proletariat", *Monthly Review*, Vol. 69, No. 1, 2017, p. 1.

④ Hannah Holleman, "Capital and Ecology", in Ingo Schmidt and Carlo Fanelli (eds.), *Reading "Capital" Today*, London: Pluto Press, 2017, p. 178.

生态帝国主义：分析与批判

换言之,"绿色"或"可持续性"是未来社会主义的应有之义或内在本质。需要明确的是,生态学马克思主义的帝国主义批判思想在反思发达资本主义国家对发展中国家的剥削和压迫的同时也主张在未来社会实现可持续发展。

第四,对生态社会主义的构思。随着资源和环境问题日益成为全球关注的焦点,生态问题成为不同利益集团博弈的意识形态工具,所以要想解决当前严峻的生态环境问题,必须占据生态话语权和领导权。这就迫使西方左翼学者跳出资本主义谋取私利的窠臼,转向生态社会主义,建立一种人与自然之间的动态的相互依存关系。科威尔从生态、政治和资本的视角分析了资本主义制度的不可持续性,将克服生态危机之后的资本主义社会称为生态社会主义,即"社会主义社会中的生产者因为强势的民主而联合起来进行生产,同时它也是一个能认识并尊重'增长限制'的生态模式,在这种模式下,自然的内在价值被知悉,并可以恢复到固有的道路"①。他认为这不仅是一种道路选择或者思想学说,更是一场波及全球的生态政治领域的改革运动。奥康纳则指出:"社会主义和生态学根本不是相互矛盾的,也许它们恰恰是互补的。"② 在他看来,运用生态学能够补充社会主义关于自然内部以及社会与自然之间物质交换的内容,而运用社会主义能够丰富生态学关于人类相互之间的社会交换内容。萨拉·萨卡（Saral Sarkar）也支持生态社会主义,因为"它所代表的价值观：平等、合作和团结"③。

在生态学马克思主义看来,生态社会主义是建立在社会公平和

---

① [美] 乔尔·科威尔：《自然的敌人——资本主义的终结还是世界的毁灭?》,杨燕飞、冯春涌译,北京：中国人民大学出版社2015年版,第6页。
② [美] 詹姆斯·奥康纳：《自然的理由——生态学马克思主义研究》,唐正东、臧佩洪译,南京：南京大学出版社2003年版,第434—435页。
③ [印] 萨拉·萨卡：《生态社会主义还是生态资本主义》,张淑兰译,济南：山东大学出版社2012年版,第5页。

生态平衡的非货币价值观基础上的转型经济，重点在于制止和扭转特别是全球变暖和资本主义生态毁灭的灾难性进程，并为资本主义制度建立一个激进和实际的替代品，从而最终建立一个民主控制、社会平衡以及使用价值主导的生态理性社会。生态社会主义的基础是维持生态平衡、维护环境健康、捍卫劳动者的权益并拒绝资本主义生产方式。这是一种环境和气候行动的潮流，其依据是马克思主义的分析，批判了商品的固定化和交换价值的提升，同时对市场和利润的逻辑也进行了批判，而对"真实社会主义"经验的官僚专制主义则予以拒绝。应该说，这是一项政治运动，在提出使用价值至上，满足实际需求、社会平等、维护和恢复自然及自然手段的首要条件的基础上，明确地肯定了经济是环境的子系统。更进一步说，生态社会主义将以生态合理性、生产资料的集体所有权、生产的民主计划为基础，以便确定投资和生产目标，以满足人类的实际需求。甚至毫不夸张地说，对资本主义制度的全面认识已经成为一个事关整个人类生存的问题。用菲德尔·卡斯特罗·鲁斯（Fidel Castro Ruz）的话来说："关于未来社会的讨论将一直伴随着我们。可以说，从今以后学术界讨论的焦点将是人类社会是否会生存下去。"[①] 不过最复杂的问题还在于，认识到用社会主义取代资本主义是一回事，而如何通过有效的路径实现社会主义是另一回事，况且后者相对于前者来说，更是当代马克思主义者所面对的难题。生态学马克思主义的帝国主义批判思想也以实现生态社会主义为目标，同时否认资本主义框架内的调整。

值得高度重视的是，帝国主义批判思想是生态学马克思主义的另一个重要议题。人类干预自然界越来越多的同时，侵占自然界的

[①] Fidel Castro Ruz, "The Truth of What Happened at the Summit", http://monthlyreview.org（访问时间：2009年12月12日）。

领域也越来越广。在利润和资本的驱使下，人类开始从根本上依赖自然界中包括水资源和石油资源等在内的自然资源，但这些资源是有限的，而且对石油资源的使用所产生的环境代价是灾难性的、不可恢复的。同时人类还最大限度地探索自然界，以期达到控制自然的目的，导致大范围"人化自然"的出现。资本积累所导致的生态危机已经威胁到人类自身的发展，甚至成为威胁人类社会的生存问题。生态灾难的日益扩大和生态危机的国际化，促使生态学马克思主义者在反思当前社会现实的同时，必须将理论与现实结合起来，更加全面地分析发达资本主义国家与发展中国家的关系，以明确国际范围内的生态责任。在这里必须承认的一个基本事实是，帝国主义批判思想帮助生态学马克思主义成长为一个超越地域或视域并有着广泛社会影响的马克思主义理论新流派。

三、帝国主义批判思想是生态学马克思主义的重要支撑

帝国主义批判思想不仅是生态学马克思主义的重要议题，同时也是生态学马克思主义区别于其他西方绿色思潮的显著标志，是生态学马克思主义的重要支撑。随着资本主义生态危机日益突出，西方社会各种绿色思潮方兴未艾。伴随着哲学、社会学、经济学等诸多学科从不同的视角和领域对生态问题的普遍关注，西方社会思潮呈现出"绿色"转向的趋势，生态中心主义、生态现代化、生态无政府主义等形形色色的绿色思潮相继涌现。在这一背景下，生态学马克思主义通过与其他绿色思潮的对话，尤其通过批判其他西方绿色思潮的核心观点，使生态学马克思主义的帝国主义批判思想日益凸显并逐渐走向成熟。同时，也正是依据帝国主义批判思想，生态学马克思主义从整个西方绿色思潮中剥离出来，并成为当代影响最为深刻的理论流派。基于此，在透视生态经济学和生态现代化的基础上，可以更加明确生态学马克思主义与其他西方绿色思潮之间的

关系。

（一）生态经济学

生态经济学最初是以生态学原理为基础对经济学的研究，而这正是赫尔曼·戴利在1968年发表的论文《论经济学作为生命科学》中所呼吁的。① 与此同时也应该看到，彼得·G.布朗（Peter G. Brown）与彼得·蒂默曼（Peter Timmerman）在《人类世的生态经济学：一个新型范式》一书中提供了人们当前所需的、长期以来占据主导地位的新古典主义经济学范式之外的另一条经济学研究路径。他们认为，新古典主义经济学拥护自由市场制度，目光短浅地聚焦于商品与服务的无限生产和消费，却忽视了环境恶果，这可以说是致命的。② 保罗·伯格特也直言不讳地指出："生态经济学的主题是经济系统和自然环境之间的动态的、共同进化的相互联系，它将物理科学（物理、生物、化学、地质学）的要素与经济分析工具结合在一起。简而言之，它是一门生命科学，就像经济生活本身一样，既是自然的，也是社会的。"③ 诚如理查德·詹达（Richard Janda）和理查德·勒洪（Richard Lehun）曾指出过的那样："把经济放在生态学中不仅仅是跨学科的（将社会科学和自然科学联系起来），从更激进的意义上说，它也需要理论化思维。"④ 更普遍地说，一些生态经济学家的关注点在于将新古典经济学忽视的生态和其他约束纳入

---

① Herman E. Daly, "On Economics as a Life Science", *Journal of Political Economy*, Vol. 76, No. 3, 1968, pp. 392–406.

② Peter G. Brown and Peter Timmerman, *Ecological Economics for the Anthropocene: An Emerging Paradigm*, London: Columbia University Press, 2015.

③ Paul Burkett, *Marxism and Ecological Economics: Toward a Red and Green Political Economy*, Boston: Brill, 2006, p. 2.

④ Richard Janda and Richard Lehun, "Chapter Three: Justice Claims Underpinning Ecological Economics", in Peter G. Brown and Peter Timmerman (eds.), *Ecological Economics for the Anthropocene: An Emerging Paradigm*, London: Columbia University Press, 2015, p. 108.

生态帝国主义：分析与批判

经济体系，所以在进行环境监测的过程中，他们认为，必须全面考虑以确定哪些指标能够被用来监测环境。

关于这方面的研究，特别值得关注的是伯格特的分析。他指出当时对生态经济学评估涉及的四个基本问题或概念：(1) 自然与经济价值的关系；(2) 自然资本的概念；(3) 热力学第二定律或熵定律对经济系统的适用性；(4) 可持续发展概念。[①] 他认为，生态经济学可以被认为是一种革命性的、更强大的、更为根本的理论，为彻底反思人类与生命和世界的关系提供了思路。布朗和蒂默曼认为生态经济学的研究涉及三个问题：规模、分配和效率。在他们看来，规模指的是将经济视为当地和全球生物地球化学过程的一个子集，这既决定了其内容，又限制了其增长；分配或公平体现在对可持续发展的承诺中，包括代内和代际两个层面；效率受到规模和公平的限制。[②] 可以清楚地看出，生态经济学在很大程度上已成为主流经济学（经济学作为一门正统的社会科学）应用于生态学家和环境保护主义者的现有议程，从而在实践中促进一个增长议程。

生态经济学建立在一个不可避免的观点上，即经济完全嵌入地球的能量和物质流中，并服从宇宙规律。在布鲁斯·詹宁斯（Bruce Jennings）看来，生态经济学的独特之处在于，"试图将经济活动及其社会科学研究置于物理和生物系统运行的背景下"，因为这包含了一个具有深远政策和治理影响的热力学观点，即"经济学必须被视为一个开放的系统，包括能量和物质的转移，并在地球这个封闭的

[①] Paul Burkett, *Marxism and Ecological Economics: Toward a Red and Green Political Economy*, Boston: Brill, 2006, p. 3.

[②] Peter G. Brown and Peter Timmerman, "Introduction: The Unfinished Journey of Ecological Economics", in Peter G. Brown and Peter Timmerman (eds.), *Ecological Economics for the Anthropocene: An Emerging Paradigm*, London: Columbia University Press, 2015, pp. 4–5.

物质系统的容许范围内运行"。① 一些生态经济学家更倾向于一种谨慎的方法,承认"我们的星球吸收废物和提供原材料和能源的能力是有限的,而且这种有限性不能因为相信技术的进步一定会缓解这些限制而被否认掉"②。布朗和蒂默曼强调,"这是一个基本的洞察,然而,如果它不承担两个基本但又相关的挑战,它将无法提供方向和动力:(1)将自身发展成为一个内部议程;(2)进一步扩大议程将其洞察所产生的重新定位应用于其他领域、其他学科,思想和行动模式,或者更广泛地说,人类如何与生命和世界联系在一起。"③与此同时,马丁·欧鲁(Martin Oulu)还强调,"生态经济学关注的是经济与环境的冲突,这种冲突产生了'穷人的环境主义',即不发达国家如何看待、反应、抵制或处理这种冲突的影响。"④ 琼·马丁内斯-阿里埃(Joan Martinez-Alier)和阿尼姆·谢德尔(Arnim Scheidel)等学者认为,"穷人的环境主义"这一术语,指的是"一种政治化的环保主义,认识到全球范围扩大的资本主义积累与环境剥夺之间的辩证关系,而且往往不仅出于当地物质方面的考虑,在更广泛的范围内也出于反对剥夺主权和自治当局的动机"⑤。当然不可

---

① Bruce Jennings, "Chapter Ten: Ecological Political Economy and Liberty", in Peter G. Brown and Peter Timmerman (eds.), *Ecological Economics for the Anthropocene: An Emerging Paradigm*, London: Columbia University Press, 2015, pp. 272-317.

② Salah El Serafy, "The Environment as Capital", in Robert Costanza (ed.). *Ecological Economics*, New York: Columbia University Press, 1991, p. 170.

③ Reorientation and Research, "Conclusion: Continuing the Journey of Ecological Economics", in Peter G. Brown and Peter Timmerman (eds.), *Ecological Economics for the Anthropocene: An Emerging Paradigm*, London: Columbia University Press, 2015, p. 357.

④ Martin Oulu, "Core Tenets of the Theory of Ecologically Unequal Exchange", *Journal of Political Ecology*, Vol. 23, No. 1, 2016, p. 448.

⑤ Joan Martinez-Alier, Leah Temper, Daniela Del Bene et al., "Is there a Global Environmental Justice Movement?", *The Journal of Peasant Studies*, Vol. 43, No. 3, 2016, p. 733.

生态帝国主义：分析与批判

避免的是，这一新兴范式将引领经济学研究关注地球的生态极限，敦促人类全面调整经济发展目标，同时重新思考人类社会繁荣发展的基本原则，并最终重新评估人类在地球生存发展中的地位。

生态经济学家主张"使用一种'物质流'的核算方法，认为可以使用物理计算将这些物质和能量流重新纳入方程。最简单的方法是测量进出口流量的实际重量"[①]。但一些生态学马克思主义者否认了这一算法，认为这种方法在一定程度上来说是不严谨的。J. 蒂蒙斯·罗伯茨（J. Timmons Roberts）和布拉德雷·C. 帕克斯（Bradley C. Parks）利用物质流分析进行的实证研究得出了一个重要结论："许多传统上被视为成功的出口导向型经济体的发展中国家正在遭受重大的、未记录的（经济和生态）损失。"他们进一步分析指出："从进出口的角度来看，物质流分析表明，核心经济体通过进口资源密集型产品和出口废物将环境负担转移到南方，正在消耗采掘区的生态能力。"[②] 面对生态经济学提出的核算方法，霍华德·T. 奥德姆（Howard T. Odum）提出了否定意见，认为生态经济学的研究重点应放在现实财富的核算上，而现实财富的核算不能从货币范畴出发。针对这一看法，福斯特和汉娜·霍尔曼（Hannah Holleman）认为，奥德姆的分析关键在于认识到"环境对社会的大部分贡献并没有获得相应的货币"[③]。

---

① J. Timmons Roberts and Bradley C. Parks, "Ecologically Unequal Exchange, Ecological Debt, and Climate Justice: The History and Implications of Three Related Ideas for a New Social Movement", *International Journal of Comparative Sociology*, Vol. 50, No. 3 – 4, 2009, p. 391.

② J. Timmons Roberts and Bradley C. Parks, "Ecologically Unequal Exchange, Ecological Debt, and Climate Justice: The History and Implications of Three Related Ideas for a New Social Movement", *International Journal of Comparative Sociology*, Vol. 50, No. 3 – 4, 2009, p. 391.

③ John Bellamy Foster and Hannah Holleman, "The Theory of Unequal Ecological Exchange: A Marx-Odum Dialectic", *Journal of Peasant Studies*, Vol. 41, No. 2, 2014, p. 209.

尽管马克思主义经济学经常被各种各样的绿色理论家指责为没有发展出一种价值理论,但一些生态经济学家主张自然在当代资本主义经济中可以直接产生经济价值或附加值,换言之,他们把"自然作为价值的直接来源"。尼克·汉利(Nick Hanley)等学者就指出,"自然资本包括所有'免费的'大自然的礼物"①。K. 威廉姆·卡普(K. William Kapp)也指出,"一般而言,资本主义必须被看作是一种未付成本的经济",这是因为"生产实际成本的很大一部分仍未计入企业支出;相反,它们被转移并最终由第三方或整个社会控制"。② 当然,还有一些生态经济学家全面否认自然资源所产生的经济价值或附加值。尼古拉斯·格奥尔格斯库－罗根(Nicholas Georgescu-Roegen)站在恩格斯对波多林斯基(Podolinsky)的立场上,坚持认为能源价值论是不合理的,因为它无法理解资本主义经济中价值的社会基础。③ 他把经济中的所有附加值都归于劳动或人类服务,而没有将任何一个附加值归于自然或能源,由此他认为资本主义将自然(包括人的物质性)排除在其价值形式之外,这是一个根本的、在许多方面都致命的矛盾系统。④

与生态经济学者的研究截然不同,针对这一观点,一些生态学马克思主义者给予否认。更加重要的是,他们在肯定自然资源的物质基础地位的同时,明确了劳动力的价值。福斯特和伯格特认为,"对于许多将内在价值与经济价值混为一谈的生态经济学来

---

① Nick Hanley, Jason F. Shogren and Ben White, *Introduction to Environmental Economics*, Oxford: Oxford University Press, 2001, p. 135.

② K. William Kapp, *The Social Costs of Private Enterprise*, Cambridge MAssachusetts: Harvard University Press, 1971, p. 231.

③ Nicholas Georgescu-Roegen, "The Entropy Law and the Economic Process in Retrospect", *Eastern Economic*, Vol. 12, No. 1, 1986, pp. 8–9.

④ John Bellamy Foster and Paul Burkett, *Marx and the Earth*, Chicago: Haymarket, 2016, p. 135.

生态帝国主义：分析与批判

说，将动物、劳动或能源排除在价值概念之外，纯粹是人类中心主义"，而且"对于批判性的生态经济学家来说，狭隘的资本主义价值形式的矛盾造成了制度本质上固有的生态（以及经济）裂痕"。① 事实上，在罗根看来，正是这一点导致了当前经济秩序的生态破坏，并由于其扭曲的增长观念而产生了大量的环境问题。② 还有一些生态学马克思主义者指出了价值创造的多个来源。詹森·W. 摩尔和拉杰·帕特尔（Raj Patel）分析了价值创造的七个来源："自然、货币、劳动、关怀、事物、能源及生命"③。他们宣称，"价值是'财富的原始来源'：人类和人类以外的工作的具体结晶。"④ 但其他一些生态学马克思主义者在肯定自然资源和劳动力作为价值创造源泉的基础上，将摩尔和帕特尔的观点视为"价值的万能理论"。福斯特和伯格特非常明确地指出，摩尔和帕特尔没有充分理解马克思的劳动价值论，同时也忽视了马克思对劳动资源以及劳动对象的分析。⑤ 具体而言，摩尔和帕特尔将价值创造的七个来源放在同等位置，而且他们通过"廉价性质"来理解资本积累，也轻视了劳动力剥削的重要性，这与马克思的观点截然不同。不容置疑的是，马克思批判的核心在于使用价值与交换价值、财富与价值的区别。

还有一些生态经济学的支持者希望扩展和重组资本主义体系，

---

① John Bellamy Foster and Paul Burkett, "Value Isn't Everything", *Monthly Review*, Vol. 70, No. 6, 2018, p. 4, p. 8.

② Nicholas Georgescu-Roegen, *Energy and Economic Myths: Institutional and Analytical Economic Essays*, Elmsford, NY: Pergamon, 1976, pp. 33–35.

③ [美] 拉杰·帕特尔、詹森·W. 摩尔：《廉价的代价——资本主义、自然与星球的未来》，吴文忠、何芳、赵世忠译，北京：中信出版社2018年版，序言第1页。

④ Jason W. Moore and Raj Patel, *A History of the World in Seven Cheap Things: A Guide to Capitalism, Nature, and the Future of the Planet*, Oakland: University of California Press, 2017, p. 101.

⑤ John Bellamy Foster and Paul Burkett, "Value Isn't Everything", *Monthly Review*, Vol. 70, No. 6, 2018, pp. 1–17.

以实现生态的健康发展,而且他们坚信这是可以实现的。然而在生态学马克思主义看来,生态经济学"存在严重的缺陷",它"错误地分配资源、促进不公平,而且通常把全球生态搞得一团糟",但还继续坚持认为,"资本主义体系具有自我恢复能力"。① 科威尔指出,"为了达到这一目的,生态经济学家采用了各种各样的工具性措施,从'以激励为基础'的法规(如可交易的排放信贷)到各种生态关税和'自然资本'消耗税,以及对污染者的惩罚。"② 应该强调的是,罗伯特·科斯坦扎(Robert Costanza)和约翰·H.坎伯兰(John H. Cumberland)等学者直截了当地否认了生态经济学的观点:"我们能否认识到这些根本性的变化,并迅速重组我们的社会,以避免灾难性的超调(catastrophic overshoot)?我们能否谦虚地承认其中涉及的巨大不确定性,并保护自己免受其最可怕的后果的影响?"③ 科威尔也强调:"在生态经济学的各种干预下,有一个非常明确的共同点,它将这一论述牢牢地与资本的主流联系在一起,那就是在所有方面将自然商品化,将其量化为一种价值体系。"④ 而且他还认为,"生态经济学对社会转型并不感兴趣,而是认为现存体系具有化解即'适应'危机的潜能。"⑤ 就此而言,可以说生态经济学是一种

---

① Joel Kovel, "The Failures of Green Economics", in Ian Angus (ed.), *The Global Fight for Climate Justice: Anti-capitalist Responses to Global Warming and Environmental Destruction*, Canada: Fernwood Publishing, 2010, p. 91.

② Joel Kovel, "The Failures of Green Economics", in Ian Angus (ed.), *The Global Fight for Climate Justice: Anti-capitalist Responses to Global Warming and Environmental Destruction*, Canada: Fernwood Publishing, 2010, p. 92.

③ Robert Costanza, John H. Cumberland, Herman Daly, et al., *An Introduction to Ecological Economics*, Florida: St. Lucie Press, 1997, p. 5.

④ Joel Kovel, "The Failures of Green Economics", in Ian Angus (ed.), *The Global Fight for Climate Justice: Anti-capitalist Responses to Global Warming and Environmental Destruction*, Canada: Fernwood Publishing, 2010, p. 92.

⑤ [美]乔尔·科威尔:《自然的敌人——资本主义的终结还是世界的毁灭?》,杨燕飞、冯春涌译,北京:中国人民大学出版社2015年版,第143页。

西方主流学说，本质上是捍卫资本主义制度、服务资产阶级。而生态学马克思主义指出了资本主义制度的本质，认为这是一个以实现资本积累和利润最大化的制度，其内在的悖论逻辑不可避免地导致生态失衡和生态系统的破坏。

（二）生态现代化

生态现代化理论的早期研究可以追溯到德国理论家马丁·贾尼克（Martin Jänicke）和约瑟夫·胡伯（Josef Huber）。胡伯于20世纪80年代正式使用生态现代化的概念，认为这是一种将环境、经济、社会以及公共政策等整合到一起的理论。在这一时期，生态现代化理论旨在将发达市场经济的现代化动力与通过环境技术创新实现更环保的事前发展的长期需求联系起来。可以说，生态现代化最初只是一种介于科学和学术之间、在表达深刻的环境变革中作为实践的思维被使用的政策规划，而非一种理论，它提供了一种生态与经济相互作用的模式，旨在将存在于发达市场经济中的现代化驱动力与一种长期要求连接起来。这种要求就是通过环境技术革新而实现一种环境友好型经济的发展。直到20世纪90年代，随着荷兰学者格特·斯帕加伦（Gert Spaargaren）和阿瑟·P. J. 摩尔（Arthur P. J. Mol）的研究，生态现代化理论才开始在社会学（尤其是美国社会学）领域崭露头角。在他们看来，生态现代化理论分析了社会变革的环境根源和环境后果，重点在于现有的和规划的社会实践、制度设计、社会和政策论述中的环境改革，以保障社会的生存基础。[1]

随着研究的深入，一些西方学者分析了生态现代化的基础、核心等内容。布莱特·克拉克和理查德·约克（Richard York）认为，

---

[1] Arthur P. J. Mol and David A. Sonnenfeld (eds.), *Ecological Modernization Around the World*, London: Frank Cass, 2000, pp. 5 - 6.

"生态现代化理论的基础是功能主义理论,它认为生态理性并不是来自社会冲突,而是来自社会关键制度内的生态启蒙。"① 约克、尤金·A. 罗莎(Eugene A. Rosa)和托马斯·迪茨(Thomas Dietz)还指出,"生态现代化理论的核心是这样一个命题:现代性的机构,包括跨国公司和政府,为了自身的长期生存而以自身利益为出发点,越来越多地把生态问题放在舞台的中心。"② 尼尔·史密斯(Neil Smith)将生态现代化视为"生态商品化、市场化和金融化的主要战略,从根本上强化和深化了资本对自然的渗透"③。还有一些学者从制度变革的角度认识生态现代化理论。布莱恩·奥尔(Brian Ohl)、史蒂文·沃尔夫(Steven Wolf)和威廉·安德森(William Anderson)认为,"作为一种综合的社会科学分析和政策规定,生态现代化指的是制度上的变革,这种变革应包括规则和价格等正式协调机制,以及诸如公平、正义和个人身份概念之类的认知结构,这些认知结构能够改变生产和消费回路(Ciroutis of Production and Consumption)以及随之而来的生态无序。"④ 在马丁·比斯特(Martin Bitter)看来,生态现代化理论描述了通过有效的市场调节来调整资本主义积累的必要性,从而将环境污染减少到"最佳数量"。这一战略的核心是对自然资源的开发定价,这通常被称为"外部效应的内部化"。他

---

① Brett Clark and Richard York, "Carbon Metabolism: Global Capitalism, Climate Change, and the Biospheric Rift", *Theory and Society*, Vol. 34, No. 4, 2005, p. 410.

② Richard York, Eugene A. Rosa and Thomas Dietz, "Ecological Modernization Theory: Theoretical and Empirical Challenges", in Michael R. Redclift and Graham Woodgate (eds.), *The International Handbook of Environmental Sociology*, Second Edition, Northampton: Edward Elgar, 2010, p. 79.

③ Neil Smith, "Nature as Accumulation Strategy", *Socialist Register*, Vol. 17, 2007, p. 17.

④ Brian Ohl, Steven Wolf, William Anderson, "A Modest Proposal: Global Rationalization of Ecological Footprint to Eliminate Ecological Debt", *Sustainability: Science, Practice and Policy*, Vol. 4, No. 1, 2008, p. 6.

认为，这就意味着生态问题将在经济计算中"内化"，并作为降低资本主义社会熵生产率的成本因素发挥作用，或者更确切地说，是提高效率。①

  一些生态现代化理论家认为，促进生物燃料发展的行为本身就是生态现代化的证据。胡伯将生物燃料视为技术环境的创新，即"具有良好环境效应的新产品、新工艺和新做法"②。作为发展生态现代化视角的重要代表人物之一，阿瑟·P. J. 摩尔承认生物燃料的社会和环境问题，但他也强调私营市场行为者等主体可以通过可持续性封条和认证等战略来弥补国家对生物燃料有效监管的缺乏。他建议目前的全球生物燃料系统向"公共燃料"的方向转变，而且相对于国家权威而言，私人市场权威的崛起并不是固有的负面影响，因为无论在何种情况下，"提高市场权威都是为了更好地管理如环境等公共产品"，从而对生物燃料的发展提出建议，并对更广泛的生态现代化理论产生影响。③ 值得进一步探讨的是，部分由私人市场权威领导的环境治理和技术创新都是生态现代化文献的中心主题，被视为生态现代化进程的关键组成部分。④ 所以，按照一般的生态现代化方法，"新出现的私人治理发展成为新的环境当局，对生物燃料的环境治理具有一定的合法性和影响"的主张，被用作新的全球环境治

---

  ① Martin Bitter, "Contradictions of the Commodity Carbon-On the Material and Symbolic Production of a Market", in Elmar Altvater and Achim Brunnengräber (eds.), *After Cancún: Climate Governance or Climate Conflicts*, Germany: VS Verlag für Sozialwissenschaften, 2011, pp. 71 – 72, p. 77.
  ② Joseph Huber, "Technological Environmental Innovations (TEIs) in a Chain-Analytical and Life-Cycle-Analytical Perspective", *Journal of Cleaner Production*, Vol. 16, No. 18, 2008, p. 1980.
  ③ Arthur P. J. Mol, "Environmental Authorities and Biofuel Controversies", *Environmental Politics*, Vol. 19, No. 1, 2010, p. 68.
  ④ Joseph Huber, "Pioneer Countries and the Global Diffusion of Environmental Innovations: Theses from the Viewpoint of Ecological Modernisation Theory", *Global Environmental Change*, Vol. 18, No. 3, 2008, pp. 360 – 367.

理结构的总体系统性趋势的证据，需要特别提及的是"非国家当局"将发挥主导作用。而支持这一论点的是关注生物燃料的环境和粮食短缺层面，制定企业可持续性标准的公司网站，以及组成界定和认证公平燃料的国际圆桌会议的联盟。①

生态现代化理论的一个主要特点是，持续的工业发展是摆脱发达国家生态危机的最佳选择，而且与那些认为技术发展有问题的理论家不同，他们指出有可能需要通过阻止资本主义，或者工业化进程来处理生态危机。基于此，生态现代化理论家认为，环境问题可以通过技术和工业化的进一步发展得到解决。更具体地说，生态现代化与以往大多数社会和环境关系研究的预期有两个方面的不同：一方面，该理论认为改善环境可以通过改善经济方式实现，但事实上，经济或市场动态在生态变化方面发挥主导作用，另一方面，生态现代化将政治行为体描绘为建立新的、不同的联盟，从而使环境保护在政治上可行。生态现代化理论认为，现代性结构有助于发展生态合理的制度、政策和技术，从而有助于限制环境退化。一方面，城市化对环境的影响较小，因为城市地区的集中化可以更有效地利用空间和交通，另一方面，更多关注经济发展的速度和规模的国家可以通过城市化进程、促进高科技的应用来改善环境质量。虽然生态现代化理论家承认美国、巴西和欧盟的政策以及其他国家的政策在塑造全球生物燃料制度方面的作用，但在其关于环境治理和生物燃料发展的文献中缺乏对各种行为者在政策制定过程中相关作用的分析。然而，有必要通过具有约束力和可执行的政策，具体分析私营市场行为体在促进生物燃料和生产环境规则方面的作用，以了解它们作为生态变化推动者所具有的更广泛作用。尽管生态现代化承

---

① Arthur P. J. Mol, "Environmental Authorities and Biofuel Controversies", *Environmental Politics*, Vol. 19, No. 1, 2010, pp. 73 – 76.

生态帝国主义：分析与批判

认环境问题可能是全球资本主义的副产品，但它拒绝超越这一体系，反而主张通过引进各种技术和提高能源效率来改革这一体系。

生态现代化实际上已采取一种霸权主义立场，主张采用更有效、更环保和更低碳排放的能源和制造工艺，以实现环境可持续性发展和减缓气候变化。摩尔和格特·斯帕加伦指出，"为了解决生态危机，生态现代化理论被视为一种分析现代性范畴的当代社会的中心制度转向的理论概念。"① 对此，摩尔认为生态现代化是一种不离开现代化的整个社会的生态转型，包括生产、市场、制度等各个方面，将环境关怀纳入当前人类价值观念与日常生活。格雷厄姆·伍德盖特（Graham Woodgate）认为摩尔所强调的生态现代化，"不是试图为不断升级的环境问题推卸责任，而是一个以结构为导向的环境改革的社会理论，从而将注意力集中在环境治理的社会、经济和政治结构上"②。特别值得关注的是，在摩尔看来，生态现代化还可以看作是对"环境改革过程和实践的多尺度的社会科学解释"③。F. H. 巴特尔（F. H. Buttel）也认为，"一个成熟的生态现代化理论最终必须是一个政治和国家理论，也就是说，一个国家和政治实践变化的理论（以及这些变化的前因理论）。这些变化往往会导致私人生态效率的提高和整体环境改革。"④ 正是在这个基础之上，巴特尔强调，

---

① Arthur P. J. Mol and Gert Spaargaren, "Environment, Modernity and The Risk Society: The Risk Society: The Apocalyptic Horizon of Environment Reform", *International Sociology*, Vol. 8, No. 4, 1993, p. 437.

② Graham Woodgate, "Introduction", in Michael R. Redclift and Graham Woodgate (eds.), *The International Handbook of Environmental Sociology*, Second Edition, Northampton: Edward Elgar, 2010, p. 3.

③ Arthur P. J. Mol, "Ecological Modernization as a Social Theory of Environmental Reform", in Michael R. Redclift and Graham Woodgate (eds.), *The International Handbook of Environmental Sociology*, Second Edition, Northampton: Edward Elgar, 2010, p. 63.

④ F. H. Buttel, "Ecological Modernization as Social Theory", *Geoforum*, Vol. 31, No. 1, 2000, p. 58.

在生态现代化理论中,"不仅资本主义制度上的足够自由允许走向'可持续的资本主义'运动,而且资本中的竞争推动力——在某种政治条件下——能够用来实现生产过程中,最终也能在消费过程中阻碍污染的生态效率"①。基于此,尼尔·卡特(Neil Carter)指出生产过程中必须建立生态标准:在供应方面,通过提高生产效率和环境效益来降低成本,通过直接的技术修复减少浪费,同时也可以通过改造制造工艺实现节约生产;在需求方面,环境问题导致诸如空气污染治理设备和替代能源等绿色技术的发展。② 从这个角度来看,卡特认为可以通过环境法规和由具有生态敏感性的政府协同企业利益管理的技术变革,从而使资本主义更加"环保"。

生态学马克思主义认为,虽然生态现代化的支持者承认许多环境问题是市场经济或全球资本主义的副产品,而且人们对提高生活质量的共同兴趣表现为消费者对"可持续性"服务和产品的需求,这将导致政府和私营部门对于投资"生态友好型"生产系统和其他技术的压力增加,但他们坚持认为,技术仅仅是一种任何人都可以使用的工具,因而普遍反对超越资本主义的生产方式。虽然采用更具环境可持续性的技术和实现能源效率本身是值得称赞的目标,但它们不会像主流环境经济学家所认为的那样导致与经济增长的"脱钩",因为在资本主义经济体系中,"能源节约被用来促进新资本的形成和商品的扩散,需要更多的资源"③。最引人注目的是,一些生态学马克思主义者在一定程度上对这些成果予以否认。霍尔曼尖刻

---

① F. H. Buttel, "Ecological Modernization as Social Theory", *Geoforum*, Vol. 31, No. 1, 2000, p. 61.

② Neil Carter, *Politics of the Environment: Ideas, Actions, Policy*, Cambridge, UK: Cambridge University Press, 2007, p. 228.

③ John Bellamy Foster, Brett Clark and Richard York, "Capitalism and the Curse of Energy Efficiency: The Return of the Jevons Paradox", *Monthly Review*, Vol. 62, No. 6, 2010, p. 5.

地评论道,"所有这些成果的共同点是,它们大多不具约束力,不可执行,不需要独立核查",而且最为重要的是要认识到,"生态现代化理论所规定的各类行为者和当局的政策行为,可以通过对可再生燃料授权扩大的实证分析来评估。这些政策表明农业能源和环境发生了重大变化,仍然是刺激全球生物燃料需求的最重要立法"。① 正如巴特尔所强调的那样,作为描述环境政策的主流话语,"生态现代化与其说是对工业和生态进步强烈趋势的预测,不如说是描述发达国家环境政策领域主导话语的一个范畴。"② 戴维·哈维更是强调:"生态现代化依赖同时促进了这样一种信念,即经济行为系统地危害了环境('自然'的失调),因此社会应该对于环境调节和生态控制采取一种主动的姿态。"③

还有一些生态现代化理论家遵循"社会技术"乐观主义,声称现代化的力量导致社会非物质化,而且经济与能源和物质消费脱钩,使资本主义社会得以超越环境危机。霍尔曼认为这些生态现代化理论家对生物燃料政策的分析"过度乐观","因为改革还没有取得进展",而且"虽然私营市场行为者和当局以环境为关切理由,但它们的政策处方并没有反映出美国生物燃料决策中的环境优先事项"。他进一步分析指出,"资本主义经济增长可能与环境破坏脱钩",而且"这种乐观情绪反映在对生物燃料的处理和私营市场行为者在促进'公平燃料'方面发挥主导作用的预期上"。④ 基于这样的分析,约

---

① Hannah Holleman, "Energy Policy and Environmental Possibilities: Biofuels and Key Protagonists of Ecological Change", *Rural Sociology*, Vol. 77, No. 2, 2012, p. 289.

② F. H. Buttel, "Ecological Modernization as Social Theory", *Geoforum*, Vol. 31, No. 1, 2000, p. 58.

③ [美] 戴维·哈维:《正义、自然和差异地理学》,胡大平译,上海:上海人民出版社2015年版,第433页。

④ Hannah Holleman, "Energy Policy and Environmental Possibilities: Biofuels and Key Protagonists of Ecological Change", *Rural Sociology*, Vol. 77, No. 2, 2012, pp. 283, 286.

克、罗莎和迪茨认为，"由于生态现代化理论在某些方面依赖于这样一种理念，即技术变革可以帮助克服环境问题，而不必对经济结构进行根本性的改变。所以，争论的焦点就在于效率的提高和各种资源替代品的开发在多大程度上实际导致了资源消耗和污染排放的减少。"①

在一些生态现代化理论家看来，"全球经济的持续扩张及其伴随的结构变化足以解决环境问题。意外的后果可能是将旨在保护环境的严肃努力放在'次要'位置，转而支持旨在促进全球化和经济增长的政策。"② 但生态学马克思主义认为，"现代化和经济增长会导致环境退化"，而且如果不承认人口与经济增长和环境可持续性之间的基本矛盾，就不可能克服生态危机，所以"认识到根本的环境改革就需要政治和经济变革，而不仅仅是制度、文化、技术和行为变革。"③ 正如约克、罗莎和迪茨所强调的那样，"所谓'绿色'产业（如生态旅游、再生产品）和企业的出现不应被视为生态改革的标志，因为这些企业产生的资本可以投资于经济的任何地方。绿色企业的利润可能会扩大其他经济部门的资源消耗和废物生产，因为利润会渗透到整个经济中。"④

---

① Richard York, Eugene A. Rosa and Thomas Dietz, "*Ecological Modernization Theory: Theoretical and Empirical Challenges*", in Michael R. Redclift and Graham Woodgate (eds.), *The International Handbook of Environmental Sociology*, Second Edition, Northampton: Edward Elgar, 2010, p. 84.

② Richard York, Eugene A. Rosa and Thomas Dietz, "*Ecological Modernization Theory: Theoretical and Empirical Challenges*", in Michael R. Redclift and Graham Woodgate (eds.), *The International Handbook of Environmental Sociology*, Second Edition, Northampton: Edward Elgar, 2010, p. 86.

③ Richard York, Eugene A. Rosa and Thomas Dietz, "*Ecological Modernization Theory: Theoretical and Empirical Challenges*", in Michael R. Redclift and Graham Woodgate (eds.), *The International Handbook of Environmental Sociology*, Second Edition, Northampton: Edward Elgar, 2010, p. 87.

④ Richard York, Eugene A. Rosa and Thomas Dietz, "*Ecological Modernization Theory: Theoretical and Empirical Challenges*", in Michael R. Redclift and Graham Woodgate (eds.), *The International Handbook of Environmental Sociology*, Second Edition, Northampton: Edward Elgar, 2010, p. 82.

生态帝国主义：分析与批判

还有一些生态现代化理论家主张，资本主义现代化制度可以避免全球环境危机，而不需要根本性的社会秩序重组。① 他们认为，资本主义完全能够通过追求社会技术创新来应对气候变化，而不会挑战当前的政治经济结构。所以，在生态现代化理论家看来，资本主义与生态变化是相容的，这一假设导致了这一理论与其他有影响力的环境社会学理论的核心观点之间的对立。② 詹妮弗·E. 吉文斯（Jennifer E. Givens）、黄晓瑞和安德鲁·K. 乔根森（Andrew K. Jorgenson）还强调，在生态现代化理论家看来，"经济增长与环境之间可能毫无关系，这表明经济增长对环境的影响趋于减弱"③。一些生态现代理论家还假定通过生产系统和公共或私人机构的不断现代化与合理化，认为社会将走向"绿色"状态，即"随着市场经济的不断发展，环境监管和环境友好型产业将产生一个可持续的未来"④。

针对这一观点，一些生态学马克思主义者认为生态现代化的核心是反生态的，因此无法沿着可持续的路线继续改造。持这种观点的学者认为，要实现环境可持续发展，就必须从根本上改变社会秩序，放弃通常设想的现代化项目，或者至少放弃其中的主要方面，如资本主义制度或追求经济增长。正如迈克尔·R. 雷德克利夫特（Michael R. Redclift）所观察到的，生态现代化使"发达国家的企业

---

① Brett Clark and Richard York, "Carbon Metabolism: Global Capitalism, Climate Change, and the Biospheric Rift", *Theory and Society*, Vol. 34, No. 4, 2005, p. 410.

② Hannah Holleman, "Energy Policy and Environmental Possibilities: Biofuels and Key Protagonists of Ecological Change", *Rural Sociology*, Vol. 77, No. 2, 2012, p. 77.

③ Jennifer E. Givens, Xiaorui Huang and Andrew K. Jorgenson, "Ecologically Unequal Exchange: A Theory of Global Environmental in Justice", *Sociology Compass*, Vol. 13, No. 5, 2019, p. 2.

④ Brett Clark and Richard York, "Carbon Metabolism: Global Capitalism, Climate Change, and the Biospheric Rift", *Theory and Society*, Vol. 34, No. 4, 2005, p. 394.

能够从环境外部性的内部化中获益"①。欧鲁认为,"生态现代化虽主张更多的技术创新能够解决资本主义和经济增长造成的任何社会和环境问题。然而,生态现代化并不要求任何结构变革,而是主张环境问题可以在现有制度安排内解决。"② 克拉克和约克也认为,"我们的论点既不是经济增长没有产生更有效的新技术,也不是减少某些类型污染的技术没有得到改进。相反,我们认为,这些变化导致良性生态关系的信念需要进一步考虑,特别是考虑到商品生产的资本主义扩张(包括能源作为生产能力)已经超过了能源使用效率的提高。"③

还有一些生态学马克思主义者肯定了生态与资本主义的对立性。正如福斯特所反复强调的那样,"生态与资本主义是相互对立的两个领域"④。而且他还强调"资本主义与生态的对立关系是分析当前危机的核心",因为现如今,对于多数绿色思想家而言,首要关注的问题"不是技术,而是资本主义作为一种特定生产方式的性质和逻辑"⑤。所以说,生态学马克思主义否认资本主义制度框架内的调整,强调只有超越资本主义,建立生态社会主义,才能实现可持续发展。从表面上看,这种调整似乎在一定程度上改善了资本主义制度,而且

---

① Michael R. Redclift, "The Transition out of Carbon Dependence: the Crises of Environment and Markets", in Michael R. Redclift and Graham Woodgate (eds.), *The International Handbook of Environmental Sociology*, Second Edition, Northampton: Edward Elgar, 2010, p. 123.

② Martin Oulu, "Core Tenets of the Theory of Ecologically Unequal Exchange", *Journal of Political Ecology*, 2016, Vol. 23, No. 4, p. 447.

③ Brett Clark and Richard York, "Carbon Metabolism: Global Capitalism, Climate Change, and the Biospheric Rift", *Theory and Society*, Vol. 34, No. 4, 2005, p. 411.

④ [美] 约翰·贝拉米·福斯特:《生态危机与资本主义》,耿建新、宋兴无译,上海:上海译文出版社 2006 年版,前言第 1 页。

⑤ John Bellamy Foster, "Marx's Ecology and its Historical Significance", in Michael R. Redclift and Graham Woodgate (eds.), *The International Handbook of Environmental Sociology*, Second Edition, Northampton: Edward Elgar, 2010, p. 107.

生态帝国主义：分析与批判

在特定时间和空间上改善了生态环境。但正如马克思所言，"事物在其现象上往往颠倒地表现出来，这是几乎所有的科学都承认的。"① 可以确定的是，这不是解决生态危机的方案，而是解决资本主义自身危机的方案。

从整体上来看，生态经济学和生态现代化都主张资本主义框架内的调整，从而维护资本主义制度。但与之形成强烈对比的是，生态学马克思主义的帝国主义批判思想着重于分析发达资本主义国家与发展中国家的关系，在明确二者之间剥削与被剥削、压迫与被压迫关系的基础上，明晰前者对后者的生态影响，以及发达资本主义国家应当承担的生态责任。而且一些生态学马克思主义者在指出各种生态现象的同时，也明确了生态危机的根源，肯定了发达资本主义国家与发展中国家之间不平等的生态交换，并否认了资本主义制度框架内的调整，认为这不过是西方主流学说捍卫资本主义制度的伎俩，并不能从根本上解决生态危机。所以说，帝国主义批判思想是生态学马克思主义的重要支撑，是生态学马克思主义区别于其他西方绿色思潮的显著标志。

不容忽视的是，生态问题没有国界，任何一个国家造成的生态问题都有可能成为整个地球的灾难。全球性生态问题已成为全人类共同面对的头等重要的紧迫性课题。从目前来看，全球变暖所导致的全球气候的变化，给世界人民带来了巨大灾难，整个地球的生态正受到"无法挽回的破坏"的威胁，而地球作为人类生产生活资源的提供者、垃圾和污染的接受者，已经超出了地球自然过程处理其活动的能力。更为重要的是，发达资本主义国家在对地球空间和自然资源的开采过程中，理所应当地利用自然资源促进自身的经济增长，并将自然作为倾倒废物的水槽而不是一种资源。在生态学马克

---

① 《马克思恩格斯文集（第5卷）》，北京：人民出版社2009年版，第616页。

思主义看来，人类社会与环境的关系已达到了一个临界值，而且人类对地球的破坏已经发展到威胁大自然的延续以及人类社会本身生存和发展的程度。

第二章
生态学马克思主义视域下的帝国主义与资本积累

生态问题是 21 世纪人类所要面对的一大难题。生态学马克思主义认为，资本积累是"资本的首要指令"，而资本只有在不断扩张的基础上，才能维持资本主义制度的正常运转。同时，他们认为资本的无限扩张与生态的可持续发展是相互矛盾的，资本积累必然会造成发达资本主义国家的对外扩张，而资本对最大化剩余价值的追求必然会导致发展中国家生态环境的破坏，或者更恰当地说，资本积累与生态逻辑本身就是一种悖论。

一、资本积累是"资本的首要指令"

进入 21 世纪以来，自然生态持续恶化，而且各种生态问题愈演愈烈却又迟迟得不到解决。生态学马克思主义认为这里面虽然有人为的因素，如人类对自然规律认识的局限性和人口迅速增长的因素，但必须清楚的是，资本的本性才是其首要的、根本的原因。或者更准确地说，这是由于资本为满足其无限扩张的贪欲，在不惜牺牲社会和自然的主观意愿的情况下故意造成的。基于此，生态学马克思主义认为资本的无限扩张性、攫取剩余价值的剥削性、自私贪婪的逐利性，决定了资本主义必然会致力于经济扩张和资本积累，从而加大对原材料以及资源的消耗和掠夺,但是在这一过程中所导致的生产过剩和生态危机都是无法避免的,而且得不到根治。

(一) 资本主义的首要目标是积累资本

在生态学马克思主义看来,资本主义制度下的生产是基于私人利益进行组织的,其动机是通过获取最大化的剩余价值实现资本增值和财富积累,而且以尽可能低的成本处理废弃物也只是朝着这个目标迈进的必要一步。他们认为,资本主义是一种自我扩张的价值体系,在这种价值体系中,根植于剥削的经济剩余积累,以及由于竞争而产生的法律效力,必须以更大的规模出现。正如日本生态学马克思主义者岩佐茂所指出的那样,"资本主义社会是一个追求利润,积累资本,按照资本的逻辑运行的社会",而且"资本的逻辑由于对不带来利润的环境保护毫不关心,破坏了环境"。① "为此,资本会不择手段。对资本主义而言,甚至连气候变化等不断加剧的环境危机都是能让其获利的大好机会。森林火灾越多,火灾保险越好卖。更多的蚱蜢,就需要更多的杀虫剂。负排放技术就是资本的商机,哪怕其副作用会侵蚀地球。"② 换言之,资本家要想生存下去,就必须不断地将其积累的资本进行再投资,以获得更多的剩余价值。特里·汤森德(Terry Townsend)进一步强调指出,对于资本家来说,利润本身就是目的,"他们生产的商品是否满足人类的基本需求——如食物、衣服、住所——或者用于毫无意义或炫耀性的消费,或者甚至对人类和地球具有破坏性,并不重要。"③

---

① [日]岩佐茂:《环境的思想——环境保护与马克思主义的结合处(修订版)》,韩立新、张桂权、刘荣华等译,北京:中央编译出版社2007年版,第255页。
② [日]斋藤幸平:《人类世的"资本论"》,王盈译,上海:上海译文出版社2023年版,第76页。
③ Terry Townsend, "A Marxist Analysis of Climate Change", https://climateandcapitalism.com/2017/01/19/terry-townsend-a-marxist-analysis-of-climate-change/ (访问时间2017年1月19日)。

生态帝国主义：分析与批判

一些西方学者还分析了资本积累与自然的关系。保罗·斯威齐（Paul Sweezy）指出，资本主义的动机就在于，要不断为新资本的生成积累利润，以期为未来制造出更多的利润、扩大资本积累，而这将导致指数级或复合型经济增长。美国学者戴维·哈维（David Harvey）认为，"没有什么东西不可能广泛地与公司资本主义的利害关系相一致，从而使星球管理按照他们的利益合法化"[1]。就自然环境而言，资本主义认为它不是一种值得珍视和享受的东西，而是一种为达到牟利和更多资本积累的最高目的的手段。[2] 在生态学马克思主义看来，资本为了维持这一进程，就需要不断获取并占有大量自然资源，特别是随着资本主义经济体制的发展，物质和能源的生产量增加，资本将越来越多的自然资源纳入其经营活动。正如詹姆斯·莱斯（James Rice）所指出的那样："资本积累的根源在于生态系统的改变和劳动力的剥削。它既塑造了生产关系，又塑造了生态系统的形态和完整性。"[3]

在这种"以任何必要手段"追求利润的过程中，人们的需求和环境保护既不能持续，也不占主导位置，而且在资本主义制度下，需要越来越多的消费来保持经济的运转。罗伯特·阿尔布里顿（Robert Albritton）认为，"从资本主义的角度来看，除了实现短期利润最大化、扩大国内生产总值或增加人均收入（同时仍然忽视这些收入如何在特定人群和世界上分布）之外，人们对未来的关注很少。最根本的是，它总是想增加利润，而这往往与'获取和支出'的意

---

[1] [美]戴维·哈维：《正义、自然和差异地理学》，胡大平译，上海：上海人民出版社2015年版，第221页。

[2] Paul Sweezy, "Capitalism and the Environment", *Monthly Review*, Vol. 56, No. 5, 2004, pp. 86 – 93.

[3] James Rice, "Ecological Unequal Exchange: Consumption, Equity, and Unsustainable Structural Relationships within the Global Economy", *International Journal of Comparative Sociology*, Vol. 48, No. 1, 2007, p. 64.

识形态密切相关，这种意识形态越来越忽视除富人以外的许多全球需求。"① 可以看出，主要发达资本主义国家致力于维护资本主义制度，甚至以牺牲工人和地球为代价来保护资本家的利益，而且"资本为了追求利润积累资本，总是千方百计地降低工资，同时尽可能地压缩不能带来利润的经费。至于处理废弃物的经费，如果没有法律限制，从资本的本性来看，则肯定要服从于节约的冲动"②。正如德尔·韦斯顿（Del Weston）所表明的那样："经济增长是资本主义的核心。增长对于资本积累和制度生存至关重要……资本积累和增长的必要性凌驾于所有其他社会和政治经济目标之上。在资本主义体系中，当经济收缩时，混乱和苦难接踵而至。"③ 他进一步指出，"经济增长的驱动力是消费和债务的创造，而不是投资和基础设施、就业和生产能力的建设，从而吸纳更多的财富，巩固金融部门的利益，同时增加各国的经济负债，对大多数人口和经济稳定都有影响。通过放松管制和金融化，全球经济的重组增强了企业的力量和财富，使它们能够成为获得最大利润的国家，并迅速将资本和利润转移到其他地方。"④ 因此，"资本的积累与大多数人类和物种日益脆弱的生命、人类与环境的日益疏远以及生物圈的破坏并驾齐驱。"⑤

但也要清醒地看到，在生态学马克思主义看来，无限的经济扩张与有限而脆弱的生态系统是不相容的。戴维·佩珀明确指出，

---

① Robert Albritton, *Eco-Socialism For Now and the Future: Practical Utopias and Rational Action*, New York: Palgrave Macmillan, 2019, p. 4.
② ［日］岩佐茂：《环境的思想——环境保护与马克思主义的结合处（修订版）》，韩立新、张桂权、刘荣华等译，北京：中央编译出版社2007年版，第24页。
③ Del Weston, *The Political Economy of Global Warming: The Terminal Crisis*, London: Routledge, 2014, p. 77.
④ Del Weston, *The Political Economy of Global Warming: The Terminal Crisis*, London: Routledge, 2014, p. 109.
⑤ Del Weston, *The Political Economy of Global Warming: The Terminal Crisis*, London: Routledge, 2014, p. 134.

生态帝国主义：分析与批判

"资本主义的目标从定义上来说就是资本的积累。因此，当利润获取后，它们必将被再次投入到更进一步的生产中去，以保持这一进程的继续。"① 而且大多数西方学者将经济发展视为发达资本主义国家的首要任务，正如娜奥米·克莱恩（Naomi Klein）所指出的那样："同等金钱代价，专注于经济发展比专注于气候变化更有效率，因为财富就是我们面对极端气候的最佳保护。"② 这就意味着在西方国家，资本要确保能够抵消投资风险，并且能够在可预见的期限内回收。随着资本积累的加剧，发达国家为寻找安全的原材料来源、低廉的劳动力和新的市场，开始向外扩张，即便是通过"合法"的手段，但这种全球掠夺加剧了发达国家与不发达国家的财富和权力差异。

一些生态学马克思主义者认为，资本积累的重点在于发达国家从不发达国家提取盈余，而这些盈余重点体现在全球劳动力套利（Global Labor Arbitrage）的概念中。摩根士丹利（Morgan Stanley）前首席经济学家斯蒂芬·罗奇（Stephen Roach）对这一概念的著名定义是，在美国和其他富裕经济体，高薪工人被"类似高质量的、低工资的海外工人"取代。③ 全球劳动力套利被合理化为全球北方企业的"紧急生存策略"，其压力来自削减成本和"寻求新效率"的需要。④ 在这样的基础上，伊坦·苏万迪（Intan Suwandi）、詹姆斯·琼纳（Jamil Jonna）和福斯特认为，"从批判的政治经济学角度来看，全球劳动力套利就是国际资本对全球南方劳动力的过度剥削。

---

① [英] 戴维·佩珀：《现代环境主义导论》，宋玉波、朱丹琼译，上海：格致出版社、上海人民出版社2011年版，第98页。
② [加] 娜奥米·克莱恩：《改变一切——气候危机、资本主义与我们的终极命运》，李海默、韦涵、管昕玥等译，上海：上海三联书店2018年版，第4页。
③ Stephen Roach, More Jobs, "Worse Work", *New York Times*, July 22, 2004.
④ Stephen Roach, "How Global Labor Arbitrage Will Shape the World Economy", *Global Agenda Magazine*, 2004.

它构成了不平等的交换,被理解为以更多的劳动力换取更少的劳动力,在这种交换中,处于体系中心的垄断金融资本受益于全球南方对低成本劳动力的高加价。同时,不平等交换的进程标志着全球南方国家进一步融入全球经济。"他们认为,"这是一种既降低社会必需劳动力成本,又最大限度地分配剩余价值的战略。它通过各种手段从工人中榨取更多的资源,包括外围经济体工厂的压制性工作环境、国家对工会的强制禁令,以及配额制度或计件工资制。"① 达里奥·帕多万(Dario Padovan)和阿尔弗雷多·阿利埃蒂(Alfredo Alietti)认为,"为了制止利润的下降,资本有不同的平衡策略,不仅降低劳动力再生产的成本,还可以影响原材料提取和能量收集(农业、采矿以及油田和平台)中固有的劳动生产率。"② 所以,在生态学马克思主义看来,通过全球劳动力套利,世界最贫穷地区过度开发人口所产生的剩余价值正在导致世界经济中心金融财富的空前积累和周边国家的相对贫困。

生态学马克思主义在分析全球劳动力套利的过程中,也强调指出劳动者不仅在国内的地区与地区之间流动,同时也在国家与国家之间流动,而一些国家也从这种劳动力的国际流动中获益。赫尔曼·E. 达利(Herman E. Daly)和小约翰·B. 柯布(John B. Cobb)认为,"高工资国家的资本家从更低廉的劳动力中获益,首先是从海外,然后国内也是如此。"③ 因为马克思曾指出:"资本主义生产过程的动机和决定目的,是资本尽可能多地自行增殖,也就是尽可能

---

① Intan Suwandi, R. Jamil Jonna and John Bellamy Foster, "Global Commodity Chains and the New Imperialism", *Monthly Review*, Vol. 70, No. 10, 2019, p. 9.

② Dario Padovan and Alfredo Alietti, "Geo-capitalism and Global Racialization in the Frame of Anthropocene", *International Review of Sociology*, Vol. 29, No. 2, 2019, p. 179.

③ [美]赫尔曼·E. 达利、小约翰·B. 柯布:《21 世纪生态经济学》,王俊、韩冬筠译,北京:中央编译出版社 2015 年版,第 226 页。

生态帝国主义：分析与批判

多地生产剩余价值，因而也就是资本家尽可能多地剥削劳动力。"①在生态学马克思主义看来，发达资本主义国家为了降低生产成本，或者将劳动密集型企业转移到发展中国家，直接利用当地廉价的劳动力资源，或者是通过掠夺发展中国家的自然资源和生态空间，从而变相掠夺发展中国家的劳动力资源，以实现最大限度的资本积累。具体来看：

第一，直接利用发展中国家的劳动力资源。一些生态学马克思主义者认为，由于多数发展中国家的经济水平低下、工资较低，而发达资本主义国家劳动力商品的成本过高，因而他们会通过丰厚的工资吸引发展中国家的劳动者在国际间流动。正如萨拉·萨卡所描述的那样："至于西伯利亚的劳动力成本，为了吸引其他地区的工人到西伯利亚，政府所出的工资是平均工资的三倍，再加上其他的额外福利。"② 除此之外，他们还认为，发达资本主义国家将污染性和危险性企业以扶助发展中国家的形式"出口"到发展中国家，其实质是对发展中国家劳动力资源的严峻考验。不容忽视的是，对于发达资本主义国家而言，这种方式不仅减少国际间劳动者流动的一系列不便，还可以直接利用当地的市场实现剩余价值的转化，同时工业生产过程中所产生的垃圾和废物也可以直接排放在这些国家，从而大大减少发达资本主义国家把工业制成品和垃圾转移到发展中国家所产生的"运输费用"。但这种转移直接导致发展中国家的污染增加，特别是温室气体排放的剧增。

还有一些生态学马克思主义者在分析劳动力商品的国际流动时，认为较低的工资成本并不是将生产外包到发展中国家的唯一原因。道格拉斯·多德（Douglas Dowd）认为："在世界上较贫穷的地

---

① 《马克思恩格斯文集（第5卷）》，北京：人民出版社2009年版，第384页。
② [印]萨拉·萨卡：《生态社会主义还是生态资本主义》，张淑兰译，济南：山东大学出版社2012年版，第51页。

区——亚洲和拉丁美洲的大部分地区，以及欧洲的部分地区——除了威廉姆·格雷德（William Greider）所指出的'全球劳动力套利'之外，还有'全球税收套利'（Global Tax Arbitrage），也就是所谓的'环境套利'（Environmental Arbitrage）。后者意味着那些生产破坏森林、水供应或空气的公司，可以很容易地通过购买的方式摆脱其他任何限制；而且在既定收入的情况下，它们还能够得到免税的保证——一个额外的吸引力，即在遥远的地方存在这种可能性，意味着它们通常可以在家里成功地讨价还价。"① 众所周知，南方国家的温室气体排放远高于北方国家，但很少有人注意到，这些温室气体中有多少是用来生产运往全球北方的商品。这种直接利用发展中国家劳动力资源的形式，不仅节省了一部分的生产成本，实现了资本积累，同时也在外包环境污染的同时保护了北方国家的国内生态环境。

第二，间接掠夺发展中国家的劳动力资源。一些生态学马克思主义者认为发达资本主义国家利用其经济优势以低价掠夺了发展中国家的大量原材料，从而降低了本国的生产成本，提高了劳动力商品的利用率，这是对发展中国家劳动力资源的变相掠夺。他们认为，低价出口本国的原材料对于发展中国家而言，虽然在短期内有助于缓解国内紧张的矛盾，但长期来看，这种发展方式导致发展中国家的劳动力资源出现剩余，从而导致一部分劳动者为了谋生不得不选择出国务工的方式，向发达资本主义国家转移。为满足国内市场的需要，发展中国家在低价出售本国原材料的同时，高价购买发达资本主义国家的工业制成品。乔根森强调："富裕国家通过增加制成品、农产品和提炼材料的消费，加剧了发展中国家的环境危害。"② 不可否

---

① Douglas Dowd, *Capitalism and Its Economics: A Critical History*, London: Pluto Press, 2004, p. 182.

② Andrew K. Jorgenson, "Environment, Development, and Ecologically Unequal Exchange", *Sustainability*, Vol. 8, No. 3, 2016, p. 7.

认，这是一种不可持续性的发展，是对发展中国家民众的一种不负责任的行为。正如戴维·佩珀所证实的那样："资本主义从根本上来说不具有可持续性。它骨子里就具有内在矛盾：其本色就在于对自身的毁灭，以及造成对构成其生产资料的自然环境的毁灭。"①

针对以美国为首的发达资本主义国家对发展中国家的资本积累，伊朗学者拉明·贾汉贝格鲁和范达娜·席娃分析了印度等殖民地的资本积累情况。在席娃看来，选择西方教育的印度精英接受现代制度而反对传统制度（即保护农业、实现可持续发展的制度）的原因有两点：一是可以获得富裕的生活，二是不用承担任何责任。② 应当承认，印度在几千年的发展过程中积累了丰富的经验，能够考虑到所有民众的福祉，经受住一切形式的殖民主义。但不可否认的是，现在外部的殖民化与国内精英的财富殖民化混在一起，正在逐渐摧垮印度文化，导致根植于非暴力和同情之中的印度传统文化正在消亡。③ 毫不夸张地说，发达资本主义国家的资本积累正在摧毁当地的传统文化。

（二）资本主义生产方式的不可持续性

一些生态学马克思主义者在认识到资本积累是资本主义的首要目标的同时，也意识到资本主义生产所带来的生态问题的严重性。英国著名政治生态学家威廉·莫里斯（William Morris）指出，对环境的破坏和对工人的剥削都是由资本积累造成的。他对环境的关注显而易见，认为任何人都不应该"仅仅为了盈利而砍伐树木，而且

---

① ［英］戴维·佩珀：《现代环境主义导论》，宋玉波、朱丹琼译，上海：格致出版社、上海人民出版社2011年版，第97页。

② Ramin Jahanbegloo and Vandana Shiva, *Talking Environment: Vandana Shiva in Conversation with Ramin Jahanbegloo*, Oxford：Oxford University Press, 2013, p. 92.

③ Ramin Jahanbegloo and Vandana Shiva, *Talking Environment: Vandana Shiva in Conversation with Ramin Jahanbegloo*, Oxford：Oxford University Press, 2013, pp. 92 – 93.

树木的损失会破坏一片风景；既不能以任何借口让人们用烟熏黑日光，也不能让河流污秽，或者用肮脏的垃圾和残酷的浪费混乱使地球上的任何地方退化"①。发达资本主义国家依赖发展中国家的自然资源和劳动力资源实现价值增值，同时由于"统治世界市场的垄断资本"，进一步加剧了国际贸易的不平衡发展。② 安德烈亚斯·马尔姆（Andreas Malm）通过分析现有温室气体排放的统计数据，认为这些数据不包括出口所产生的排放，所以很可能被低估，因为它们只考虑了由出口到海外的商品生产所直接造成的排放，但这其中不包括建设工厂、连接两个工业区的高速公路、容纳工人的高层公寓楼或任何其他旨在扩大出口部门的基础设施项目所产生的排放，也不包括家庭消费和其他经济活动的排放。③ 英国激进主义者卢克·尼尔（Luke Neal）也通过研究资本对化石燃料的依赖，分析了气候变化所带来的危机，认为马尔姆揭示了资本积累与全球气候之间密不可分的关系。④ 资本家将利用自然资源进行资本积累视为自然而然的事情，因此毫无顾忌地利用自然资源而不加任何保护，特别是资本家利用先进的科学技术进行资本积累，同时将生产的废弃物直接排放到自然界中，导致了严重的生态环境问题。这就在一定程度上表明了资本主义生产方式的不可持续性。

一些西方学者认为，在资本主义制度范围内，工业发展需要追求无止境的资本积累和经济增长，否则将陷入衰退或萧条的危机。

---

① William Morris, *Art and Socialism*, London: Kessinger, 2004, pp. 15 - 16.
② ［美］约翰·贝拉米·福斯特：《生态革命——与地球和平相处》，刘仁胜、李晶、董慧译，北京：人民出版社2015年版，第221页。
③ Andreas Malm, *Fossil Capital: The Rise of Steam Power and the Roots of Global Warming*, London and New York: Verso, 2016, p. 346.
④ "Some Comments on Andreas Malm's 'Fossil Capital'", https://climateandcapitalism.com/2016/07/06/some-comments-on-andreas-malms-fossil-capital/ （访问时间：2016年7月6日）。

生态帝国主义：分析与批判

戴维·哈维认为，"资本主义必然以增长为导向，在技术上是动态的，并且容易出现危机。"① 约瑟夫·熊彼特（Joseph Schumpeter）也非常明确地指出，资本主义内在对利润的追求导致其与环境的对立。② 梅里厄姆·韦伯斯特（Merriam Websters）认为资本主义是"一种个人和公司而不是政府拥有制造和运输产品（如土地、石油、工厂、船舶等）的经济组织方式"③。这种追求资本积累和经济扩张的发展模式忽视了其可能会带来的资源枯竭和环境污染，所以资本主义生产关系产生了生态灾难，但资本主义制度追求利润的本质又决定着其克服不了自身所引起的生态危机。事实证明，"资本主义无法有效地处理生态危机，因为资本主义有一种强烈的倾向，即把资本主义的利益置于极其危险的生态危机之前"④。

可以清楚地看到，人类建立的资本主义文明与地球的发展之间是相互矛盾的。弗雷德·马格多夫和福斯特指出，"从某种意义上来说，资本主义是一个自我扩张的价值体系。因此，资本主义认识到自己的自我扩张没有限制——没有多少利润、多少财富，也没有多少'足够'或'太多'的消费。这就意味着环境的存在，不是作为人类必须与地球上其他物种共同生活的具有固有边界的地方存在，而是作为一个在日益增长的经济扩张过程中被开发的领域而存在。"⑤ 福斯特和霍伦曼还通过爱尔兰的例子指出了发达资本主义国

---

① ［美］戴维·哈维：《正义、自然和差异地理学》，胡大平译，上海：上海人民出版社2015年版，第339页。

② Joseph Schumpeter, *Essays*, *Reading*, Mass：Addison Wesley, 1951, p. 293.

③ ［美］菲利普·克莱顿、贾斯廷·海因泽克：《有机马克思主义——生态灾难与资本主义的替代选择》，孟献丽、于桂凤、张丽霞译，北京：人民出版社2015年版，第18页。

④ Robert Albritto, *Eco-Socialism For Now and the Future: Practical Utopias and Rational Action*, New York：Palgrave Macmillan, 2019, p. 42.

⑤ Fred Magdoff and John Bellamy Foster, *What Every Environment Needs to Know about Capitalism*, New York：Monthly Review Press, 2011, p. 43.

家的扩张行径，认为爱尔兰等地区的农业区域划分是根据发达资本主义国家的资本积累需求而不是发展中国家人民的需要所决定的，所以爱尔兰最终变成了"以最便宜的价格向英国市场提供肉和羊毛的纯粹的市场"，并因此成为英国资本积累的原材料供应者。① 在此基础上，威廉·莱斯（William Leiss）进一步指出："所谓的发达世界运用它所掌握的稀有资源创造出来的东西，是没有多少值得他人仿效的。"②

在生态学马克思主义看来，资本家一心一意地追求利润，迫使他们积累更多的资本，这既是他们的主观目的，也是整个经济体系的动力。正是这种对资本积累的痴迷，使资本主义与满足人类需求的简单制度区别开来。他们认为，一个永远不会停滞、永远变化的制度，不仅会抛弃旧的生产和分配方式，还会开辟新的领域，从而使弱小无力保护自己的社会服从其宗旨。在这一无休止的创新和扩张的过程中，资本主义把自然界视为牟利和获取更多资本的手段。正如丹尼尔·塔努罗（Daniel Tanuro）所解释的那样："资本主义的反社会和反环境政策对生态危机毫无帮助，不仅加强了发达资本主义国家的竞争和暴力，更加剧了剥削、压迫、社会不平等、工人之间的竞争。"③ 更重要的是，一些生态学马克思主义者认为，当前人类遭受经济危机、金融危机、生态危机等多种危机的困扰，而导致这些危机的各种成因都可以在社会和环境破坏的驱动力中找到，即

---

① John Bellamy Foster and Hannah Holleman, "The Theory of Unequal Ecological Exchange: A Marx-Odum Dialectic", *Journal of Peasant Studies*, Vol. 41, No. 2, 2014, p. 206.

② ［加］威廉·莱斯：《满足的限度》，李永学译，北京：商务印书馆2016年版，第1页。

③ Daniel Tanuro, "Climate Crisis: 21st Century Socialists Must Be Ecosocialists", in Ian Angus (ed.), *The Global Fight for Climate Justice: Anti-capitalist Responses to Global Warming and Environmental Destruction*, Canada: Fernwood Publishing, 2010, p. 266.

生态帝国主义：分析与批判

资本主义。他们认为，当今所面临的资本主义危机是结局性的，因为各种危机都与资本主义生产和分配系统所建立的环境和物质条件的恶化有关，而其基础就是资本积累。正如福斯特所深刻观察到的那样，这种关注经济增长和利润的行为，"其后果是严重的"[1]。而且越来越明显的是，资本主义自身所具有的破坏性失控，正在造成"不可控制的破坏性的后果"，而且会导致资本的"指数式扩张"。[2] 美国学者戴维·哈维肯定了福斯特的观点，认为他对资本主义进行了"彻底的和令人信服的谴责"，肯定了资本循环在资本主义社会中的重要性，同时也解释了中心国家为满足其基本积累的需要，对边缘国家造成的生态影响，以及这些后果所具有的破坏性。[3]

还有一些生态学马克思主义者认为，在发达资本主义国家资本积累凌驾于所有其他目标和价值观之上，从而将自然和人的关系让位于利润，在此基础上，交换价值取代了使用价值。科威尔主张恢复使用价值的重要性，这意味着只有将资本从使用价值中转移出去，才能避免资本将使用价值转化为交换价值以及随之而来的不断增长的积累需求。资本家追求交换价值永远没有止境，这样势必使得资本家无限制地榨取自然资源。伊恩·安格斯直截了当地肯定了资本主义给人类带来的福利，但也指出"随着资本主义的扩张和老化，其本性中野蛮的一面变得更加突出。它所创造的巨大生产力，总是同时具有巨大的破坏力"[4]。他把这一切都归根于资本的生态破坏性，从而把资本主义总是将追

---

[1] [美] 约翰·贝拉米·福斯特：《生态危机与资本主义》，耿建新、宋兴无译，上海：上海译文出版社 2006 年版，第 60 页。

[2] [美] 约翰·贝拉米·福斯特：《资本主义与生态环境的破坏》，董金玉译，载《国外理论动态》，2008 年第 6 期。

[3] [美] 戴维·哈维：《正义、自然和差异地理学》，胡大平译，上海：上海人民出版社 2015 年版，第 222 页。

[4] Ian Angus, *Facing the Anthropocene: Fossil Capitalism and the Crisis of the Earth System*, New York: Monthly Review Press, 2016, p. 108.

求经济利益放在生态文明之前的行为称为"资本的首要指令"①。福斯特也强调,"资本主义并没有将其活动局限在人类基本需求(如吃穿住)的商品生产和人类与社会发展必需的服务设施上,相反,创造越来越多的利润已经成为目的本身,而且产品的样式和它们最终的实用性也无关紧要"②。

此外,还有一些生态学马克思主义者认为,资本主义的基本生态矛盾,即利润最大化与拯救地球本身之间存在冲突,即使说它们很可能在某一时刻重合,但其最终也无法系统地协调一致。他们认为,这是因为资本家可能会在增加利润的前提下接受环保主义,但如果改善环境的过程影响到利润,而要求利润服从于生态,他们是根本做不到的。所以,他们强调不受资本主义制度限制的竞争和对利润的渴望正在摧毁地球,换言之,实现剩余价值的最大化是资本主义制度的一条铁律,凌驾于一切之上,同时也规定了生态改革的可能性和限度。丽贝卡·克劳森(Rebecca Clausen)和丹尼尔·奥尔巴赫(Daniel Auerbach)等学者进一步分析指出:"资本通过商品生产获取剩余价值的能力,是通过对人类劳动的剥削和对自然的掠夺得以实现的。换句话说,资本并不能支付生产的真正成本。商品生产的面纱掩盖了一个事实,即劳动和自然都是财富的基础,阻止了对推动环境恶化的社会关系进行系统评估。"③ 为了解决生态问题,人类需要从根本上削减化石燃料消耗、关闭煤炭生产、大幅削

---

① Ian Angus, *Facing the Anthropocene: Fossil Capitalism and the Crisis of the Earth System*, New York: Monthly Review Press, 2016, p. 113.
② [美]约翰·贝拉米·福斯特:《生态危机与资本主义》,耿建新、宋兴无译,上海:上海译文出版社2006年版,第90页。
③ Brett Clark, Stefano B. Longo, Rebecca Clausen and Daniel Auerbach, "From Sea Slaves to Slime Lines: Commodification and Unequal Ecological Exchange in Global Marine Fisheries", in R. Scott Frey, Paul K. Gellert and Harry F. Dahms (eds.), *Ecologically Unequal Exchange: Environmental Injustice in Comparative and Historical Perspective*, New York: Palgrave Macmillan, 2019, p. 199.

生态帝国主义：分析与批判

减石油和天然气生产、取缔各种依赖矿物燃料的产业。安德鲁·K.乔根森认为，"由于经济是以永无止境的扩张和追求利润为前提的，所以经济运行直接影响到自然资源的开采、污染的产生和生态系统的整体状况。同时由于经济不断地使用自然资源生产商品和燃料机械，因此产生了大量的废物，并带来了一系列的生态问题。"① 发达资本主义国家在面对环境和生态问题时，推行先污染后治理的原则，并且将高污染产业和生态垃圾转向发展中国家。

基于此，在生态学马克思主义看来，正是对利润的无限追求才驱动资本在全球范围内剥削新的土地和资源。而资本主义经济体系是一个由化石燃料构成的、依赖化石燃料的全球性经济体系，因此克莱恩指出了一个令人不安的事实："这种如此深刻的依存关系，仅凭几个温和的市场机制是不可能改变的。"② 日本生态学马克思主义者岩佐茂也认为，"作为资源的废弃物虽然能够依靠市场机制的内在逻辑来处理，但如果完全依靠市场机制的内在逻辑，是不能够保障在不破坏环境的前提下来进行合适的处理的。"③ 由此也可看出，资本主义的生产方式之所以如此严重依赖化石燃料，主要有以下两个方面的原因：一是占有化石燃料就意味着对资源的垄断，在此基础上，资本家就可以强加垄断价格，从而使低成本企业获得高额利润；二是形成标准化的能源体系，而且"由于燃烧化石燃料，世界正遭受快速的气候变化，在几十年内就威胁到地球上的人类文明和生命"④。

---

① Andrew K. Jorgenson, "Environment, Development, and Ecologically Unequal Exchange", *Sustainability*, Vol. 8, No. 3, 2016, p. 3.
② [加] 娜奥米·克莱恩：《改变一切——气候危机、资本主义与我们的终极命运》，李海默、韦涵、管昕玥等译，上海：上海三联书店2018年版，第47页。
③ [日] 岩佐茂：《环境的思想和马克思主义》，倪增辉译，载《南开学报（哲学社会科学版）》，2010年第3期。
④ [美] 约翰·贝拉米·福斯特：《生态革命——与地球和平相处》，刘仁胜、李晶、董慧译，北京：人民出版社2015年版，第89页。

更令人不安的是，气候变化正在对世界各地的农业以及土著人民和农民的生活方式产生深刻影响，而且今后这些影响将进一步恶化。对于这一观点，哈里·马格多夫（Harry Magdoff）一针见血地指出，资本在不断积累的动力下，经历了需要特殊战略资源的技术变革，其中许多资源都是来自海外，而资本主义列强之间的竞争又加剧了扩张。① 詹森·W. 摩尔也在分析资本积累的基础上，认为技术积累来源于技术革新和社会创新所带来的劳动生产率的提高，同时也来源于自然界提供的"免费礼物"，甚至可以直接说，资本主义正是依靠自然界来维持自身资本积累的。由此，他认为，资本主义的这种积累方式必然推动其在全球范围内的扩张趋势，这在获得利润最大化的同时，也导致自然资源的快速枯竭，特别是成为资本竭力发展的桎梏，因而导致人与自然之间关系的紧张状态。② 克拉克、斯坦福·B. 琅沟（Stefano B. Longo）等学者还指出："生产性环境空间的占用，无论是陆地还是海洋，以及劳动力的占用，都与枯竭的海洋生态系统交织在一起。在这些生态系统中掠夺海洋生物，通过创造新的社会生态动力，加剧了对劳动力的持续剥削，在这种动力下，从自然中获取免费礼物变得越来越困难。"③ 越来越多的迹象表明，严峻的生态问题使地球生态日益衰败，并日益危及人类未来的生存和发展。毫不夸张地说，资本积累与生态逻辑本身就是一种悖论。

---

① Harry Magdoff, *Imperialism without Colonies*, New York: Monthly Review Press, 2003.

② Jason W. Moore, "Marx's Ecology and the Environmental History of World Capitalism", *Capitalism Nature Socialism*, Vol. 12, No. 3, 2001, pp. 134 – 139.

③ Brett Clark, Stefano B. Longo, Rebecca Clausen and Daniel Auerbach, "From Sea Slaves to Slime Lines: Commodification and Unequal Ecological Exchange in Global Marine Fisheries", in R. Scott Frey, Paul K. Gellert and Harry F. Dahms (eds.), *Ecologically Unequal Exchange: Environmental Injustice in Comparative and Historical Perspective*, New York: Palgrave Macmillan, 2019, p. 215.

二、资本逻辑与生态原则的对抗性

一些生态学马克思主义者认为,资本对利润的追求与环境对美好的需求形成鲜明对比,可以说,资本逻辑与生态原则是不兼容的,甚至是相对抗的关系。他们强调,发达资本主义国家对优美环境的追求,也是在环境保护掩饰下对发展中国家的生态话语掠夺,同时还通过生产成本外化和生态风险转移,千方百计地将自身在形成和发展工业化、信息化过程中毁损环境和资源的沉重代价转嫁给发展中国家,以获取最大的利润并维护资本主义制度的基本秩序,从而保证其在国际秩序中的霸权地位。

(一) 资本对无限利润的追求与有限的自然资源不相容

一些生态学马克思主义者认为,资本对无限利润的追求与有限的自然资源之间是不相容的。劳伦斯·亨利·萨默斯(Lawrence Henry Summers)从经济学出发认为,"在贫困地区处理有毒废物的经济逻辑是完美无缺的,有必要认识到这一点"①。在他看来,贫穷国家的生命价值低于发达国家,所以他鼓励将污染企业转移到贫穷国家。对此,一些生态学马克思主义者肯定了资本的反生态性。福斯特直言不讳地指出,萨默斯的行为反映了"资产阶级经济学的本质特征"②。他强调,资本的反生态性决定了资本必然会对外扩张,而"在有限的环境中实现无限扩张本身就是一个矛盾,因而在全球资本主义和全球环境之间形成了潜在的灾难性的冲突"③。克里斯·

---

① Iñaki Barcena Hinojal and Rosa Lago Aurrekoetxea, "Ecological Debt: An Integrating Concept for Socio-Environmental Change", in Michael R. Redclift and Graham Woodgate (eds)., *The International Handbook of Environmental Sociology*, Second Edition, Northampton: Edward Elgar, 2010, p. 159.

② [美] 约翰·贝拉米·福斯特:《生态危机与资本主义》,耿建新、宋兴无译,上海:上海译文出版社2006年版,第55页。

③ [美] 约翰·贝拉米·福斯特:《生态危机与资本主义》,耿建新、宋兴无译,上海:上海译文出版社2006年版,第2页。

威廉姆斯则从资本的短期利润出发，认为资本主义对短期利润和整个经济体系交换价值的追求，使其具有内在的反生态性。① 即使地球生命受到威胁，资本家也总是将短期利润放在首位。奥康纳也在南方国家与北方国家的对比中阐明了资本的反生态性，即"北部国家的高生活水准在很大程度上源自全球不可再生资源的衰竭、可再生性资源的减少以及对全球民众生存权利的掠夺"②。德里克·沃尔还清楚地表明了资本主义制度与环境保护之间的不相容性，认为如果不推翻资本主义，那么生态社会主义就不可能得到实现，而且这种情况下，实现的社会主义也不是生态主义，这将是毫无意义的。③ 科威尔指出："虽然资本可以通过自我修复和改革来维持其积累，但这并不能解决它所带来的生态危机。"④ 可以说，发达资本主义国家在全球范围内寻找新的原材料来源和新技术，或者试图生产更多的商品，以维持其国际地位。更为重要的是，在经济竞争的严峻形势下，资本仍然会毫不犹豫地选择更广泛、更密集地开发自然，而完全不计算生态系统的额外成本。事实上，污染环境不是资本主义的目标。这场持续的灾难只是资本主义日常运作的副产品。利润最大化才是资本主义的最终目的，以尽可能便宜的方式处理废物只是朝着这个目标迈出的必要一步，所以生产过剩造成的浪费是资本主义固有的、不可避免的结果。

之所以得出资本具有反生态性的结论，不仅是因为生态学马克

---

① Chris Williams, *Ecology and Socialism: Solutions to Capitalist Ecological Crisis*, Chicago: Haymarket Books, 2010, p. 195.
② ［美］詹姆斯·奥康纳：《自然的理由——生态学马克思主义研究》，唐正东、臧佩洪译，南京：南京大学出版社2003年版，导言第13页。
③ Derek Wall, *The Rise of the Green Left: A Global Introduction to Ecosocialism*, London: Pluto Press, 2010, pp. 1-2.
④ ［美］乔尔·科威尔：《自然的敌人——资本主义的终结还是世界的毁灭？》，杨燕飞、冯春涌译，北京：中国人民大学出版社2015年版，第二版前言第2页。

生态帝国主义：分析与批判

思主义认识到积累是衡量资本是否成功的唯一标准，还因为他们也意识到资本需要快速的增长，换言之，从投资到获利再投资的循环所花费的时间越短，投资者所得到的总回报就越多。因而，他们认为在其他条件相同的情况下，较早回报预期利润的投资将比晚获得回报的投资吸引更多资本。对投资的竞争产生了不断加快的周期压力，因而从投资到生产再到销售的速度越来越快。正如蕾切尔·卡逊（Rachel Carson）所论述的那样，在现代世界中，"变化的快速和创造新情况的速度跟随着人的浮躁和鲁莽的步伐，而不是自然界的刻意节奏"[1]。这种速度不可避免地破坏了大自然的运转周期：肥沃的土地被破坏，森林被砍伐殆尽，鱼类数量锐减，所有这些都是因为资本主义需要以比自然繁殖和增长周期快得多的速度运行。换句话说，资本在无休止的追求利润的过程中破坏了土壤以及后代人生活的条件。正如理查德·史密斯所描写的那样，永不满足的增长和消费正在摧毁地球并毁灭人类，但如果没有不断增长的生产和永不满足的消费增长，人类的境况会更糟，这就是资本主义自相矛盾的逻辑。[2] 他以令人耳目一新的清晰思路解释了"为什么任何可以想象的资本主义都具有反生态性"，而且资本主义框架内的调整无法彻底解决生态问题，因为在资本主义制度下，有效利用资源的全部意义就是利用节省的资源生产更多的商品，并加速更多的自然资源转化为产品。基于这样的认识，克里斯托弗·赖特（Christopher Wright）和丹尼尔·尼伯格（Daniel Nyberg）公正地将经济增长与环境破坏之间的关系称为"创造性的自我毁灭"。他们认为，"我们的经济体系现在正以更具创造性的方式消费我们作为一个物种所依赖的生命支持系统；这被重新塑造成一

---

[1] Rachel Carson, *Silent Spring*, New York: Houghton Mifflin, 2002, p. 7.
[2] Richard Smith, *Green Capitalism: the God that Failed*, England and Wales: College Publications, 2015.

个完全正常和合理的过程,我们都为之做出贡献,并从中受益",基于这样的认识,"'一切照旧'(business as usual)的日常仪式得以维持"。①

一些生态学马克思主义者认为,在资本主义经济体系中,企业面临着不可抗拒的、无情的压力,这就要求企业在实现经济增长的同时消耗更多的资源,同时不可避免地产生更多的污染,包括二氧化碳排放等。在这种情况下,克莱恩直言不讳地阐明了人类摆脱困境的方法,即"缩减对资源的使用"以及"不受束缚的扩张"。② 可见,资本家都在寻求投资回报的最大化,但不断增长的利润需要不断增长的销售额,而这又需要不断增长的资源消耗和其他所有方面。正如佩珀所指出的那样,"或许资本主义固有的那些反生态、反人类倾向中最为阴险的一面在于这一事实,即生产的根本目的就是实现利润。"③ 所以,市场竞争给经济增长带来了更多的压力,因为企业要想在市场上成功竞争,就必须开发新技术、扩大经济规模,或者增加新的产品线,等等。因此,企业必须不断增加产量,不断消耗更多的资源来生产并不是人类真正需求的商品和服务,但在这个过程中不可避免地会产生更多的污染。克拉克和约克指出:"资本主义成功地征服了地球(包括大气),将其破坏性的活动领域带到了行星层面。越来越多的自然资源被纳入经济范畴,使其服从于资本主义利润的需要。"基于此,他们进一步分析,"资本是组织社会生产和推动工业加强对自然开发的系统力量。鉴于资本及其基本运作的逻

---

① Christopher Wright and Daniel Nyberg, *Climate Change, Capitalism and Corporations: Processes of Creative Self-Destruction*, Cambridge, UK: Cambridge University Press, 2015, p. 45.

② [加] 娜奥米·克莱恩:《改变一切——气候危机、资本主义与我们的终极命运》,李海默、韦涵、管昕玥等译,上海:上海三联书店2018年版,第25页。

③ [英] 戴维·佩珀:《现代环境主义导论》,宋玉波、朱丹琼译,上海:格致出版社、上海人民出版社2011年版,第98页。

辑，碳循环的裂痕和全球气候变化与资本主义有着内在联系。"① 所以，资源的有限性不仅是人类面临的主要问题，同时也是化石能源消耗和对生命生态基础的全面和不可逆转的破坏的后果。

伴随着气候、资源、环境等问题在国际社会中日益突出，依托不合理的国际分工格局以及生态不平等交换等手段，发达资本主义国家掌握了国际生态话语权。一些生态学马克思主义者认为，西方主流学者从政治和经济向度承认了发达资本主义国家掠夺行为的合法化。拉吉尼·科塔里（Rajni Kothari）认为，"外国援助进一步扩大了贫富差距，实际上是另一种帝国主义统治、掠夺和盗窃的工具。此外，外国援助扭曲了穷国的经济，使他们背负着沉重的债务负担，这反过来又迫使他们继续出口最好的农产品，以平衡其对外贸易。"② 利姆·西蒙（Lim Soomin）和斯蒂芬·雪莉（Steven Shirley）指出，西方主流学者认可的政权扶持的本质是控制发展中国家的政府行为，从而推进发展中国家遵守他们的不论科学与否、激进与否的环境政策。③ 需要说明的是，发达资本主义国家所主张的环境保护仅仅是掠夺发展中国家资源的幌子，其根本目的是维护本国利润的需求。这在一定程度上也使得发达资本主义国家与发展中国家的差距越来越大。

（二）生态危机的国际转移是资本扩张的突出表现

从国际环境来看，以美国为首的发达资本主义国家在世界范围内掠夺资源和生态空间，造成了世界范围内的生态危机。生态危机

---

① Brett Clark and Richard York, "Carbon Metabolism: Global Capitalism, Climate Change, and the Biospheric Rift", *Theory and Society*, Vol. 34, No. 4, 2005, p. 408.

② Rajni Kothari, "On Eco-Imperialism", *Alternatives Journal*, Vol. 7, No. 3, 1981, pp. 392 – 393.

③ Lim Soomin and Steven Shirley, "Eco-imperialism: The Global North's Weapon of Mass Intervention", *Journal of Alternative Perspectives in the Social Sciences*, Vol. 1, No. 3, 2009, p. 850.

在世界范围内日益凸显的同时,西方马克思主义的发展也出现了生态学意义的转向,越来越多的生态学马克思主义者把生态问题作为现实关切,致力于探索生态危机的根源及其现实解决方案。一些西方学者围绕生态危机的根源各抒己见:有学者把它归因于人口过剩;有学者认为是经济过度增长的结果;有学者认为是逆生态技术的开发造成的;还有学者将其归因于"现代性"或工业生产方式的出现。针对这些不同的观点,一些生态学马克思主义者提出质疑,进而批驳了各种"危机根源说",认为这些观点忽视了生态危机背后的社会问题,没有认识到生态危机的严重程度,也没有认真思考社会因素与生态可持续的关系。福斯特认为,这些学者的观点"经常弥散出牧师布道的气味",与此同时,西方主流科学家和一些环保主义者对环境问题的处理大都只强调一些具体的措施,而没有认识到问题的根源,甚至可以说,没有认清问题的严重程度,这是因为大多数学者没有深入探析其背后所存在的社会问题。① 基于此,一些生态学马克思主义者肯定了生态危机的根源在于资本主义制度。福斯特认为生态危机的根源在于"社会经济制度,尤其是资本积累的态势"②。斋藤幸平也强调生态危机的罪魁祸首是"追求无限经济增长的资本主义制度本身"③。

一些生态学马克思主义者在认清生态危机根源的基础上,明确了生态危机与环境代价的国际性转移。科威尔认为世界资源不足以维持帝国主义政权的增长,因此"入侵伊拉克,尽管美其名曰是由恐怖行为煽动的,实际却是第一场主要由全球生态危机引

---

① [美]约翰·贝拉米·福斯特:《生态危机与资本主义》,耿建新、宋兴无译,上海:上海译文出版社2006年版,第68页。
② [美]约翰·贝拉米·福斯特、布莱特·克拉克:《星球危机》,张永红译,载《国外理论动态》,2013年第5期。
③ [日]斋藤幸平:《人类世的"资本论"》,王盈译,上海:上海译文出版社2023年版,第76页。

生态帝国主义：分析与批判

起的战争"①。威廉·莱斯也强调，资本主义企业的生产会产生大量的废弃物，而如果要去处理这些废弃物的话，就会变相提高生产成本，且"这些成本可能会直接提高商品的价格，例如在工厂里安装污染控制设备就会造成价格的提高；或者它们可能会增加公共开支，诸如由于纳税人支付的污水处理装置"②。换言之，这些废弃物不仅会造成严重的生态问题，也会大幅度地减少利润，甚至会不能顺利实现资本积累。在这种情况下，一些生态学马克思主义者强调，资本内在的逐利本性促使发达资本主义国家将其生态危机和环境代价进行国际转移，以获得最大程度的利润并实现环境保护。这种国际性转移主要体现在生产成本外化和生态风险转移方面。具体来看：

一方面，一些生态学马克思主义者认为资本主义企业为了提高生产效率和追求高额的剩余价值，不惜将生产成本转嫁给社会，甚至是发展中国家，尤其是转嫁保护资源、实现再循环以及控制污染的费用，这就是"生产成本外化"③。他们认为，劳动过程是劳动者使用劳动工具对劳动对象进行预定变更的过程，这个过程离不开劳动工具和劳动对象，其中就包括自然资源。不可否认的是，在资本主义初期，资本家在生产过程中将自然资源视为"免费礼物"，但这种对自然的态度导致资本主义在其发展的初始阶段就面临着自然资源枯竭的危险。正如詹森·W. 摩尔所表明的那样："对廉价自然资源的占有，不仅迫使资本家寻找廉价劳动力、粮食、能源和原材料的新来源，而且迫使资本家把大气层围成一个巨大的温室气

---

① ［美］乔尔·科威尔：《自然的敌人——资本主义的终结还是世界的毁灭？》，杨燕飞、冯春涌译，北京：中国人民大学出版社2015年版，第16页。
② ［加］威廉·莱斯：《满足的限度》，李永学译，北京：商务印书馆2016年版，第38页。
③ ［英］戴维·佩珀：《生态社会主义——从深生态学到社会正义》，刘颖译，济南：山东大学出版社2012年版，第108页。

体排放场。"① 所以，生态学马克思主义认为，资本主义发展的基本动力是将自然界视为一个巨大的垃圾场，可以为其排泄有毒废物，从而将其生态和社会破坏的代价转移到整个社会。但不容忽视的是，发达资本主义国家产生了大量的有毒残留物，这些残留物要么是不可回收的，要么回收或处理过程是极其昂贵的。所以，一般来说，发达资本主义国家所采用的解决方案是将其出口到经济资源较少、立法"更软"或"更灵活"的国家。② 正如克里斯·威廉姆斯解释的那样，"资本主义是一个以持续扩张为前提的体系，能源和资源的吞吐量不断增加——因此产生了越来越多、越来越有毒的废物。对于那些确实采取行动减少能源或资源消耗的公司来说，目的不是减少对环境的影响，无论他们花多少钱兜售自己新发现的绿色意识。相反，目标是降低生产成本，以实现利润最大化，以便再投资于扩大生产，以夺取更多市场份额，这一活动通常会导致总产量的增加。"

在这里需要指出的是，许多发达资本主义国家和地区实现的"绿色发展"是建立在发展中国家持续贫穷和环境污染的基础上的，是将其发展成本转移到发展中国家的一种不平衡发展，是与发展中国家的一种不平等交换，是以发展中国家的发展为代价的一种暂时性发展，反映了一种不平等的经济发展关系。一些生态学马克思主义者认为，发达资本主义国家的"优美环境"是以发展中国家的环境资源为代价的，他们将发展代价和环境污染转移到发展中国家，

---

① Jason W. Moore, "The Value of Everything? Work, Capital and Historical Nature in the Capitalist World-Ecology", *Review (Fernand Braudel Center)*, Vol. 37, No. 3 – 4, 2014, p. 295.

② Iñaki Barcena Hinojal and Rosa Lago Aurrekoetxea, "Ecological Debt: An Integrating Concept for Socio-environmental Change", in Michael R. Redclift and Graham Woodgate (eds.), *The International Handbook of Environmental Sociology*, Second Edition, Northampton: Edward Elgar, 2010, p. 159.

生态帝国主义：分析与批判

从而在发展的同时保持优美的环境。科威尔非常明确地指出，这使得发达资本主义国家产生错误的理解，认为这种方式"能够防御来自一个失去平衡的自然带来的任何危险"①。可见，发达资本主义国家利用其不成比例的军事力量维持不平等的分工，并继续将生态危机的代价转嫁给发展中国家，在扩大国际范围内贫富差距的同时，造成了世界范围内的不平衡发展。一方面，一些生态学马克思主义者认为，伴随着污染排放和资源消耗等问题日益突出，发达资本主义国家试图以更少的成本换取更多的生态使用价值或自然产品，并从事各种形式的生产外包和环境负荷转移。佩珀认为，发达资本主义国家的环境质量是通过成本外化实现的。这里需要进一步说明的是，他还阐明了这种成本外化的其他途径，如"空气、水、土地的污染""偏好公路而不是铁路运输""一次性产品和包装"等。② 福斯特还以煤炭为例说明成本外化对资本积累的重要性，指出资本家所支付的煤炭成本并不包括开采煤炭时所造成的生态破坏、采矿所造成的生命损失和后期对人民身体健康的影响。③ 通过以上论述可以明显地看出，生态学马克思主义肯定了发达资本主义国家对发展中国家的生产成本转移，不仅包括对发展中国家的生态掠夺，也涵盖对发展中国家所带来的生态问题。

另一方面，还有一些生态学马克思主义者强调发达资本主义国家将生态风险转移到发展中国家，这就是"生态风险转移"。他们认为，发达资本主义国家不仅在国际贸易规则制定方面，制定有利于其进一步发展和掠夺发展中国家的策略，还通过将一些污染

---

① ［美］乔尔·科威尔：《自然的敌人——资本主义的终结还是世界的毁灭？》，杨燕飞、冯春涌译，北京：中国人民大学出版社2015年版，第68页。
② ［英］戴维·佩珀：《生态社会主义——从深生态学到社会正义》，刘颖译，济南：山东大学出版社2012年版，第108页。
③ Fred Magdoff and John Bellamy Foster, *What Every Environment Needs to Know about Capitalism*, New York: Monthly Review Press, 2011, p.40.

性企业转移到发展中国家,以便缓解生态矛盾。然而不容回避的是,这些转移非但没有消除生态风险,还加剧了国际范围的不平等现象。为了缓解日益恶化的生态环境,西方国家还采取诸如征收排污费、提高环保门槛等举措。一些生态学马克思主义者认为,发达资本主义国家通过这些方式虽然短暂地实现了"生态风险转移",但也将生产成本转嫁给了消费者或自然界,也就出现了保罗·A. 巴兰(Paul A. Baran)和保罗·M. 斯威齐(Paul M. Sweezy)曾经描述的现象——"财富就从穷国转移到富人手中"[①]。但更重要的是,"贫穷是与第三世界的环境退化连接在一起的"[②]。安德鲁·K. 乔根森也以一种委婉的方式指出:"资源消耗水平较高的发达国家将其基于消费的环境成本外化给欠发达国家,从而增加了后者的环境退化程度……大多数提取的材料以及农产品和(不发达国家)生产的货物都出口到较发达国家,并在较发达国家消费。"[③] 无论是通过生态风险转移,抑或将环境纳入生产成本的考核,这样做的合乎逻辑的结果都是服务于资本主义制度。生态危机和环境代价的国际性转移是资本逻辑与生态原则的对抗性的集中体现,也是发达资本主义国家对外扩张的最突出表现。

基于此可以很明显地看出,资本主义的"破坏性创造"会转变为"破坏性失控",因此,根源于利润逻辑中的破坏性不仅破坏生产条件,也损害生命本身。"即使危机进一步加深,越来越多的人遭受痛苦,资本主义仍将发挥其适应任何情况的韧性,继续寻找获利机会,直到最后一刻。哪怕环境危机就在眼前,资本主义也不会自行

[①] Paul A. Baran and Paul M. Sweezy, "Notes on the Theory of Imperialism", *Monthly Review*, Vol. 17, No. 10, 1966, p. 15.

[②] [英] 戴维·佩珀:《现代环境主义导论》,宋玉波、朱丹琼译,上海:格致出版社、上海人民出版社 2011 年版,第 112 页。

[③] Andrew K. Jorgenson, "Unequal Ecological Exchange and Environmental Degradation", *Rural Sociology*, Vol. 71, No. 4, 2006, p. 691.

生态帝国主义：分析与批判

踩刹车。"① 所以资本主义制度的内在扩张性和外在竞争性没有变。而且资本主义框架范围内的调整，都遵循资本主义的基本原则，依然具有内在扩张的本性，因此这种调整只能暂时缓解问题，并不能从根源上解决生态危机和生态问题。正如佩珀所指出的那样："资本主义的生态矛盾使可持续的或'绿色的'资本主义成为一个不可能的梦想，因而是一个骗局。"② 从全球温室气体排放量的稳步增长中就可以看出这一点。福斯特也批判了资本主义主流环境学家所提出的"资本主义经济增长有限论""非物质化论""自然资本论""资本主义技术决定论"，最终得出绿色资本主义是不可能实现的结论。更为重要的是，对生态学马克思主义的帝国主义批判思想的研究有助于进一步分析资本积累，更全面地认识发达资本主义国家的掠夺本性。与此同时，关于资本积累的研究也能够进一步推进生态学马克思主义的帝国主义批判思想的研究，从而为分析发达资本主义国家的国际扩张奠定基础。

---

① ［日］斋藤幸平：《人类世的"资本论"》，王盈译，上海：上海译文出版社2023年版，第76页。
② ［英］戴维·佩珀：《生态社会主义——从深生态学到社会正义》，刘颖译，济南：山东大学出版社2012年版，第110页。

第三章
生态学马克思主义视域下的帝国主义与资本国际扩张

在生态学马克思主义看来,资本的国际扩张是发达资本主义国家维持国际地位的重要途径,也是生态学马克思主义帝国主义批判思想的重要内容。长期以来,生态学马克思主义一直强调地理扩张的必要性,以及发达资本主义国家对周边资源占有的重要性,但关于资本在国际范围内扩张的动力观点各异,集中体现在生物进化、资本输出以及国际市场等方面。生态学马克思主义还集中探讨了资本国际扩张的途径,其中政府是资本国际扩张的首要途径,非政府组织是资本国际扩张的重要途径,而跨国公司是资本国际扩张的主要途径。可以说,生态学马克思主义把资本国际扩张视为研究发达资本主义国家与发展中国家关系的关键。

一、资本国际扩张的动力

资本主义以实现利润最大化为目标,本质上是获取最大程度的剩余价值。由于资本主义制度是一个无休止增长的制度,这就决定了"绿色"资本主义的企图注定会失败。在生态学马克思主义看来,资本在国际范围内扩张的动力不仅有推进生物进化、扩大资本输出,还有拓展国际市场。

(一) 推进生物进化

阿尔弗雷德·W. 克罗斯比（Alfred W. Crosby）在早期专注于研究新旧世界之间不同生物的流动。他在1976年的一篇文章中，重点探讨了疾病与原始土地（Virgin Soil）之间的流动。① 之后，他在1986年出版的《生态帝国主义：欧洲的生物扩张（900—1900）》一书中认为，在新世界环境中引入欧洲植物、动物和疾病微生物所带来的大规模生态变化，在加拿大北部没有像在北美温带地区那样广泛地发生。② 根据这一观点，丽莎·派珀（Liza Piper）和约翰·桑洛斯（John Sandlos）分析指出，这是因为，"在加拿大辽阔的北极冻土带和亚北极森林中，引进的植物种类很少：当地的植物种类，如杰克松（Pinus bankiana）和拉布拉多茶（Ledum groenlandicum），甚至在北部林区的最南端也占主导地位。"他们还强调，"克罗斯比本人对北极圈以外的所有领土都不屑一顾，认为这对农业的扩展是'无用的'，农业是逃脱了欧洲对美洲生态入侵的影响的几个广泛的区域环境（包括热带、沙漠和山脉）之一。"③

近年来，一些学者改进了克罗斯比对新世界生态变化的解释，以解决温带新世界环境中广泛和大规模环境变化这一总主题的变化。如彼得·A. 科茨（Peter A. Coates）④ 对阿拉斯加育空平原地区野牛

---

① Alfred W. Crosby, "Virgin Soil Epidemics as a Factor in the Depopulation of the Americas", *The William and Mary Quarterly*, Vol. 33, No. 2, 1976, pp. 289 – 299.

② Alfred W. Crosby, *Ecological Imperialism: The Biological Expansion of Europe*, 900 – 1900, Cambridge: Cambridge University Press, 1986.

③ Liza Piper and John Sandlos, "Broken Frontier: Ecological Imperialism in the Canadian North", *Environmental History*, Vol. 12, No. 4, 2007, pp. 760 – 762.

④ Peter A. Coates, "Improving on 'A Paradise of Game': Ecological Impacts, Game Management, and Alaska's Buffalo Transplant", *The Western Historical Quarterly*, Vol 28, No. 2, 1997, pp. 133 – 159.

引种的描述,以及南希·雅各布斯(Nancy Jacobs)[①]对非洲和欧洲家养动物的研究,都将克罗斯比的分析范畴应用于原论文范围之外的空间和生物群,表明引入的生物制剂产生了重要的生态和社会变化,而不必将殖民空间转变为欧洲环境的完全实现的复制品。正如辛西娅·A. 霍迪(Cynthia A. Hody)所解释的那样,"克罗斯比在分析欧洲动植物扩张的过程中,认为相对于地方植物种群而言,它们具有一定的生物优势,所以这在很大程度上解释了欧洲人统治新大陆的能力。"[②]

由于经济系统的活动,生物圈的新陈代谢加速变化,造成了严重的生态混乱和裂痕,引发全球环境危机。莱斯认为,"这些优势有助于发达国家不成比例地利用全球自然资源和生态系统。这种准入便利了工业化国家的物质生产量对全球经济中地位较低的国家造成的许多不利环境后果的外部化,因此,工业化国家将其基于消费的环境成本的很大一部分转移给最不发达国家,在一定程度上降低了后者的消费水平,同时扩展了后者的环境退化形式。"[③] 而且反过来,"这种准入有助于将国内生产、消费和支持其生活水平和维持其已建成工业的处置活动的许多负面环境后果外部化为基础设施。"[④] 总的来说,较发达国家和军事强国的人口在当代世界经济中处于有利地位,因而更有可能获得和维持有利的贸易条件,更容易获得自

[①] Nancy Jacobs, *Environment, Power, and Injustice: A South African History*, Cambridge: Cambridge University Press, 2003.

[②] Cynthia A. Hody, "A Review of Ecological Imperialism", *Politics and the Life Sciences*, Vol. 10, No. 1, 2016, p. 82.

[③] James Rice, "Ecological Unequal Exchange: International Trade and Uneven Utilization of Environmental Space in the World System", *Social Forces*, Vol. 85, No. 3, 2007, p. 1370.

[④] James Rice, "Ecological Unequal Exchange: Consumption, Equity, and Unsustainable Structural Relationships within the Global Economy", *International Journal of Comparative Sociology*, Vol. 48, No. 1, 2007, p. 46.

生态帝国主义：分析与批判

然资源和生物生产区的汇容量（sink-capacity）。正如乔根森和克拉克更充分地解释的那样："这些有利地位有助于将资源开采和消费的环境成本外化到欠发达国家，并帮助创造有利条件，使更多的发达国家和那些拥有更强大军事力量的国家能够充分利用全球'环境空间'以及全球公共产品（如大气和海洋）。"① 约翰·M. 桑德拉（John M. Shandra）、克里斯托弗·莱克班德（Christopher Leckband）和劳拉·A. 麦金尼（Laura A. McKinney）等学者也强调，"这一优势促进了富国不成比例地获得全球自然资源和穷国的生态汇能力。"② 此外，发达国家还将森林界定为"全球公共产品"，以便免费接受其所提供的基本环境商品和服务。如今，虽然这些国家通过这些公共产品获取利益的事实仍然存在，但重点已从确保森林权利转向更有形的森林产品，转向经证明对气候变化和其他共同全球风险更重要的无形服务。

越来越清楚的是，生物进化成为资本国际扩张的动力之一。一些生态学马克思主义者肯定了资本国际扩张对"生物进化"的重要性。持这一观点的学者认为，资本的国际扩张导致了发达资本主义国家对全球资源的探索，从而在世界范围内发现了任何欧洲人都想象不到的更多的动植物种类。一些发达资本主义国家利用其优势地位，特别是利用跨国公司或学术研究的名义，采取技术手段、第三方力量等占领第三世界国家的基因库，这导致国际范围内的"遗传侵蚀"（genetic erosion），也即生物多样性的丧失。值得高度重视的

---

① Andrew K. Jorgenson and Brett Clark, "The Economy, Military, and Unequal Exchange Relationships in Comparative Perspective", *Social Problems*, Vol. 56, No. 4, 2009, p. 628.

② John M. Shandra, Christopher Leckband, Laura A. McKinney, et al., "Ecologically Unequal Exchange, World Polity and Biodiversity Loss: A Cross-National Analysis of Threatened Mammals", *International Journal of Comparative Sociology*, Vol. 50, No. 3 – 4, 2009, p. 286.

是，这不仅意味着由于农业单一作物的扩大而丧失了宝贵的物种，最关键的是重要作物的关键品种（尤其是几千年来积累下来的地方物种）也消失了，而且这种单一作物使自然界更容易受到自然灾难的影响。这种生物多样性的丧失在 20 世纪农业中被称为"绿色革命"的背景下得到了更充分的理解：以能源密集的方式使用合成肥料、杀虫剂、某些"奇迹"种子品种和石油驱动的机械，以便替代传统的农业方法。① 在这里需要指出的是，多年来，发达资本主义国家的科学家们一直在寻找新的种质，以增强商业品种的抗病性。然而，"这些基因库并没有得到充分的保护，它们的许多遗传物质也因为没有立即派上用场而被科学家们丢弃。"② 特别是美国盖茨基金会（Gates Foundation）也正试图将转基因种子和化肥推向一个更加脆弱的境地。③ 根据以上分析可以看出，发达资本主义国家在试图推进生物进化的过程中，也在一定程度上加剧了生态系统的脆弱性问题。由此说来，资本不是中立的"事物"，而是以各种方式实现权力关系阶级化的过程。

生物征服加上土地占有的意识形态，有效地改变了自然世界及其与土著社会的关系。人类对自然景观的控制能力和意愿被一种侵略性的断言所取代。从当前的情况来看，物种正在以加速度消失，因为它们的栖息地被破坏，而这不仅受到全球变暖的影响，也受到人类对物种栖息地占领的影响。正如纳瓦罗·拉诺斯（Navarro Llanos）指出的那样：全球变暖是 21 世纪最紧迫和最重要的问题，要解决这个问题，任何努力都将需要人类社会的根本

---

① John Bellamy Foster, *The Vulnerable Planet: A Short Economic History of the Environment*, New York: Monthly Review Press, 1999, p. 93.

② John Bellamy Foster, *The Vulnerable Planet: A Short Economic History of the Environment*, New York: Monthly Review Press, 1999, p. 94.

③ Ramin Jahanbegloo and Vandana Shiva, *Talking Environment: Vandana Shiva in Conversation with Ramin Jahanbegloo*, Oxford: Oxford University Press, 2013, p. 91.

性变革。① 最近的一项调查估计，超过1.7万种动植物处于灭绝的危险之中，"根据这项调查，超过1/5 的已知哺乳动物、超过1/4 的爬行动物和70% 的植物受到威胁，与2008 年相比，数量超过2800 个新物种。"② 克雷格·希尔顿-泰勒（Craig Hilton-Taylor）指出，这只是冰山一角，多种尚未评估的物种也可能受到严重威胁。随着物种的消失，依赖于众多物种发挥作用的生态系统便开始退化。在这种生态系统的退化所带来的众多后果中，影响最大的莫过于传染性疾病在更大范围内的传播。③ 无可争辩的是，地球的生态以及人类和其他物种所依赖的生命支持系统，正受到人类活动的持续和严重的攻击。同样清楚的是，继续沿着同一条道路走下去的影响将是毁灭性的。

（二）扩大资本输出

一些生态学马克思主义者认为资本输出是资本国际扩张的动力之一。他们认为，发达资本主义国家为获取最大程度的利润，需要将资本输出到发展中国家，以继续维持其霸权地位。而且在资本与资源的互动过程中，资本主义生态危机开始由发达国家向全球输出。特别是第二次工业革命涉及生产集中、资本集中、金融优势和技术发展，这使资本家有了重新调整整个地区和国家经济走向的手段和力量，使之成为一个新兴的全球市场。这场革命需要越来越多、越来越稳定的原材料和农作物来源。正如斯文·贝克特（Sven Beckert）指出的那样，"工业生产的巨大进步，是人类历史上的一种新奇

---

① Naomi Klein, *This Changes Everything: Capitalism vs. the Climate*, New York: Simon and Schuster, 2014, pp. 4 – 7.

② Frank Jordans, "17,000 Species Threatened by Extinction", *Associated Press*, November 3, 2009.

③ Monitra Pongsiri, "Biodiversity Loss Affects Global Disease Ecology", *Bioscience*, Vol. 59, No. 11, 2009, pp. 945 – 954.

事物，需要不断地提供土地、劳动力和资本。"① 技术和金融的新发展使海外企业获得更大规模的资本，使大量物资和食品的远距离运输成为可能，同时增强了殖民大国控制领土的军事能力。资本家们还想要新的投资渠道，而制造商则希望有新的、不断扩大的市场来增加工业产出，以及结束来自本土工业的竞争。通过经济和法律强制手段，以及"惊人程度的暴力"，世界各地的社区被迫放弃其传统职业，将种植农作物出口到全球市场。② 而且城市人口不断膨胀，也往往是农村社会混乱的结果，导致对廉价食品和其他农产品（如棉花）的需求日益增长。③ 因此，马格多夫进一步解释道，"十九世纪后期的压力和机遇"意味着"世界上越来越多的地区被用作工业化国家的主要生产国"。在这个炮艇全球化时代，"自给自足的经济地区融入了世界经济，涉及国际分工，主要工业国制造和销售产品，世界其他地区为它们提供原材料和食品"④。

一些生态学马克思主义者认为，资本家之间的竞争确保每个人都必须继续将其"收益"再投资，以增加其商品生产并继续扩大，从而使生产趋向于指数增长，直到被危机（萧条和战争）打断为止，而正是这种资本主义核心的动态给环境带来了巨大的、不可持续的压力。埃内斯托·斯切帕蒂尼（Ernesto Screpanti）强调，"外国直接投资的扩张过程涉及利润不断从南方流向北方，也就是说，跨国资本的权力从外围流向中心。"⑤ 他进一步指出，发达国家通过采取战

---

① Sven Beckert, *Empire of Cotton: A Global History*, New York: Knopf, 2014, p. 250.

② Sven Beckert, *Empire of Cotton: A Global History*, New York: Knopf, 2014, p. 308.

③ Sven Beckert, *Empire of Cotton: A Global History*, New York: Knopf, 2014, p. 12.

④ Harry Magdoff, *Imperialism: From the Colonial Age to the Present*, New York: Monthly Review Press, 1978, p. 37.

⑤ Ernesto Screpanti, *Global Imperialism and the Great Crisis*, New York: Monthly Review Press, 2014, pp. 18–19.

生态帝国主义：分析与批判

略性贸易政策来控制和引导贸易流动和外国直接投资，这有利于在技术先进部门组建和扩大公司，从而提升国际竞争力。① 从资本家的角度看，无论个体企业家采取多么颠覆、变革甚至革命的语言，只要有利可图，就会始终继续"一切照旧"的基本活动，企业必须努力增加利润和市场份额，否则将面临失去投资者和破产的风险。而为了争夺投资，在正常情况下，资本家被迫从工人那里尽可能多地提取劳动力，并通过保持低工资、避税和其他使生产成本外部化（包括环境恶化）的方式，将成本降到最低。而所谓资本主义下的"一切照旧"，简单来说表现为，只要温室气体排放的责任企业盈利越多，温室气体排放量就会继续增加，而且这些企业不仅包括化石燃料公司和农业企业，也包括所有支持这些公司的企业。斯切帕蒂尼认为，"追求利润最大化的目标，不断诱使资本家进行套利操作，投资于回报率较高的地方和行业，并最终从回报率较低的地方和行业中剥夺投资权。"② 任何政治派别的国家政府，即使在某种程度上支持保护工作或环境监管，也会为这些活动提供便利，以保持"竞争力"和"有利的投资环境"。正如巴兰和斯威齐所说："外国投资远非国内产生盈余的出口，而是将海外产生的盈余转移到投资国的最有效手段。当然，在这种情况下，外国投资加剧而不是帮助解决盈余吸收问题是显而易见的。"③

在生态学马克思主义看来，资本主义关注的是短期收益，而非生产的效用或合理性。在金融全球化的今天，许多西方大国仍然利用输出的资本攫取落后国家的生产利润，甚至不惜造成全球性的金

---

① Ernesto Screpanti, *Global Imperialism and the Great Crisis*, New York: Monthly Review Press, 2014, p. 28.

② Ernesto Screpanti, *Global Imperialism and the Great Crisis*, New York: Monthly Review Press, 2014, p. 74.

③ Paul A. Baran and Paul M. Sweezy, *Monopoly Capital*, New York: Monthly Review Press, 1966, pp. 107–108.

融危机来达到他们的目的,而一些西方主流经济学家试图通过现代国际资本流动,混淆资本输出所导致的金融剥削和金融投机,从而故意掩盖国家之间剥削与被剥削的不平等关系。对此,马丁·欧鲁认为,"尽管对个别资本家来说,不断追求更高的利润是合乎逻辑的事情,但对整个资本主义来说却是一场灾难,因为如果所有资本家都以更便宜的价格生产更多的商品,工人也会更少,就会出现对其产品需求不足的情况,并最终导致生产过剩的危机。因此,为了确保持续利润的产生,资本需要在向外扩张的动力中整合非资本主义空间。"① 在分析生态不平等交换的原材料倡议的基础上,他进一步分析指出,外国的直接投资使发展中国家更容易受到全球政治经济条件、污染和收入不平等的影响,而且"对于经济依赖资源进口、资源开发私有化以及贸易自由化的工业化国家而言,与在联合国框架下建立政治冲突解决机制相比,通过强有力的国际投资法被证明是获取采掘资源的更有效手段。改革联合国将意味着废除这些新自由主义的自由贸易战略,事实证明,这些战略对工业化国家非常有益。所以也就可以理解,联合国跨国公司行为守则草案和其他此类建议从未通过,其主要原因就在于跨国公司和北方政府的反对"②。值得高度重视的是,发达资本主义国家在人口迅猛增长、消费日益增加的社会条件下仍然服从于经济利益第一位的要求。

  一些生态学马克思主义者肯定了发达资本主义国家在国际范围内输出资本的主要目的是掠夺发展中国家的资源。正如伯格特所描述的那样,"由对利润的竞争性追求驱动的生产,特别倾向于追逐关

---

① Martin Oulu, "Core Tenets of the Theory of Ecologically Unequal Exchange", *Journal of Political Ecology*, Vol. 23, No. 1, 2016, p. 452.

② Martin Oulu, "Core Tenets of the Theory of Ecologically Unequal Exchange", *Journal of Political Ecology*, Vol. 23, No. 1, 2016, p. 458.

生态帝国主义：分析与批判

键原材料的供应，这些原材料的经济可用性或多或少受到自然条件的限制。"① 他认为，竞争加剧了原材料供应与资本积累的矛盾，而对原材料的需求加剧了资本的国际输出。由此可以清楚地看出，竞争使得从有机自然界获得的原料在资源配置过程中形成价格的两极怪圈：相对的昂贵—贬值—相对的昂贵。这使得资本家不得不借助于科特尔形式来稳定原材料价格：稳定在高价或低价。在生态学马克思主义看来，资本家们之所以在原材料方面能够达成短暂的一致，原因在于他们可以从原材料的囤积和原材料价格的投机取巧中获利。但是这种短暂的一致又被工业资本对原材料需求的增加和原材料生产的自然条件之间的平衡被打破，导致原材料供应的破坏和价格的波动。德里克·沃尔认为，"日益增长的资本主义全球化通过降低保护标准和把我们锁在一个不断升级的浪费系统中，破坏了环境"，而且"不断增加的国际贸易的驱动力意味着货物的运输距离不断增加，燃料消耗量不断增加，从而导致温室效应"。②

还有一些生态学马克思主义者审查了外国直接投资在多大程度上造成发展中国家各种形式的环境退化。他们认为，在较不发达国家的外国直接投资中，很大一部分是为高污染和生态效率低下的制造工艺和设施提供资金，其中许多是从发达国家外包的。吉文斯和乔根森等人认为，"除了不平等的贸易关系外，其他结构性机制，如全球南方国家对外国直接投资的依赖以及全球北方国家的强制性军事力量，也助长了这些全球性社会环境不平等现象。"③ 虽然这使得

---

① Paul Burkett, *Marx and Nature: A Red and Green Perspective*, New York: St. Martin's Press, 1999, p. 137.

② Derek Wall, *Babylon and Beyond The Economics of Anti-Capitalist, Anti-Globalist and Radical Green Movements*, London: Pluto Press, 2005, p. 16.

③ Jennifer E. Givens, Xiaorui Huang and Andrew K. Jorgenson, "Ecologically Unequal Exchange: A Theory of Global Environmental in Justice", *Sociology Compass*, Vol. 13, No. 5, 2019, p. 2.

总部设在全球北部的跨国公司能够将欠发达国家视为废物储存地，但这些污染严重的设施生产的商品主要用于出口到高消费的发达国家。

投资建厂是资本国际输出的一个重要途径，这种方式不仅可以在发展中国家兴建工厂，充分利用当地提供的生产资料、雇佣当地廉价劳动力进行生产，还可以将农产品在国际市场上销售。彼得·A. 维克托（Peter A. Victor）和蒂姆·杰克逊（Tim Jackson）强调，"投资的作用至关重要。在传统经济学中，投资通过不断追求生产率提高和扩大消费市场来刺激消费增长。在新经济中，投资必须侧重于长期保护基本经济服务所依赖的资产。新的投资目标将是低碳技术和基础设施、提高资源生产率、保护生态资产、维护公共空间、建设和增强社会资本。"[1] 斯切帕蒂尼认为，北方国家以"直接投资、投资组合和投机性投资的形式"向南方国家输出资本是符合利润目标的，因此意味着利润的重新进口。[2] 欧鲁认为，"通过国家资助的私人投资和自由化贸易可以确保原材料安全，同时也可以依靠国际法和国际机构促进外国直接投资。"[3] 这些发达资本主义国家也披着"联合发展"的外衣将污染直接转移到发展中国家。斯蒂芬·G. 邦克（Stephen G. Bunker）认为，"当自然资源从一个区域生态系统中提取出来并在另一个区域进行转化和消耗时，资源输出区域就会失去其自然环境中的价值。这些损失最终使采掘区的经济减速，同时使资源消耗社区获得价值，最终实现其经济加速增长。一个充

---

[1] Peter A. Victor and Tim Jackson, "Chapter Eight: Toward an Ecological Macroeconomics", in Peter G. Brown and Peter Timmerman (eds.), *Ecological Economics for the Anthropocene: An Emerging Paradigm*, London: Columbia University Press, 2015, p. 247.

[2] Ernesto Screpanti, *Global Imperialism and the Great Crisis*, New York: Monthly Review Press, 2014, p. 56.

[3] Martin Oulu, "Core Tenets of the Theory of Ecologically Unequal Exchange", *Journal of Political Ecology*, Vol. 23, No. 1, 2016, p. 459.

分的全球和区域经济互动模式必须考虑到两个体系之间的差异和相互依存。开采方式和生产方式的内在动力之间的差异，不仅在产品所包含的劳动价值方面，而且通过直接占有迅速枯竭或不可再生的自然资源，造成了不平等的交换。"① 他和西坎特尔还强调，"人类不能创造物质，所以必须从自然资源中提取资源"②。一般而言，科技的迅猛发展、互联网以及其他通信方式的推动，为发达资本主义国家在全球范围内的生产提供了便捷的方式和可靠的保障，也使得资本在全球范围内的流动更加迅速、高效。

（三）拓展国际市场

还有一些生态学马克思主义者从国际市场出发认识资本国际扩张的动力。他们认为资本的国际扩张意味着资源和技术的扩张，同时也意味着必然会带来利润。正如佩珀所强调的那样，"资本主义从而造就了一种世界体系，以更为成熟的工业化国家为'核心'区域，以资源、利润的遣返、廉价劳动以及新兴市场等途径，从附属的第三世界外围榨取财富。"③ 基于此，发达资本主义国家将国际市场视为发达资本主义国家获得最大限度资本积累的有效途径。资本主义是在廉价投入的基础上，通过掠夺发展中国家的生态盈余得以维持的。欧鲁认为，"原材料外交"就是发达资本主义国家通过一系列包括贸易和发展援助在内的方式，在国际市场上获取原材料的外交政策，同时也可以在"共同利益"原则下管理与伙伴国的战略伙伴关

---

① Stephen G. Bunker, "Toward a Theory of Ecologically Unequal Exchange", in R. Scott Frey, Paul K. Gellert and Harry F. Dahms (eds.), *Ecologically Unequal Exchange: Environmental Injustice in Comparative and Historical Perspective*, New York: Palgrave Macmillan, 2019, p. 16.

② Stephen G. Bunker and Paul S. Ciccantell, *Globalization and the Race for Resources*, Baltimore, MD: The Johns Hopkins University Press, 2005, p. 3.

③ ［英］戴维·佩珀：《现代环境主义导论》，宋玉波、朱丹琼译，上海：格致出版社、上海人民出版社2011年版，第111页。

系。不可忽视的是，这也是发达资本主义国家依靠其他政治经济机构建立或扩大原材料市场的重要战略之一。

在生态学马克思主义看来，发达资本主义国家还试图通过军事干预和生态战争控制发展中国家的市场。进入21世纪，美国将地缘政治的影响扩展到里海地区，不仅占领了阿富汗，还发动了伊拉克战争。至此，美国通过发动军事战争将地缘政治的威胁波及全世界，造成了全球范围内的恐惧和不安。正如马格多夫和福斯特所敏锐地观察到的，"这不仅遵循着殖民列强和帝国主义列强施加影响的一般历史格局，而且与美国企图控制世界主要油气资源、向世界展示美国军事实力的程度和使用军事力量的意愿有关。"[①] 虽然对伊拉克的入侵，表面上是为了寻找不存在的大规模毁灭性武器，但往往被认为是一种政治上的偏差，其基础是情报的失败以及最"理想主义"的意图。诚如沃尔夫冈·萨克斯（Wolfgang Sachs）所言，"地缘政治冲突是由于各国希望在与其他国家的竞争中获得必要但遥远的资源而加剧的。"[②]

还有一些生态学马克思主义者认为，发展国内市场和实现区域一体化是建立更大和更一体化的国际市场的关键，而这种国际市场与加强监管的一致性相结合，这将有助于吸引投资、提高生产能力，从而促进可持续的经济增长和发展。莱斯指出，"随着核心国家从事经济增长和向服务业转移，它们可能同时越来越依赖国际贸易，以满足自然资源消费需求。"[③] 基于此，马格多夫和福斯特认为，资本

---

① Fred Magdoff and John Bellamy Foster, *What Every Environment Needs to Know about Capitalism*, New York: Monthly Review Press, 2011, p. 66.

② Wolfgang Sachs, "Globalization, Convergence and the Euro-Atlantic Development Model", in Michael R. Redclift and Graham Woodgate (eds.), *The International Handbook of Environmental Sociology*, Second Edition, Northampton: Edward Elgar, 2010, p. 270.

③ James Rice, "Ecological Unequal Exchange: Consumption, Equity and Unsustainable Structural Relationships within the Global Economy", *International Journal of Comparative Sociology*, Vol. 48, No. 1, 2007, p. 61.

生态帝国主义:分析与批判

家在占领国内市场的同时,随着公司的扩张,在国外寻找新的市场来销售其产品。① 马克思和恩格斯很早就看到了国际市场对于资本主义制度的重要性。他们认为,"资产阶级既然榨取全世界的市场,这就使一切国家的生产和消费都成为世界性的了。"② 所以毫不夸张地说,发达资本主义国家在转嫁资源的同时,也将污染转移出去了。正如美国学者丹尼尔·A. 科尔曼(Daniel A. Coleman)所强调的那样:发展中国家的环境破坏是"由西方直接或经由国际市场压力而间接传输过来……人口增长和环境破坏不过是同一根本疾患的不同表征而已"③。

基于相对过剩生产所固有的矛盾,资本市场的发展与生产规模的扩大密不可分。为实现这一点,伯格特和约克强调,资本主义制度要不断超越"现有的社会和自然障碍(如在自然周期的调节规律内运行)",同时又随着资本为追求利润而被改造和重组而产生"新的障碍(如代谢周期中的自然极限和裂缝)"。④ 他们认为,资本主义有效掠夺了"从生物圈中移除的集中能源的历史存量,只是为了将这些储存的能源(煤、石油和天然气)以二氧化碳的形式从地球的深处转化和转移到大气中",在这种情况下,资本主义加速向大气中排放二氧化碳从而破坏了碳循环,同时由于资本对能源的需求不断,必须不断加速其对外扩张以获取新的化石燃料储备。⑤

一些生态学马克思主义者意识到,即使拓展国际市场是国际扩

---

① Fred Magdoff and John Bellamy Foster, *What Every Environment Needs to Know about Capitalism*, New York: Monthly Review Press, 2011, p. 63.
② 《马克思恩格斯全集(第4卷)》,北京:人民出版社1958年版,第469页。
③ [美]丹尼尔·A. 科尔曼:《生态政治——建设一个绿色社会》,梅俊杰译,上海:上海译文出版社2002年版,第10页。
④ Brett Clark and Richard York, "Carbon Metabolism: Global Capitalism, Climate Change, and the Biospheric Rift", *Theory and Society*, Vol. 34, No. 4, 2005, p. 407.
⑤ Brett Clark and Richard York, "Carbon Metabolism: Global Capitalism, Climate Change, and the Biospheric Rift", *Theory and Societ*, Vol. 34, No. 4, 2005, p. 409.

张的动力，也不能忽视市场机制的本质，也不能否认市场机制不能彻底解决生态问题的实质。更为严重的是，一些西方学者将市场缺位视为生态问题的根源，即认为没有把环境纳入市场中，没有通过改变供求关系提高各方利用相关资源的效率，从而导致资源的无序开发和滥用。尼古拉斯·斯特恩（Nicholas Stern）研究气候变化问题时找到了问题的根源，"温室气体排放是一种外部性；换句话说，我们的排放物会影响他人的生活。当人们不为自己的行为所造成的后果承担责任时，我们就会陷入市场失灵。"① 还有部分西方学者认为，资本主义的经济原则与环境保护主张是可以协调的，二者在市场经济体制下是可以共存的，因而资本家不必为自然资源的供给感到担忧。他们将一系列生态灾难的根源归结为市场没有充分发挥作用。因而，他们的首要任务是将生态资产转化为市场商品。莱斯特·R. 布朗强调，必须"建立实事求是的市场"，在尊重自然的前提下，重视可持续产品的有限性。② 他认为，"一旦我们能够计算出与产品或服务有关的所有成本，就可以通过调整税项将这些成本纳入市场价格体系。"③ 简而言之，通过将环境成本加入价格中，可以匡正与成本不符的市场价格体系，从而解决生态问题，保护生态环境。美国学者杰弗里·希尔（Geoffrey Heal）也肯定了市场机制对自然生态系统的积极作用，指出"市场机制同样能够解决环境保护的问题"④。其他主流学者还主张实现碳排放交易计划，以规定使用碳

---

① Ian Angus, "Confronting the Climate Change Crisis" https：//climateandcapitalism.com/2007/02/01/confronting-the-climate-change-crisis/（访问日期：2022年1月1日）。

② ［美］莱斯特·R. 布朗：《B模式2.0——拯救地球 延续文明》，林自新、暴永宁等译，北京：东方出版社2006年版，第192页。

③ ［美］莱斯特·R. 布朗：《B模式2.0——拯救地球 延续文明》，林自新、暴永宁等译，北京：东方出版社2006年版，第195页。

④ ［美］杰弗里·希尔：《生态价值链——在自然与市场中建构》，胡颖廉译，北京：中信出版社2016年版，第IX页。

生态帝国主义：分析与批判

抵消信贷，从而允许发达资本主义国家继续排放温室气体。这就意味着地球上的所有居民都应有权获得相同数量的排放量，而不论他们出生在何处；因此，谁的污染超过其相应配额，谁就是人类的债务人。

20世纪60年代，根据经济学家的各种见解，生态学家加勒特·哈丁（Garret Hardin）提出了这样一个观点，即人口过剩和贪婪个人的结合最终会破坏渔业等共同拥有的资源。在他看来，个人天生是由自身利益驱动的，这导致了对公共资源的剥削，而不考虑潜在的社会或生态后果。克拉克、斯坦福·B. 琅沟、丽贝卡·克劳森和丹尼尔·奥尔巴赫认为，"这一观点是哈丁'公地悲剧'（The Tragedy of the Commons）理论的基础"，按照这种说法，"防止这一悲剧发生有两种选择：（1）可以实行自上而下的国家控制共有财产资源的制度，对共有财产进行管理；（2）将共有财产转为私有制，这将限制获取和鼓励保护资源"。① 在他们看来，哈丁主要赞成第二种选择，但遵循这一逻辑的科学家和决策者普遍提出两种选择都有。虽然已经采用了各种方法来管理渔业，但科学界和政策界对渔业枯竭或崩溃的最普遍解释仍然是公地理论的悲剧。

哈丁认为公共产品是具有非排他性的资源，换句话说，它们很难商品化，因为那些不付钱的人仍然可以获得它们或使用它们提供的服务，如氧气。同时他认为，公共产品还具有"非竞争性"，即任何一个参与者对资源的使用都不会影响其他人的使用。如无论我们吸入多少氧气，它都不会限制可用的剩余量。然而事实恰恰相反，

---

① Brett Clark, Stefano B. Longo, Rebecca Clausen, et al., "From Sea Slaves to Slime Lines: Commodification and Unequal Ecological Exchange in Global Marine Fisheries", in R. Scott Frey, Paul K. Gellert and Harry F. Dahms (eds.), *Ecologically Unequal Exchange: Environmental Injustice in Comparative and Historical Perspective*, New York: Palgrave Macmillan, 2019, p.197.

许多公共产品，如大气温室气体储存或海洋碳吸收等，都不再那么明显的是"非竞争性的"。自然资源就其可获得性而言是"公共产品"，并限制了所有人的生活机会，即使在资源目前没有被所有人使用的情况下也是如此。但伯格特认为，"这种观点将过度开发定义为任何资源的耗尽或破坏，从而减少人们的生活机会，同时考虑到人类制造替代资源。"① 这对面向市场的"解决方案"提出了重大挑战，因为它将竞争（即稀缺性）引入商品中。这种悲剧正是竞争所导致的市场失灵。然而不能忽视的是，当市场失灵出现时，自由主义者不会将其归因于市场模式的"失败"。相反，市场失灵不是市场"自然"限度的证据，而是两种市场模式失灵的证据：管制过多、管制过少。一方面，政府通过干预一个有利可图的投资领域来限制"自由"，并通过限制产权和降低私人投资的预期盈利能力来阻止私营企业进入。另一方面，政府监管过少也助长了市场失灵，最明显的是未能让生产者将所谓的"外部性"的"社会成本"考虑在内。

"外部性"是资本主义经济学家在资本主义公司不支付其造成的损失时使用的术语。其中，污染就是一个完美的例子，因为这反映出个别公司造成污染，但整个社会却承担了成本。福斯特和克拉克指出："非历史的、唯心主义的企图，设想社会和环境成本在市场体系内的内在化和一体化，或将自然视为真正的价值源泉，只会淡化资本主义制度的社会（包括阶级和其他形式的压迫）和生态矛盾。""这是因为真正的问题不是所谓的公地悲剧，而是资本积累制度本身。"② 亚当·斯密（Adam Smith）的那只无形的手，据说

---

① Paul Burkett, *Marxism and Ecological Economics: Toward a Red and Green Political Economy*, Boston: Brill, 2006, p. 305.
② John Bellamy Foster and Paul Burkett, "Value Isn't Everything", *Monthly Review*, Vol. 70, No. 6, 2018, p. 15.

生态帝国主义：分析与批判

可以确保所有可能的世界中最好的，但不能解决外部性问题。正如伊恩·安格斯所表明的那样，"'公地悲剧'真正骇人听闻的地方并不是缺乏证据或逻辑，而是被誉为对人类苦难和环境破坏原因的精辟分析，并被从经济学家和环保主义者到政府和联合国机构的所谓专家采纳为社会政策的基础。"[①] 佩珀也总结道，"公地悲剧"的根源在于"未能将行动的所有环境成本内部化"[②]。

针对市场失灵，一些西方学者提出的解决办法是创造更大的市场，其中最典型的就是在《京都议定书》中所制订的方案，即先设定减排目标，然后为污染权赋予货币价值。简单来说，如果一家公司认为减排成本太高，可以从其他公司购买污染信用额度，或者资助第三世界的绿色项目。但实际上，排放交易计划非但没起作用，反而使情况变得更糟，甚至拖延了最大的企业违法者减少排放的实际行动，最重要的是，由于没有切实可行的方法来衡量排放交易的结果，整个过程存在大量欺诈行为。而排放交易为污染者带来了巨大的意外收获，可以说立即增加了他们的资产。还有一种方法是建议对企业温室气体排放征税，但如果"碳税"太低，他们也不会停止排放。无论如何，资本主义政治家实际上不太可能用征税以迫使他们的企业支持者做出真正的改变。

在这里还需要指出的是，主流学者低估了生态崩溃的严重性。他们认为，只要通过对绿色税等激励和惩罚措施稍加调整，经济就可以永远持续下去。但理查德·史密斯认为，再多的调整都无法改变市场体系所造成的生态崩溃。[③] 一些学者否认了市场机制对解决生

[①] Ian Angus, *The Global Fight for Climate Justice: Anti-Capitalist Responses to Global Warming and Environmental Destruction*, Canada: Fernwood Publishing, 2010, p.71.

[②] [英]戴维·佩珀：《现代环境主义导论》，宋玉波、朱丹琼译，上海：格致出版社、上海人民出版社2011年版，第82页。

[③] Richard Smith, "Green Capitalism: the God that Failed", *Real-World Economics Review*, Vol.56, No.11, 2011, p.116.

态危机的作用。伊曼纽尔·沃勒斯坦（Immanuel Wallerstein）认为市场机制并不能改变资本的反生态本性，"污染权可以被打包成证券交给投资银行来通过交易获利，这能比实际减排带来的利润更高"①。福斯特在分析资本主义机制的基础上也否认了市场机制对解决生态危机的影响。他指出，"资本主义固有的经济核算模式将通过市场产生收入的任何商品或服务指定为创造价值的商品或服务。因此，市场以外生产的大部分社会和环境成本以这种估价形式被排除在外，被视为消极的'外部性'，与资本主义经济本身无关——无论是在缩短和退化人类生命方面，还是在破坏自然环境方面。"②

不可否认的是，基于市场机制的经济激励措施在一定程度上改善和保护了环境，但其保护状态一直处于不确定中。如果资本家从破坏环境中获得的利益多于从环境保护中获得的收益，那么在市场机制的激励下，资本家必然会采取破坏环境的举措。毕竟，市场机制仅仅是一种以成本收益为基本方法、以效益为标准的诱因机制。最大化利润和实现价值评估仍然是资本的最终目标，而生态效益显然是从属的。正如马格多夫和福斯特所明确指出的那样，"即使是越来越多的批评资本主义及其市场失灵的绿色思想家，也常常最终接受资本主义是可以走向'绿色'的观点，并将资本主义视为解决生态问题的有效方案，所以他们旨在创造一种受到严格控制的、绿色的、非企业化的资本主义，而不是真正走出资本主义的框架。"③ 他们认为，"资本主义社会中的市场服务于资本积累的狭隘利益并加强

---

① [英] 伊曼纽尔·沃勒斯坦等：《资本主义还有未来吗?》，徐曦白译，北京：社会科学文献出版社 2014 年版，第 156—157 页。

② John Bellamy Foster, "Capitalism Has Failed-What Next?", *Monthly Review*, Vol. 70, No. 2, 2019, p. 6.

③ Fred Magdoff and John Bellamy Foster, *What Every Environment Needs to Know about Capitalism*, New York: Monthly Review Press, 2011, p. 97.

生态帝国主义：分析与批判

富人的权力这一事实往往是隐藏的，因为大多数实际市场背后的权力关系并不透明"，因而"大多数关于市场的讨论不仅忽视了公司权力，也忽视了阶级权力和其他形式的社会和经济不平等"。①

所以说，通过市场机制调整资本主义制度，不能改变资本主义的本质，而且传统的重视自然的策略也保持不变。现有机制既没有解决气候变化问题，也没有导致采取实际和直接的行动来减少温室气体排放。正如澳大利亚学者迪克·尼科尔斯（Dick Nichols）所指出的，任何认为市场可以克服生态危机的人都必须回答一些棘手的问题，即"无论提出的愿景多么绿色，拥抱资本主义都会让亲市场的环保主义者陷入难以抗辩的困境。他们必须准确地解释一个在过去五十年中消耗的资源和能源比以往所有人类文明都多的系统如何能够稳定并降低其资源消耗和污染排放的速度。这个极其浪费、有毒和不平等的经济体系如何能够真正引入技术、消费模式和激进的收入再分配，否则所有关于可持续性的讨论都是一个病态的笑话"②？实际上，通过这种方法，环境只能得到局部和短期的改善，而其能否确保环境的整体和长期改善尚待观察。总的来说，无论对自然和社会的成本有多大，没有任何一种自然的反馈机制能够通过增加资本成本触发"市场"来控制这种环境破坏，而且使事情变得更加复杂的是，人们试图通过"绿色税""规范"资本主义的做法收效甚微。

根据以上生态学马克思主义对国际扩张的三个动力的论述可以得出这样一个结论，无论是发达资本主义国家所主张的推进国际范围内的生物进化，抑或是扩大资本输出、扩展国际市场，其本质都

---

① Fred Magdoff and John Bellamy Foster, *What Every Environment Needs to Know about Capitalism*, New York: Monthly Review Press, 2011, p.98.

② Ian Angus, "Confronting the Climate Change Crisis" https://climateandcapitalism.com/2007/02/01/confronting-the-climate-change-crisis/（访问日期：2022年2月1日）。

是获取最大程度的剩余价值。作为一个以实现利润最大化为目标的体系，资本主义必然对劳动力、土地以及自然条件进行无止境的掠夺，但作为生产条件的自然却无法进行相应的扩张，可以说，它的自我更新周期与资本运作的周期根本无法同步。而这势必会引发生态系统的断裂与生态条件的损毁，进而引发经济危机。尤其令人担忧的是，资本出于对利润的无限追求，势必会突破国界限制，在更广阔的国际市场上寻求高额利润。而在资本不断向外扩张的同时，生态环境问题也随之打破了区域和国家的界限越境转移，演变成了全球性的生态危机。

二、资本国际扩张的途径

生态学马克思主义在强调资本国际扩张动力的同时，也集中探讨了资本国际扩张的途径：政府是资本国际扩张的首要途径，非政府组织是资本国际扩张的重要途径，而跨国公司是资本国际扩张的主要途径。

（一）政府是资本国际扩张的首要途径

一些生态学马克思主义者认为政府是资本国际扩张的首要途径。随着全球性危机的加剧，科学警告的成倍增加，执政的资本家阶级及其政府长期以来的反应已首先否认危机的存在。但这些政府可以做出宏观决策，通过支持包括补贴、法律和贸易保护、大学研究和推广服务等在内的庞大基础设施，从而使其在短期内维持。可以说，气候变化以及其他生态问题现在已被列入几乎每个政府的国内和外交政策议程，并得到世界主要科学机构的承认。欧鲁强调，"尽管全球化意味着政府的行政部门在很大程度上正与全球南部和北部的公司资本保持一致，但各国需要调整其目标，使之面向全球环境、人权和社会正义议程，从'利用比较优势'到'改变比

生态帝国主义：分析与批判

较优势'。"① 他认为，自20世纪90年代以来，世界上最大的公司也改变了策略，公开承认环境问题，并以自己的姿态作为解决方案的一部分，同时继续资助破坏大规模改革和削弱环境科学的活动。在生态学马克思主义看来，无论政府政策或其行为对环境的实际影响如何，人们普遍承认环境问题需要全人类共同行动，这是过去二十多年的重大政治转变。

一些生态学马克思主义者强调资本主义制度在追求快速利润时已经对环境造成了不可估量的损害。正如布兰科·米拉诺维奇（Branko Milanovic）所描述的那样，在各国政府和国际金融机构的协助下，促进世界上最强大的企业从所谓的最不发达地区开采资源、劳动力和金融财富。② 然而，他认为，这种对利润最大化的追求使其对资源的索取超出了其生成速度，对自然环境的污染程度超出了其自身修复速度，从而给发展中国家带来了严重的生态问题。发达资本主义国家环境优美，而许多不发达地区生态环境恶劣。对此，他们将破坏全球生态的罪名归咎于发展中国家，认为后者应为生态危机负责。针对这一无端指责，生态学马克思主义从生态危机和帝国主义批判思想出发，认为当把国际范围内的生态问题放在一起考虑时，就可以得出这样一个结论：发达资本主义国家通过政府间合作实现对发展中国家话语权的控制，凭借本国的先进技术和经济地位，将发展中国家和自然界作为"垃圾处理厂"。从上述内容可以清楚地看出，发达资本主义国家不仅不承担生态责任，反而将这种责任推卸给发展中国家的做法，体现出了资本主义的强盗逻辑。而这些生态学马克思主义者的分析就告诉我们，发展中国家生态退化的根源

---

① Martin Oulu, "Core Tenets of the Theory of Ecologically Unequal Exchange", *Journal of Political Ecology*, Vol. 23, No. 1, 2016, p. 459.

② Branko Milanovic, "The Two Faces of Globalization: Against Globalization as We Know It", *World Development*, Vol. 31, No. 4, 2003, p. 668.

在于资本主义的全球性扩张。正如迈克·科尔（Mike Cole）有说服力地指出的那样："对世界资本主义制度在发酵气候变化灭绝中的作用进行批判不仅是必须的，而且是必要的。"①

还有一些生态学马克思主义者认为政府对污染行业的监管在一定程度上取得了成效。他们强调，为加强政府对环境的管制而进行的斗争是对环境问题的一种必要的立即反应，特别是如果这种管制的结构是为了应付持续不断的公众压力所造成的实际人口需要。在环境方面，即使政府对企业的大量援助（即新的财富从劳动力转移到资本）加速了清洁技术的传播，但类似于战后繁荣的长期资本主义增长也不可避免地涉及多年来化石燃料消费的增加，因此温室气体排放量的增加足以引发气候灾难，但清洁技术也存在生态问题。正如马格多夫和福斯特所清晰指出的那样，"一些'清洁'技术所需的资源开采，如风力发电机和混合动力汽车电池所需的稀土，也都有它们自己的环境问题。"② 因为工业系统会产生大量的废物，而这些废物都具有不同程度的毒性，但这些废物的处理是一个非常昂贵的过程，其价格取决于进行处理的国家的环境法规。

简言之，生态学马克思主义为应对气候变化提出了两种选择：（1）以牺牲环境和社会多数为代价的资本主义生产力；（2）非资本主义的替代品。但是，任何资本主义政府都不会故意将总体消费降低到"可持续水平"或对特定行业实施大幅削减，因为减少消费就意味着减产。在资本主义制度下，这将意味着经济衰退、失业、收入下降或更糟。在一个竞争激烈的市场体系中，资本家、工人、消

---

① Mike Cole, *Climate Change, The Fourth Industrial Revolution and Public Pedagogies: The Case for Ecosocialism*, London and New York: Taylor & Francis Group, 2021, p. 12.

② Fred Magdoff and John Bellamy Foster, *What Every Environment Needs to Know about Capitalism*, New York: Monthly Review Press, 2011, p. 109.

生态帝国主义：分析与批判

费者和政府都依赖于不断增长的消费以维持利润的无休止的循环，而资本积累既是资本主义的基础，也是企业生产者日常再生产不可或缺的因素。马格多夫和福斯特指出："除了海外市场不断扩大外，公司及其政府（代表公司利益）帮助保护和控制关键自然资源，如石油和各种矿物。"① 所以除了恢复和加速经济增长外，资本主义政府不会采取任何其他行动来保护环境。这也是美国国会否决总量管制和交易法案，以及在哥本哈根没有一个资本主义政府愿意牺牲经济增长来拯救生态环境的原因。即使在资本主义历史上持续时间最长的繁荣时期，也没有一个资本主义政府会接受有约束力的排放限制。

尽管全球的生态系统急剧崩溃，但全球生态危机已释放出新一轮的资本积累信号，然而绿色经济所带来的投资机会的乐观言辞掩盖了这一点。在生态学马克思主义看来，发达资本主义国家的碳排放计划不仅是为了抵消全球碳排放危机，而且是为了大幅减少碳排放量。科威尔认为，在把发展中国家的森林和农田变为二氧化碳"汇"或生物多样性"银行"的同时，损害了这些国家的生态环境，而且显而易见，资本主义框架内的调整都无益于生态危机的解决，其最终结果都是"纵容资本的肆意增长"。② 福斯特还认为资本主义框架范围内的调整，遵循的是资本主义的基本原则，依然具有内在扩张的本性，因此这种调整只能暂时缓解问题，并不能从根源上解决生态危机和生态问题，据此他批判了"资本主义经济增长有限论""资本主义技术决定论"等论调。③ 正如哈维表明的那样："对于资

---

① Fred Magdoff and John Bellamy Foster, *What Every Environment Needs to Know about Capitalism*, New York: Monthly Review Press, 2011, p.64.
② [美]乔尔·科威尔：《自然的敌人——资本主义的终结还是世界的毁灭?》，杨燕飞、冯春涌译，北京：中国人民大学出版社2015年版，第109页。
③ [美]约翰·贝拉米·福斯特：《生态危机与资本主义》，耿建新、宋兴无译，上海：上海译文出版社2006年版。

本主义利益集团来说，没有什么比不受约束的技术乐观主义和进步教条更强大的意识形态力量。"①

所以，无论是"绿色资本主义""碳市场""补偿机制"（或"替代能源补贴"），抑或是其他所谓"可持续市场经济"的操纵都被证明是无用的，不足以解决当前所面临的生态问题。当前更加危险的是，"绿色化"还在如火如荼地开展，这不仅导致排放量飞速上升，而且生态问题也越来越严重。发达资本主义国家的各个部门还企图以对抗生态危机为幌子，将大量公共财富转移给"绿色"公司，进一步使自然商品化，并加剧了全球的不平等。真正令人不安的是，在资本主义制度的框架内，生态危机是无法彻底得到解决的。简单来说，资本主义是一个完全致力于生产主义、消费主义、"市场份额"，以获取资本积累、利润最大化为最终目标的体系，而且其内在的悖论逻辑不可避免地导致生态平衡和生态系统的破坏。正如德尔·韦斯顿所言，生态危机的根源是"基于利润、浪费和贪婪的全球化经济生产体系，而不是基于以公正和生态恢复的方式满足人类需要的经济体系"②。

（二）非政府组织是资本国际扩张的重要途径

一些生态学马克思主义者强调发达资本主义国家为维持其统治地位，控制世界范围内的资源和市场，他们最常用的是武力方式，但还远不止于此，还包括对联合国和世界银行等国际机构的统治，以及操纵"自由贸易"等相关协议。即使是所谓有环保意识的政府，也不可能制订和实施一项真正的国际计划。因为要做到这一点，就需要承认深层次的系统性问题，而这些问题是整个社会制度的根本

---

① ［美］戴维·哈维：《正义、自然和差异地理学》，胡大平译，上海：上海人民出版社2015年版，第169页。
② Del Weston, *The Political Economy of Global Warming: The Terminal Crisis*, London: Routledge, 2014, p. 18.

生态帝国主义：分析与批判

所在，需要调整社会有限事项的方向，从以利润为重点转向以生态和人民的利益为重点。这就是没有社会正义就不可能赢得生态或气候正义的原因。处于资本主义核心的不平等和剥削蹂躏着人类和地球，为了少数人的利益，他们一心想重塑地球，为利润服务。因此，气候正义积极分子需要在同等程度上成为社会正义积极分子。

一些生态学马克思主义者认为，为了实现资本的对外扩张，发达资本主义国家往往不是直接通过政府，而是通过现有的国际组织和非政府组织推进他们在国际范围内的议程。西蒙和雪莉就强调，发达资本主义国家经常使用"现存的国际组织和非政府组织去推进他们的议程"，以此来影响第三世界国家的政府行为，而且这种组织已经涉及环境政策的方方面面。[①] 换言之，发达资本主义国家的触角已经涉及国际环境政策设定以及政策定期发布等各个方面，以便迫使发展中国家遵守他们的不论科学与否的研究成果。这就表明，发达资本主义国家通过环保法规等方式影响发展中国家的政府决策，并通过石油、气候等生态问题获得国际性的生态霸权，从而加深对发展中国家资源和发展空间的掠夺，形成对发展中国家的全方位控制。

马格多夫和克里斯·威廉姆斯认为，大多数非政府组织不是传统的草根组织方式，而是专注于各种自上而下的策略，如法律挑战、公共活动、媒体特技以及为地方、州和国家办事处的候选人提供资金支持。在非政府组织重要性日益提升的同时，工会，特别是发达资本主义国家的工会，变得日益不民主。工会原本可以通过集体谈判和游说等方式推进法规改革以提高工人的工资水平，但如今，他们的组织方式通常使普通工人无法积极参与决定运动或罢工行动。

---

① Lim Soomin and Steven Shirley, "Eco-imperialism: The Global North's Weapon of Mass Intervention", *Journal of Alternative Perspectives in the Social Sciences*, Vol. 1, No. 3, 2009, p. 850.

甚至在有些情况下，非政府组织的支持者和工会成员会被要求签署请愿书、写电子邮件或打电话给政府官员，甚至还通过示威等形式来获取公众的关注和更广泛的资金支持。但也有迹象表明，关于一些活动的要求和目标等细节性内容仍牢牢掌握在拥有资金和资源的大型非政府组织手中。① 他们认为，大多数非政府组织存在的共同问题是，这些组织难以维持大量带薪员工和大量基础设施的开支。这其中的一些资金可以从会员和基金会筹集，但基金会在资助某个领域一段时间后，往往会改变其供资方向。这些组织依靠支持者的自愿捐款、企业资助者的捐款或服务费维持生活。随着这些组织的规模扩张和信念的增强，他们会寻求更大的预算来更好地完成他们的"使命"，而这比他们从个人贡献者那里得到的要多。除了极少数例外，几乎所有这些组织最终都采用了"商业"模式，将它们推向企业贡献者的怀抱。此外，基金会本身的资金大多数也来自大型的资本主义企业，而且众所周知，这些企业的最终目标是盈利。所以考虑到商业集团对经济、国家、媒体甚至理论上独立的非政府组织所行使的权力，几乎不可能有合理和无害的能源政策、工业制度等。由此就可以看出，发达资本主义制度能够进行与环境有关的有限改革，但他们通过非政府组织来扩展其国际市场的行为，对不发达国家的经济和环境无益。② 而且大型环保非政府组织试图迫使政府在气候问题上采取更激进的行动，却没有意识到针对气候问题的激进行动会导致对受剥削者和受压迫者的攻击。

现代主流环境主义导致了全球范围内的隔离环境运动，并导致

---

① Fred Magdoff and Chris Williams, *Creating an Ecological Society: Toward a Revolutionary Transformation*, New York：Monthly Review Press, 2017.
② Fred Magdoff and John Bellamy Foster, *What Every Environment Needs to Know about Capitalism*, New York：Monthly Review Press, 2011, pp. 92 – 93.

生态帝国主义：分析与批判

活动人士和学者所称的"富人的环境主义"①和"穷人的环境主义"②之间的严重分歧。政治和经济精英对政府和国际环境机构有着巨大的影响和控制。③ 主流环境组织得到富人的支持和依赖，其决策者往往享有经济特权，这影响了他们的优先事项和战略。因此，他们更容易受到奉行绿色资本主义和强化以欧洲为中心的思想观念的意识形态发展的影响，而不太可能寻找替代方案。由于他们的背景，他们也更有可能认同政治和经济精英，并将他们视为社会变革的主要伙伴，而不是被压迫的社区努力争取更重大的社会变革。他们接受权力不平衡的意识形态扁平化，并掩盖冲突的现实，采用包容和决策的"利益相关者"模式。环境机构和组织倾向于雇佣背景与已经在那里的雇员相似的人，复制他们的组织文化。在这种情况下，无论是为联合国还是为世界野生动物基金工作的环保人士，都不认为守住红线与满足企业财务报告的底线之间存在冲突，这并不令人意外。然而，由于这一议程及其所建立的机制未能切实保障联合国系统及其他组织所倡导的"集体生存"理念，旨在深化生态团结、守护地球家园并追求正义，这是激进主义运动的主要内容。这些模式可供借鉴，以超越绿色资本主义版本的环境主义。

通过非政府组织，发达资本主义国家对周边地区自然资源进行"环境透支"。正如马克·艾文（Mark Elvin）所指出的那样，欧洲（相对于中国）的核心资本拥有"帝国海外资源……这可以像环境透支一样加以利用，而不需要进一步的'生态'恢复"④。19世纪中

---

① Peter Dauvergne, *Environmentalism of the Rich*, Cambridge, MA: MIT Press, 2016.

② Joan Martinez-Alier, *The Environmentalism of the Poor: A Study of Ecological Conflicts and Valuation*, Cheltenham, UK: Edward Elgar Publishing, 2002.

③ David Naguib Pellow, *Total Liberation: The Power and Promise of Animal Rights and the Radical Earth Movement*, Minneapolis: University of Minnesota Press, 2014.

④ Mark Elvin, *The Retreat of the Elephants: An Environmental History of China*, New Haven, CT: Yale University Press, 2004, p.470.

后期的鸟粪和硝酸盐贸易突出表明了与英国和其他占主导地位的国家在全球经济中的不平等生态交换和环境退化。事实上，用"贸易"一词来美化显然是对生态和经济资源的高度掠夺，它植根于历史上最具剥削性的劳动过程之一，并以战争和帝国主义为后盾，颇具误导性。① 更为严重的是，发达资本主义国家可以直接控制发展中国家的国内事务，从而使发展中国家在其国际和国内事务中的发言权越来越小，这在一定程度上扩大了发达资本主义国家与发展中国家的差距。丹尼尔·塔努罗直接指出，"大型环保非政府组织试图迫使政府在气候问题上采取更激进的行动，却没有意识到针对气候问题的激进行动会导致对受剥削和受压迫者的行动。"② 发达资本主义国家经济和技术援助的最终目的不是为发展中国家建立基础设施或者提高其人民的生活水平，而是占有他们的资源，侵占他们的主权，并向他们强加其价值观和意识形态，以达到自己的政治和经济利益。

绿色和平组织的首席政策顾问鲁斯·戴维斯（Ruth Davis）曾写道，"绿党可以建设新资本主义"③。《哈佛商业评论》的一位作者亨利·明茨伯格（Henry Mintzberg）同意这一观点，他将环境非政府组织描述为平衡凳子第三条腿的一部分，而另外两条腿是政府和私人行业，而且他们的共同目标是"从自身手中拯救资本主义"④。不容

---

① Brett Clark and John Bellamy Foster, "Ecological Imperialism and the Global Metabolic Rift: Unequal Exchange and the Guano/Nitrates Trade", *International Journal of Comparative Sociology*, Vol. 50, No. 3 – 4, 2009, p. 330.

② Daniel Tanuro, "Climate Crisis: 21st Century Socialists Must Be Ecosocialists", in Ian Angus (ed.), *The Global Fight for Climate Justice: Anti-capitalist Responses to Global Warming and Environmental Destruction*, Canada: Fernwood Publishing, 2010, p. 267.

③ Ruth Davis, "Why Greens Can Build the New Capitalism", *New Statesman*, February 9, 2012.

④ Henry Mintzberg, "Rescuing Capitalism from Itself", *Harvard Business Review*, December 3, 2015.

否认的是,非政府组织在最初成立的时候,其工作还是值得赞扬的。桑德拉、莱克班德和麦金尼等学者肯定了国际组织在缓解环境问题方面发挥的重要作用,认为"非政府组织使用各种不同的策略来实现其环境目标",有些非政府组织甚至"直接资助当地的环境保护工作",还有些非政府组织充当"中间人","通过将国外的财政、技术和组织资源与当地知识和社区参与相结合"来促进环境保护工作的进展。[1] 然而当非政府组织开始由发达资本主义国家支持的时候,他们就开始游说政府改变影响不发达国家人民幸福的政策。在生态学马克思主义看来,如果不挑战现状和一切照旧的做法,就不可能实现扭转生态衰退的总体趋势,就不能开展纠正不公正现象所需的更深刻的社会变革。这一挑战尚未列入环境政治主流行为者的议程。因此,世界各国领导人、联合国、国际会议、公司和环境非政府组织目前为解决资本主义环境危机所做的努力,充其量证明是不够的,或者在最坏的情况下,使子孙后代背负着同样的问题或错误解决方案的后果。

(三) 跨国公司是资本国际扩张的主要途径

还有一些生态学马克思主义者认为跨国公司是资本国际扩张的主要途径。他们认为,发达国家出口的垂直流动部分由总部设在发达国家的跨国公司控制,这些跨国公司将污染性经济活动(包括资源开采、初级加工和制造)外包给其在发展中国家经济体的子公司和承包商,甚至是环境法规及其执行相对薄弱的地区。在某些情况下,大型公司试图超越"国内"环境监管和严格控制的界限。罗尼·加西亚-约翰逊(Ronie Garcia-Johnson)展示了一些跨国公司在

---

[1] John M. Shandra, Christopher Leckband, Laura A. McKinney, et al., "Ecologically Unequal Exchange, World Polity, and Biodiversity Loss: A Cross-National Analysis of Threatened Mammals", *International Journal of Comparative Sociology*, Vol. 50, No. 3 – 4, 2009, pp. 288 – 289.

国内市场的经验刺激下，竟然寻求"出口"更高的环境标准，即"如果多边公司能够制定有利于它们多年来在美国奋斗而发展的技术和管理办法的规则，它们将比发展中国家的竞争对手有优势"①。在此基础上，克劳迪奥·卡茨（Claudio Katz）指出："跨国公司是当前经济形势的明显主角。他们将生产分成零散的中间投入品和最终产品以供出口，该框架在激烈竞争、降低成本和廉价劳动力的原则下运作……跨国公司通过分包和人工外包来补充其直接投资。他们让供应商负责控制工人和管理不确定的需求。这样，他们分散风险的同时可以增加利润。"② 换句话说，资本以跨国公司为载体，想尽办法将本国的经济危机和生态危机转嫁给其他国家，"最大限度地控制自然资源，最大限度地增加投资，以使自己作为强者存在于世界市场上"③。正如福斯特、罗伯特·W. 麦克切斯尼（Robert W. McChesney）和 R. 贾米尔·琼纳（R. Jamil Jonna）所辩称的那样，公平的合同实际上允许企业"通过其国际业务获得极高的利润率，并对其供给线实施战略控制——尽管它们相对缺乏实际的外国直接投资"④。但这往往很难研究，因为在这样的实践中，跨国公司往往只与生产其产品的工人或农民有间接联系。没有明显的利润从这些外国分包商流向他们的全球北方客户——跨国公司。

在生态学马克思主义看来，"'全球供应链'（Global Supply Chains）一词被跨国公司用来指代组织生产的物质和后勤方面，涉

---

① Ronie Garcia-Johnson, *Exporting Environmentalism: US Multinational Chemical Corporations in Brazil and Mexico*, Cambridge, MA：MIT Press, 2000, p. 1.

② Richard Fidler and Claudio Katz, "Imperialism Today：A Critical Assessment of Latin American Dependency Theory", https://socialistproject.ca/2018/03/imperialism-today-a-critical-assessment-of-latin-american-dependency-theory/（访问日期：2022 年 3 月 16 日）.

③ Andrew Gorz, *Ecology As Politics*, Boston：South End Press, 1980, p. 5.

④ John Bellamy Foster, Robert McChesney and R. Jamil Jonna, "The Internationalization of Monopoly Capital", *Monthly Review*, Vol. 63, No. 2, 2011, p. 9.

生态帝国主义：分析与批判

及在空间上分散的全球生产平台上汇集的许多部件。后勤方面涉及旧的军事概念，即统一供给线。从财务价值的角度来看，链中的每个环节都应该是有利可图的，并将价值转移到系统的中心——跨国公司本身或其公司总部。但在马克思主义理论的基础上，更倾向于指'劳动价值商品链'（Labor-value Commodity Chains），值得注意的是，当价值构成部分位于前面和中心时，就是指劳动价值链，更广泛地说是指商品链。"[1] 伊坦·苏万迪（Intan Suwandi）和 R. 贾米尔·琼纳（R. Jamil Jonna）等学者指出："21 世纪的资本主义生产已经不能再被简单地理解为仅仅是一个国家经济的集合体，不能仅仅从单独经济体的国民生产总值和它们之间发生的贸易和资本交流的角度来分析。相反，它越来越多地组织在全球商品链（Global Commodity Chains）中，由横跨地球的多国公司管理，在这些公司中，生产被分割成许多环节，每一个环节都代表着经济价值的转移。由于 80% 以上的世界贸易由跨国公司控制，其年销售额约相当于全球生产总值的一半，这些商品链可以看作是在世界经济的中心，它将主要位于全球南方的生产与主要位于全球北方的垄断跨国公司的财政收入联系起来。"[2]

基于此，生态学马克思主义认为，21 世纪以来的资本主义，应该将全球南方的生产与全球北方的财政收入联系起来。福斯特通过分析全球供应链和消费链（Global Consumption Chain），认为北方国家通过不平等的生产模式，通过跨国公司和套利的形式将全球南方的剩余价值和劳动力流向北方国家，而南方国家的生产也为了迎合北方国家资本积累的需要，而非其国家的生产发展需要。马格多夫

---

[1] Intan Suwandi, R. Jamil Jonna and John Bellamy Foster, "Global Commodity Chains and the New Imperialism", *Monthly Review*, Vol. 70, No. 10, 2019, p. 4.

[2] Intan Suwandi, R. Jamil Jonna and John Bellamy Foster, "Global Commodity Chains and the New Imperialism", *Monthly Review*, Vol. 70, No. 10, 2019, p. 1.

在强调外国直接投资在国外的流动以及其在产生收益回报流方面的作用时，还批评了简单地将跨国公司的出口或外国投资与国内生产总值进行比较的常见错误。与之相反的是，他认为，"这些经济流动的重要性只能通过将它们与经济的战略性部门联系起来，如资本货物行业；或者通过比较外国投资的收益与国内非金融业务的利润来衡量。"① 通过相关分析可以发现，"全球商品链有三个不同的要素：（1）连接复杂生产链中各部分和商品的生产要素；（2）侧重于其作为'价值链'作用的价值要素，即在全球范围内在企业之间和企业内部转移价值；（3）垄断因素，反映了这样一个事实，即这种商品链由垄断的跨国公司的集中财务总部控制，并获得大规模的垄断租金。"②

不可否认，跨国公司作为发达国家在国际范围内扩张的主要途径，曾经发挥了重要作用。玛瑞欧·林·弗瑞姆（Mariko Lin Frame）在分析国际经济新秩序的基础上，肯定了跨国公司在国际扩张中的重要性："国际经济新秩序要求每个国家对其自然资源和所有经济活动拥有充分和永久的主权，包括国有化或将所有权转让给国民的权利。重要的是，国际经济新秩序还要求发展中国家有权按照国家发展计划监管在其领土内经营的跨国公司。国际经济新秩序还通过改善贸易条件，寻求在出口原材料价格和进口制成品价格之间建立更公平的关系。"③ 福斯特也指出："海外跨国公司的作用与遍布全球的美国军事基地的作用或控制石油和其他战略资源的需要是

---

① John Bellamy Foster, "The Rediscovery of Imperialism", *Monthly Review*, Vol. 54, No. 6, 2002, p. 6.

② Intan Suwandi, R. Jamil Jonna and John Bellamy Foster, "Global Commodity Chains and the New Imperialism", *Monthly Review*, Vol. 70, No. 10, 2019, p. 4.

③ Mariko Lin Frame, "The Neoliberalization of (African) Nature as the Current Phase of Ecological Imperialism", *Capitalism Nature Socialism*, Vol. 27, No. 1, 2016, p. 94.

生态帝国主义：分析与批判

分不开的。"① 他认为，海外跨国公司在不发达国家的生产或外包不约而同地依赖于发达经济体所使用的相同或相近的技术，从而实现可比较的生产力水平。尽管如此，并不是所有利用全球南方低单位劳动力成本的价值链生产都采取分包或非公平生产模式的形式，其中很大一部分采取的是跨国公司更传统的外国直接投资形式。② 毫不夸张地说，跨国公司与它们所在的特定国家的财政和政治军事力量密不可分，没有这些力量，它们一时无法生存，可以说，它们有效参与国际竞争的能力取决于这些力量。正如莱斯所论证的那样，"工业化国家从世界体系的边缘进口自然资源，并向其出口汇容量服务，以满足保障其生活水平的消费需求，缓解国内自然资本压力。国际贸易塑造了占主导地位的工业化国家获取处于不利地位、融入全球经济的国家的承载力的能力。"③

一些生态学马克思主义者还强调，掠夺发展中国家的资源是发达资本主义国家推进跨国公司建设的根本目的。弗雷德·马格多夫等学者认为，"跨国公司在世界各地到处寻找资源和机会，利用贫穷国家的廉价劳动力，这在一定程度上加强而不是减轻了帝国主义的分裂。其结果是对全球资源的更贪婪地剥削，财富和权力的差异越来越大。这样的公司除了自己的底线外，对任何国家都不忠诚。"④ 福斯特还指出，跨国公司的目标始终是创造和保持垄断力量

---

① John Bellamy Foster, "Late Imperialism: Fifty Years After Harry Magdoff's The Age of Imperialism", *Monthly Review*, Vol. 71, No. 3, 2019, p. 3.

② John Bellamy Foster, "Late Imperialism: Fifty Years After Harry Magdoff's The Age of Imperialism", *Monthly Review*, Vol. 71, No. 3, 2019, p. 13.

③ James Rice, "Ecological Unequal Exchange: International Trade and Uneven Utilization of Environmental Space in the World System", *Social Forces*, Vol. 85, No. 3, 2007, p. 1383.

④ Fred Magdoff and John Bellamy Foster, "What Every Environmentalist Needs to Know about Capitalism", *Monthly Review*, Vol. 61, No. 10, 2010, p. 7.

和垄断租金,即"通过提高主要生产成本来产生持久、高经济利润的能力"①。随着生产全球化,扎克·科普(Zak Cope)写道,"领先的寡头垄断企业为降低劳动力和原材料成本而竞争。他们向不发达国家出口资本,以确保开采充足的廉价劳动力和控制经济上关键的自然资源的高回报。"②莱斯也认为,"跨国剥削和不发达的机制存在于内部和外部力量的相互作用中,即劳动力和自然价值在不发达经济体中的不平等分配。"③毫不夸张地说,无论是通过公司内部贸易还是通过公平竞争合同,过去几十年来日益增加的离岸外包趋势都是跨国公司相关项目的延续。

在生态学马克思主义看来,无论是通过政府,还是非政府组织,抑或是跨国公司,都是发达资本主义国家对发展中国家施压的重要方式,满足其推进生物进化、扩大资本输出、拓展国际市场、占领国际话语权的目的,从而最终获得最大限度的剩余价值和利润,以维持其国际地位。他们认为,资本具有无限增殖性、扩张性和竞争性,这使它在世界范围内掠夺资源和剩余价值,竭尽一切机会扩大生产。诚如斋藤幸平所言:"追求利润、扩大市场、外部化、转嫁,以及对工人和自然的掠夺,都是资本主义的本质。"④但不容忽视的是,所有这些都拉大而不是缩小了发达资本主义国家与发展中国家的差距,导致发达资本主义国家更贪婪地利用自然界,国际范围内的财富和权力差距日益扩大。从上述讨论可以看出,生态学马克思

---

① John Bellamy Foster, "Monopoly Capital at the Turn of the Millennium", *Monthly Review*, Vol. 51, No. 1, 2000, p. 7.

② Zak Cope, *Divided World, Divided Class*, Montreal: Kersplebedeb, 2012, p. 202.

③ James Rice, "Ecological Unequal Exchange: International Trade and Uneven Utilization of Environmental Space in the World System", *Social Forces*, Vol. 85, No. 3, 2007, p. 1371.

④ [日]斋藤幸平:《人类世的"资本论"》,王盈译,上海:上海译文出版社2023年版,第88页。

生态帝国主义：分析与批判

主义关于资本国际扩张的分析更加明确了发达资本主义国家与发展中国家之间剥削与被剥削、压迫与被压迫的关系，推进了帝国主义批判思想的研究。

第四章
生态学马克思主义视域下的帝国主义与生态不平等交换

帝国主义批判思想是分析国际范围内不平等交换的关键所在。生态学马克思主义对帝国主义的批判和反思始终是在国际范围内的剥削与被剥削关系的框架中展开的。不平等交换在21世纪引起了学界广泛而激烈的争论。生态不平等交换作为分析不平等交换的重要视角,回应了当前经济全球化进程中逐渐严峻的生态危机,并将国际不平等发展研究转向生态领域。梳理西方学者对生态不平等交换的研究,明确生态不平等交换的概念、特征和影响,是审视资本主义新变化的迫切需要,同时也是进一步分析生态学马克思主义的帝国主义批判思想对发展中国家生态影响的题中应有之义。

一、生态不平等交换的概念

"不平等交换"(Unequal Exchange)这一经济学概念源远流长,其理论雏形最早可追溯至19世纪英国古典政治经济学家大卫·李嘉图的比较优势理论。李嘉图认为,商品的价值本质上由生产过程中投入的劳动量决定。然而,由于商品的市场价格往往显著高于劳动者所获得的工资报酬,这种雇主与劳动者之间的交换关系实质上构

生态帝国主义：分析与批判

成了结构性不平等——劳动者被系统性地剥夺了其劳动所创造的部分价值。不平等交换作为世界体系论的核心概念，是一种通过转移剩余价值来扩大不同国家间差异的机制，反映了发达资本主义国家与发展中国家之间不对称的权力关系，成为理解全球经济关系和生态后果的重要概念。世界体系论有助于提供真正的全球性分析，并进一步认识到"核心"地区和"外围"地区不仅发展"不平衡"，而且世界"核心"地区的发展是以牺牲"外围"生态为代价的。通过建立贸易主导地位，核心国家可以雇佣廉价劳动力、获取大量自然资源、从直接资本投资中获取利润，并建立出口市场，从而比外围国家受益。阿吉里·伊曼纽尔（Arghiri Emmanuel）十分重视研究发达国家与发展中国家之间的不平等交换，也是最先系统研究国际贸易中不平等交换理论的马克思主义经济学家。他详细论证了国际贸易中的不平等交换，以及利润从落后国家向发达国家的转移过程，同时也肯定了这种转移对发展中国家的影响。

之后，不平等交换的概念被用来描述殖民者和被殖民者之间的帝国关系，在这种关系中，强大的国家和公司能够通过剥削不那么强大的国家的劳动力和资源来获得超额利润，通常是通过军事力量支持的垄断。基于伊曼纽尔的分析，斯蒂芬·G.邦克在经济不平等的结构性分析的基础上，分析世界体系中不同国家之间的不平等关系，强调现代国家之间的交换中存在许多的不平等，不仅有劳动者工资的不平等，同时还有外围国家向中心国家转移原材料的自然价值的不平等，所以当一个经济体出口其自然资源时就会发生能源和物质损失。[①] 一些生态学马克思主义者认为，虽然邦克没有明确采用生态不平等交换的概念，但他对于世界体系中不同国家之间的不平

[①] Stephen G. Bunker, *Underdeveloping the Amazon: Extraction, Unequal Exchange, and the Failure of the Modern State*, Chicago: University of Chicago Press, 1985, p.45.

等交换关系的分析已经包含了生态不平等交换的含义。克里斯·蔡斯·邓恩（Chris Chase Dunn）肯定了邦克对不平等交换的分析，认为"不发达地区损失的使用价值，是通过出口资源和他们所提取的生态系统进行的。不平等的劳动交换伴随着物质和能量的不平等交换"①。

（一）生态不平等交换的界定

在生态学马克思主义看来，不平等交换反映了较发达国家和较不发达国家之间存在不对称的权力关系，在这种关系中，较发达国家通过贸易模式和其他结构关系，以牺牲后者为代价，获得不相称的优势。生态不平等交换（Ecologically Unequal Exchange）是这一不对称优势在生态领域的具体表现，展现了国家间不平等的生态关系，而且不平等的物质交换关系、生态相互依存关系，以及世界经济区之间的不平等权力在世界经济体系中创造并复制了多种形式的不平等。生态学马克思主义从资源的国际流向、进出口关系等视角出发对生态不平等交换的概念进行系统界定。

一方面，一些生态学马克思主义者认为生态不平等交换反映了国际范围内不平等的物质交换关系。保罗·K. 盖勒特（Paul K. Gellert）等学者集中于资源以及废物处理的流向，即资源从发展中国家"流向"发达资本主义国家，而危险品和废物则从发达资本主义国家"流向"发展中国家，从而将生态不平等交换理解为发达资本主义国家与发展中国家在世界体系中的不平等物质交换关系。② 劳拉·麦金尼认为生态不平等交换是指"自然资源不成比例地从发

---

① Chris Chase Dunn, *Global formation*, Lanham. Maryland: Rowman and Litttlefield, 1998, p. 234.

② Paul K. Gellert, R. Scott Frey and Harry F. Dahms, "Introduction to Ecologically Unequal Exchange in Comparative Perspective", *Journal of World-Systems Research*, Vol. 23, No. 2, 2017, p. 226.

生态帝国主义：分析与批判

展中国家流向发达资本主义国家"①。詹姆斯·莱斯将生态不平等交换界定为"能源和其他自然资源从发展中国家流向发达资本主义国家，同时增加发达资本主义国家的环境破坏性生产，或者实现生产成本的外部化"②。他认为，这既包括获得自然资源，也包括获得生产重要商品和服务的自然资源存量，还包括以扩大工业化国家国内承载能力的方式改变生态系统的汇容量或浪费吸收能力，导致对发展中国家产生重要的影响。帕多万和阿利埃蒂认为生态不平等交换是指"发达国家从发展中国家获取对环境造成破坏性的能源和其他自然资源资产，并将其内部的破坏环境的生产和处置活动外部化，构成了对自然资本（产生重要商品和服务的自然资源存量）的获取和对汇容量（生态系统的废物吸收特性，以增强发达国家的国内承载能力的方式）的掠夺"③。安德鲁·K.乔根森将生态不平等交换理解为"对环境造成损害的能源和其他自然资源资产从较不发达国家撤出，并将损害环境的生产和处置活动外部化"④。

保罗·S.西坎特尔（Paul S. Ciccantell）同意莱斯和乔根森的观点，认为生态不平等交换反应了发达资本主义国家"从资本主义世界经济中的周边地区、人口和生态系统中提取原材料并对其施加环

---

① Laura McKinney, "The Entropy Curse", in R. Scott Frey, Paul K. Gellert and Harry F. Dahms (eds.), *Ecologically Unequal Exchange: Environmental Injustice in Comparative and Historical Perspective*, New York: Palgrave Macmillan, 2019, p. 145.

② James Rice, "The Transnational Organization of Production and Uneven Environmental Degradation and Change in the World Economy", *International Journal of Comparative Sociology*, Vol. 50, No. 3-4, 2009, p. 221.

③ Dario Padovan and Alfredo Aliettiy, "Geo-capitalism and Global Racialization in the Frame of Anthropocene", *International Review of Sociology*, Vol. 29, No. 2, 2019, p. 189.

④ Andrew K. Jorgenson, "Environment, Development, and Ecologically Unequal Exchange", *Sustainability*, Vol. 8, No. 3, 2016, p. 6.

境损害"，以造福发达资本主义国家。① 弗瑞姆也认为生态不平等交换是指资源从发达资本主义国家向发展中国家的不平等流动。② 丹尼尔·D. 莫兰（Daniel D. Moran）、曼弗雷德·伦岑（Manfred Lenzen）、菅本庆一郎（Keiichiro Kanemoto）和阿恩·格什克（Arne Geschke）还从不平等的消费需求出发，认为生态不平等交换反映了发展中国家的自然资源开采是为了满足发达资本主义国家的消费需求。③ 正是基于上述考量，生态学马克思主义认为，生态不平等交换是发达资本主义国家为满足国内资本积累需要、人民消费需求，而制造的国际范围内的不平等物质交换。

另一方面，还有一些生态学马克思主义者认为生态不平等交换反应了国际范围内不平衡的进出口关系。罗伯特和帕克斯通过实证研究，证实了国际贸易关系的不平衡性和不公平性，认为发展中国家的出口产品定价过低，但需要注意的是，这里的价格不包括开采、加工或运输的环境成本和社会成本。④ 琼·马丁内斯-阿里埃进一步声称，生态不平等交换是指发达资本主义国家"以低价从发展中国家进口产品，从不考虑这一做法对发展中国家的影响，包括资源枯

---

① Paul S. Ciccantell, "Ecologically Unequal Exchange and Raw Materialism: The Material Foundations of the Capitalist World-Economy", in R. Scott Frey, Paul K. Gellert and Harry F. Dahms (eds.), *Ecologically Unequal Exchange: Environmental Injustice in Comparative and Historical Perspective*, New York: Palgrave Macmillan, 2019, p. 49.

② Mariko Frame, "The Role of the Semi-Periphery in Ecologically Unequal Exchange: A Case Study of Land Investments in Cambodia", in R. Scott Frey, Paul K. Gellert and Harry F. Dahms (eds.), *Ecologically Unequal Exchange: Environmental Injustice in Comparative and Historical Perspective*, New York: Palgrave Macmillan, 2019, p. 83.

③ Daniel D. Moran, Manfred Lenzen, Keiichiro Kanemoto and Arne Geschke, "Does Ecologically Unequal Exchange Occur?", *Ecological Economics*, Vol. 89, No. 1, 2013, p. 177.

④ J. Timmons Roberts and Bradley C. Parks, "Ecologically Unequal Exchange, Ecological Debt, and Climate Justice: The History and Implications of Three Related Ideas for a New Social Movement", *International Journal of Comparative Sociology*, Vol. 50, No. 3 – 4, 2009, p. 389.

生态帝国主义：分析与批判

竭等代价"①。乌尔里希·布兰德（Ulrich Brand）和马尔库斯·威森（Markus Wissen）则从能源、原材料和土地面积的进出口情况分析生态不平等交换。②阿尔夫·霍恩博格（Alf Hornborg）也指出评估生态不平等交换的方法是看"能源和资源（具体的、生产潜力）净流量的方向，但不要陷入将生产潜力等同于经济价值的陷阱"③。莱斯认为，工业化国家越来越多地侵占全球自然资源和生态系统的汇容量，或者说，它们不成比例地利用全球环境空间，限制了最不发达国家目前和未来的发展。在他看来，环境空间包括"自然资源存量和支持人类社会组织的生态系统的汇容量"，"侧重于人类社会和生态系统之间通过开采、生产、消费链的物质、能源和处置工业废物的流动"。④

此外，还有一些生态学马克思主义者将生态不平等交换概念化为"一种形成资源出口的最不发达国家欠发达状况的机制"。在莱斯看来，这种"不发达的特点是在世界经济中处于不利或边缘地位，随后在与其他国家的交换关系中缺乏经济杠杆"，而且"不发达国家的存在首先有助于促进核心国家的经济发展，而不是落后于工业化国家或仅仅需要'追赶'工业化国家"。越来越多的证据表明，"主要通过自然资源出口融入全球经济的最不发达国家的经济增长速度

---

① 琼·马丁内斯-阿里埃：《"环境正义"（地区和全球）》，载：［美］弗雷德里克·杰姆逊、三好将夫：《全球化的文化》，马丁译，南京：南京大学出版社2002年版，第282页。

② ［德］乌尔里希·布兰德、马尔库斯·威森：《资本主义自然的限度——帝国式生活方式的理论阐释及其超越》，郇庆治等编译，北京：中国环境出版集团2019年版，第14页。

③ Alf Hornborg, "Towards an Ecological Theory of Unequal Exchange: Articulating World System Theory and Ecological Economics", *Ecological Economics*, Vol. 125, No. 8, 2014, p. 127.

④ James Rice, "Ecological Unequal Exchange: Consumption, Equity, and Unsustainable Structural Relationships within the Global Economy", *International Journal of Comparative Sociology*, Vol. 48, No. 1, 2007, p. 56.

较慢，而且物质、人力和自然资本发展速度也较低。"① 一些生态学马克思主义将其称为"资源诅咒假说"（resource curse hypothesis）。从概念上来讲，"资源诅咒假说"与承认生态系统可以维持全人类生命的观点相悖，资源诅咒反映了工业化国家在开发世界范围内资源的过程中造成的影响，包括日益加剧的社会和经济不平等、不可逆转的环境破坏，以及资源开采过程中所引发的暴力冲突、政府腐败等。吉尔斯·阿特金森（Giles Atkinson）和柯克·汉密尔顿（Kirk Hamilton）认为这是一个"自相矛盾但看似有力"的发现。② 杰瑞·D. 萨克斯（Jerey D. Sachs）和安德鲁·M. 华纳（Andrew M. Warner）也认为这是一个"合理且可靠的事实"③。他们认为，从新古典经济学的角度来看，这是自相矛盾的，因为资源丰富的经济体，应该具有相对于其他资源匮乏国家的优势，但现实并不是这样的。

生态不平等交换的基础是世界体系论和人类生态学，其重点是分析资源的占用、使用和流动，资源使用造成的浪费以及对环境的影响，阐明了物质和能源从发达资本主义国家向发展中国家的不成比例和补偿不足的转移。可以说，生态不平等交换是通过"绿色化"的世界体系论（World Systems Theory）和以生态为导向的依附论（Dependency Theory）实现的。莱斯认为，"这种观点将认识到资本积累是世界体系进程的驱动力，并且随着时间的推移和地理空间的变化，塑造了生态变化。反过来，世界体系中的地位以不平衡的方

---

① James Rice, "Ecological Unequal Exchange: Consumption, Equity, and Unsustainable Structural Relationships within the Global Economy", *International Journal of Comparative Sociology*, Vol. 48, No. 1, 2007, p. 62.

② Giles Atkinson, Kirk Hamilton, "Savings, Growth and the Resource Curse Hypothesis", *World Development*, Vol. 31, No. 11, 2003, p. 1793.

③ Jerey D. Sachs, Andrew M. Warner, "Natural Resources and Economic Development: The Curse of Natural Resources", *European Economic Review*, Vol. 45, 2001, p. 837.

生态帝国主义：分析与批判

式塑造着国内的环境机会和负担。根植于全球分工的国际贸易的结构和构成影响着这些全球格局。经济欠发达不仅是通过劳动力剥削形成的，而且是通过生态转型和变化形成的。"① 更进一步说，发达国家将许多财富以利润和矿产资源的形式从发展中国家转移到本国，而将污染和生态危机留在发展中国家。可以毫不夸张地说，发达国家的发展建立在贫穷国家的不发达基础之上。

需要指出的是，一些生态学马克思主义者和生态经济学家认为，资源的国际流向、进出口关系等视角的研究，不足以全面理解生态不平等交换理论。他们认为这一理论应该被理解为"支付不足"或"欠补偿"，即交换价值或者说货币价值的流动被表示为不匹配的"真实"的流动。但霍恩博格认为，这种分析有两个缺陷，其隐含的假设是"使用价值具有真实的货币价值，可以与实际的市场价格形成对比"②。一方面，量化马克思主义者称之为"使用价值"的货币是无效的。霍恩博格认为，使用价值既不能用物理指标来量化，也不能从文化背景中解脱出来。在他看来，马克思主义理论中的使用价值等同于"真正的财富"，是指满足人类需要的具体的劳动力、能源、土地和水等物质资源的数量。但人类的"需求"超越了维持一个孤立的人类有机体生存的代谢需求，是不可能从其文化背景中脱离出来的，因此"如果使用价值是由文化决定的，那么如何客观地用物质数量来确定它们就是比较困难的"。另一方面，这种分析还无法解决从一开始就困扰生态不平等交换的难题，即一些采掘经济体如何凭借丰富的资源繁荣起来，而不是变得贫穷。这样一来就可以

---

① James Rice, "Ecological Unequal Exchange: International Trade and Uneven Utilization of Environmental Space in the World System", *Social Forces*, Vol. 85, No. 3, 2007, p. 1371.

② Alf Hornborg, "Ecological Economics, Marxism, and Technological Progress: Some Explorations of the Conceptual Foundations of Theories of Ecologically Unequal Exchange", *Ecological Economics*, Vol. 105, No. 9, 2014, p. 14.

清楚地看出，生态不平等交换根源于国际间生产和开采方式之间的相互作用，以及由此产生的能源和自然资源的价值转移。通过以上林林总总的看法，胡安·因凡特-阿马特（Juan Infante-Amate）和弗里多林·克劳斯曼（Fridolin Krausmann）将生态不平等交换总结为以下几点：（1）各国之间生物物理资源的非对称流动；（2）与进口货物的开采和生产活动有关的环境影响的外包；（3）资源贸易或相反方向的不平等货币交换。他们认为，"富裕国家将环境影响直接外包给第三世界国家，因为'富裕国家可以用更多的钱来保护和改善自己的生态资本'"①。

（二）生态不平等交换的论战

生态不平等交换理论作为不平等交换理论在生态领域的延伸，引起了生态学马克思主义较为广泛的关注和较持久的论争，彼得·萨默维尔（Peter Somerville）和阿尔弗·霍恩博格关于生态不平等交换的论战更是将这一研究推向高潮。萨默维尔认为生态不平等交换理论"缺乏连贯性或解释力"，而造成这种现象的原因在于这一理论讨论的是不平等交换的某些特征或模式，没有提供一个完整的理论解释框架。该理论通过将交换关系的外部因素视为交换过程本身的一部分，"出现将价值转移解释为物质或生物物理资源，而非交换价值的误解"，并通过"假定这些转移的资源可以用其货币价值来衡量而加深"，但这种方法掩盖了帝国主义全球剥削（imperialist global expropriation）、劳动力剥削和侵占自然资源的真正意图，尤其是没有考虑到资源转移的生产和分配所造成的危害。② 他强调，

---

① Juan Infante-Amate and Fridolin Krausmann, "Trade, Ecologically Unequal Exchange and Colonial Legacy: The Case of France and Its Former Colonies (1962 – 2015)", *Ecological Economics*, Vol. 156, No. 2, 2019, p. 98.

② Peter Somerville, "A Critique of Ecologically Unequal Exchange Theory", *Capitalism Nature Socialism*, Vol. 33, No. 1, 2022, pp. 66 – 67.

生态帝国主义：分析与批判

"从工资和价格差异的角度理解不平等交换，其结果是世界范围内的劳动力剥削和生态损害在很大程度上被忽视了。"① 基于此，他认为，首先，要明确资本家在自由市场上购买的是劳动力而非劳动，劳动力和工资可以进行平等交换，但工人创造的价值要高于他们工资的价格。其次，北方国家工资高的原因在于劳动力再生产成本高，而且"工资差异本身不能用来解释全球不平等"。② 最后，全球不平等可能会以不自由贸易、不公平贸易以及全球价值链不平等的形式出现。从一定意义上说，萨默维尔认为生态不平等交换的概念是无益的。

针对萨默维尔质疑生态不平等交换理论的态度，霍恩博格持相反观点，他强调"生态不平等交换理论揭示了主流经济学甚至非正统经济学的劳动价值论所掩盖的物质不平等"③。基于此，霍恩博格认为萨默维尔之所以无法理解生态不平等交换理论的观点，是因为他在很大程度上忽视了全球社会物质代谢，换句话说，生态不平等交换理论不仅研究劳动力的不对称转移，还研究包括能源、材料和土地等其他资源的不对称转移。面对霍恩博格的回应，萨默维尔认为霍恩博格"误解了劳动剥削和资本主义的本质"④。他认为霍恩博格所谈论的"不是资本主义的本质，而是全球社会物质代谢，这掩盖了价值与使用价值、劳动与劳动力、剥削与侵占等重要区别"⑤。

对于萨默维尔的回应，霍恩博格再次做出回应："萨默维尔的反

---

① Peter Somerville, "A Critique of Ecologically Unequal Exchange Theory", *Capitalism Nature Socialism*, Vol. 33, No. 1, 2022, p. 68.

② Peter Somerville, "A Critique of Ecologically Unequal Exchange Theory", *Capitalism Nature Socialism*, Vol. 33, No. 1, 2022, p. 68.

③ Alf Hornborg, "Ecologically Unequal Exchange Theory as Genuine Materialism: A Response to Somerville", *Capitalism Nature Socialism*, Vol. 33, No. 2, 2022, p. 82.

④ Peter Somerville, "Ecologically Unequal Exchange Theory: A Rejoinder to Hornborg", *Capitalism Nature Socialism*, Vol. 33, No. 3, 2022, p. 99.

⑤ Peter Somerville, "Ecologically Unequal Exchange Theory: A Rejoinder to Hornborg", *Capitalism Nature Socialism*, Vol. 33, No. 3, 2022, p. 100.

驳进一步澄清了经典马克思主义理论框架与生态不平等交换理论之间的主要分歧。"他指出,第一,市场交易掩盖了雇佣工人与资本家之间的不平等交换;第二,基于社会必要劳动时间的经济价值仍然是一个有争议的主张;第三,萨默维尔错误地断言"生产商品时消耗的资源与成品中蕴含的能量不同";第四,外围国家和核心国家之间的商品交换可以被理解为能源的不平等交换。① 随后,萨默维尔对霍恩博格的回复做出进一步回应,进一步断言了劳动价值论的效用、全球价值链的重要性以及生态不平等交换概念的不一致性,认为资本主义制度下的不平等主要源于生产过程中对劳动力的剥削,同时仍然认为生态不平等交换的概念是不连贯的。②

在生态学马克思主义看来,一般而言,经济较富裕和军事实力较强的国家或地区在当代世界经济中处于有利位置,因此更有可能获得并维持有利的贸易条件,从而使较不发达地区更容易失去自然资源,成为吸收和储存废物的国家或地区。这些结构性关系使富裕和强大的国家能够部分外包或转移其极高消费水平的环境成本和负担,并最终导致欠发达国家自然资源储备的枯竭。就富裕的资本主义国家或"发达经济体"而言,人均资源使用量正趋于平稳,而从增长极限的角度来看,仍保持在远远超出总体可持续性的水平,这很大程度上是由于世界工业生产外包给南半球国家,而世界商品和服务的消费仍然高度集中在北半球国家。更为重要的是,当今全球贸易规则有利于富裕国家和它内部的富裕地区,从贫穷国家和富裕国家内部的贫穷地区吸收生态财富,而由于这些地区在经济和政治上实力较弱,往往无法要求对这种生态交换进行足以满足环境恢复

---

① Alf Hornborg, "Ecologically Unequal Exchange: Disagreements with Somerville", *Capitalism Nature Socialism*, Vol. 33, No. 3, 2023, pp. 43-45.

② Peter Somerville, "Further Comments on Ecologically Unequal Exchang", *Capitalism Nature Socialism*, Vol. 34, No. 3, 2023, pp. 46-47.

的补偿,甚至它们也没有经济实力从富裕国家攫取资源作为回报。简而言之,这种生态上的不平等交换使富裕国家和军事强国的高消费人口能够把贫穷国家当作自己的能源供应站。莱斯认为,"生态不平等交换取决于不同的跨国社会组织和工业化国家加速的生产—消费—积累联系,从而促进国家和私人资本利益以确定全球自然资源需求的能力。"[①] 毫不夸张地说,这种控制全球自然资源需求的能力确保工业化国家的利益集团在参与全球性活动时具有实质性决定权。

二、生态不平等交换的特征

生态学马克思主义在从资源的国际流向和进出口关系探讨生态不平等交换概念的同时,还指出这一理论具有不对称转移性、成本外化性以及发展不均衡性等特征。

(一) 不对称转移性

一些生态学马克思主义者认为,不对称转移性是生态不平等交换的重要特征。他们认为,发达资本主义国家与发展中国家之间的不平等生态交换涉及自然资源从周边国家向核心发达经济体的净转移,并导致向高价值工业商品的转化。可以说,处于世界经济外围的发展中国家几乎没有机会为自己的生产过程获取自然资源,而且更严重的是,发展中国家的生态空间不仅被用作自然资源的"供应库",而且还日益被用作"废物储存库"。[②] 莱利·E.邓拉普(Riley E. Dunlap)在分析不对称转移的基础上,进一步分析指出:"富裕国家(或核心国家)能够利用较贫穷国家(边缘国家和半边缘国家)

[①] James Rice, "Ecological Unequal Exchange: International Trade and Uneven Utilization of Environmental Space in the World System", *Social Forces*, Vol. 85, No. 3, 2007, p. 1372.

[②] Riley E. Dunlap and Andrew K. Jorgenson, *Environmental Problems*, Hobokon, NJ: Blackwell Publishing Ltd, 2012.

作为补给站，从这些国家获得他们消耗的越来越多的自然资源。同样，富裕国家越来越多地利用贫穷国家作为废物储存地，将废物运往这些国家进行处置，在这些国家设立污染工业，并过度利用所有国家赖以生存的全球公地（海洋和大气）。"① 可以发现，生活空间和废物储存库功能之间的不兼容性是显而易见的。乔根森和克拉克也强调："拥有更多资本密集型因而技术先进的军事力量的国家，往往利用其全球军事影响力获得不相称的自然资源。"② 生态学家和气候学家担心，越来越多地将化石燃料作为人类生产生活的主要能源，将通过增加温室气体（特别是二氧化碳）排放，在全球生态系统中产生气候变化，可能导致不可预见和不可逆转的生态后果。

所有的生产和资本积累过程都是建立在资源净转移的基础之上，但转移是否发生取决于具体的地理和历史环境因素。正如莱斯所强调的："核心国家消耗的平均自然资源高于国内可利用的资源，表现出总体生态赤字，而世界系统其他地区的国家通常使用的资源低于国内可利用的资源。"这表明核心国家与边缘国家之间资源的不对称转移性，换言之，"核心国家为维持其国内环境资产，牺牲了在世界体系中处于较边缘地位的国家"。他认为，"能源和自然资源的跨国不均衡流动加剧了生产和物质消费方面的差距。经济和军事强国在世界经济中处于有利地位，在可再生和不可再生自然资源中占有不成比例的份额，并转移其生产、消费和积累活动的环境成本。这不仅是推动总体环境需求增加的共同因素，而且与最不发达国家实现

---

① Riley E. Dunlap, "Maturation and Diversification of Environmental Sociology: From Constructivism and Realism to Agnosticism and Pragmatism", in Michael R. Redclift and Graham Woodgate (eds.), *The International Handbook of Environmental Sociology*, Second Edition, Northampton: Edward Elgar, 2010, p. 18.

② Andrew K. Jorgenson and Brett Clark, "The Economy, Military, and Unequal Exchange Relationships in Comparative Perspective", *Social Problems*, Vol. 56, No. 4, 2019, p. 626.

生态帝国主义：分析与批判

社会经济稳定和国内生态保护的机会减少有关。"① 霍恩博格认为，应该将生态不平等交换概念转化为"生产中物质投入的非对称净转移（如具体化的劳动、能源、土地和水），而非物质投入的支付不足或'价值'的非对称转移"②。他将生态不平等交换定位于非对称转移的能源和原料，认为这些能源和原料的生产潜力主要是在世界经济强国的进出口中心捕获或实现的。③ 基于生产潜力和经济价值的关系，他进一步指出，两者之间"存在着一种反向关系。未经加工和半加工的自然资源具有相当大的生产潜力，这种潜力在生产链上消散。随着这种具体的生产潜力的实现，经济价值往往会反向增长。反过来，制成品的生产潜力降低，但经济价值和效用提高，对其控制有助于获得更大的原材料、未经加工的能源和维持和扩大工业技术所必需的材料"。④ 在此基础上，他认为，"不对称性是不平等交换和剥削的本质"，但因为"这种不对称性被自由市场交换的经济表现所掩盖"，所以需要区分世界贸易所通过的经济类别。⑤ 正是这种系统的能源和材料的分配，以及经济价值的真实化，成为工业基础设施重建世界经济中的跨国不平等和不平衡的生态结果的基础。

尽管现代资本主义世界体系中的不平等交换将废物和荒地集中

---

① James Rice, "Ecological Unequal Exchange: Consumption, Equity, and Unsustainable Structural Relationships within the Global Economy", *International Journal of Comparative Sociology*, Vol. 48, No. 1, 2007, p. 65.

② Alf Hornborg, "Ecological Economics, Marxism, and Technological Progress: Some Explorations of the Conceptual Foundations of Theories of Ecologically Unequal Exchange", *Ecological Economics*, Vol. 105, No. 9, 2014, p. 14.

③ Alf Hornborg, *The Power of the Machine: Global Inequalities of Economy, Technology, and Environment*, New York: Altamira Press, 2001.

④ James Rice, "Ecological Unequal Exchange: Consumption, Equity, and Unsustainable Structural Relationships within the Global Economy", *International Journal of Comparative Sociology*, Vol. 48, No. 1, 2007, p. 52.

⑤ Alf Hornborg, *Nature, Society, and Justice in the Anthropocene: Unraveling the Money-Energy-Technology Complex*, London: Cambridge University Press, 2019, p. 154.

在周边地区,但物质资料却在其他地方大量消耗。莱斯指出了生态不平等交换的表现形式:(1)发达资本主义国家社会和生态成本的外部化;(2)发达资本主义国家对全球环境空间的过度剥削和无偿占有。① 一些西方学者还利用"物质流动"的计算方法,证明在货币方面的贸易平衡下,发达资本主义国家与发展中国家在实际物质交换方面存在巨大差异。吉尔朱姆·斯特凡(Giljum Stefan)和尼娜·艾森曼格(Nina Eisenmenger)指出,发达资本主义国家出口到发展中国家的货币价值远大于从发展中国家进口的货币价值。虽然这一方法不太准确,但也在一定程度上反映了二者之间的不对等交换。所以他们也指出,价格体系中互惠和公平的交换掩盖了生物物理上的交换不平等,其中一方别无选择只能开发,并可能耗尽其自然资源。② 莱斯也认为,生态不平等交换在客观上体现了能源和自然资源生产潜力中的价值不对称转移。③ 他还强调,"工业化国家的强大利益集团努力维持不对称的贸易关系,提高国内就业、利润和政府收入,即使在周边国家的精英群体寻求维持狭隘的内生利益的同时,也常常伴随着国家的发展。从新古典经济学的角度来看,各国之间的生态分配冲突不容易被概念化,而新古典经济学对环境和社会成本内部化的前景普遍持乐观态度。"④ 霍恩伯格还指出了不对称

---

① James Rice, "Ecological Unequal Exchange: Consumption, Equity, and Unsustainable Structural Relationships within the Global Economy", *International Journal of Comparative Sociology*, Vol. 48, No. 1, 2007, pp. 46 – 47.

② Giljum Stefan and Nina Eisenmenger, "North-South Trade and the Distribution of Environmental Goods and Burdens: A Biophysical Perspective", *Environment and Development*, Vol. 13, No. 1, 2004, pp. 73 – 100.

③ James Rice, "Ecological Unequal Exchange: Consumption, Equity, and Unsustainable Structural Relationships within the Global Economy", *International Journal of Comparative Sociology*, Vol. 48, No. 1, 2007, p. 63.

④ James Rice, "Ecological Unequal Exchange: International Trade and Uneven Utilization of Environmental Space in the World System", *Social Forces*, Vol. 85, No. 3, 2007, p. 1372.

转移的影响，即"有助于资本在某些个人和群体手中积累，而牺牲了其他市场行为体的利益"①。很明显，富裕国家（包括正在实施旨在最小化环境退化的"生态现代化"计划的国家）在这一过程中设法通过将资源提取和浪费问题转移给较贫穷的国家来保护自己的生产或居住环境。

（二）成本外化性

还有一些生态学马克思主义者认为，成本外化性是生态不平等交换的重要特征。发达资本主义国家由于其国际地位，在当代世界经济中更有可能获得和维持有利的贸易条件，这将加剧资源消耗和环境退化。或者更确切地说，发达资本主义国家将其社会和环境影响"外部化"，特别是将其环境成本外化给发展中国家，这在抑制后者国内消费水平的同时，进一步加剧了其国内各种形式的环境退化。正如安德鲁·K. 乔根森、凯莉·奥斯汀（Kelly Austin）和克里斯托弗·迪克（Christopher Dick）等学者所言："发达资本主义国家将其环境成本的一部分外化给发展中国家，这反过来又增加了后者的环境退化形式，同时加剧了其国内的资源消耗水平。"② 桑德拉、莱克班德和麦金尼等学者还在分析国内生产总值的基础上认为，"富裕国家通过从贫穷国家进口自然资源和农产品来'外部化'其环境成本"③。这也意味着，发达资本主义国家不认为这些影响是他们造成

---

① Alf Hornborg, *Nature, Society, and Justice in the Anthropocene: Unraveling the Money-Energy-Technology Complex*, London: Cambridge University Press, 2019, p. 156.

② Andrew K. Jorgenson, Kelly Austin and Christopher Dick, "Ecologically Unequal Exchange and the Resource Consumption/Environmental Degradation Paradox: A Panel Study of Less-Developed Countries, 1970 – 2000", *International Journal of Comparative Sociology*, Vol. 50, No. 3 – 4, 2009, p. 265.

③ John M. Shandra, Christopher Leckband, Laura A. McKinney and Bruce London, "Ecologically Unequal Exchange, World Polity, and Biodiversity Loss: A Cross-National Analysis of Threatened Mammals", *International Journal of Comparative Sociology*, Vol. 50, No. 3 – 4, 2009, p. 294.

的，也不承认这些影响是他们经济模式中所固有的东西。

生态不平等交换理论认为，出口的垂直流动是一种不平等交换机制，通过这种机制，较强大的发达国家将与其消费有关的一部分环境成本转嫁给实力较弱的发展中国家。因此，发达国家能够维持高水平的国内消费和良好的环境条件，而发展中国家则受到环境危害、低水平的人类福祉和总体发展不足的影响。乔根森和克拉克认为，"虽然经济较发达和军事实力较强的国家似乎消耗了更多的资源，但在某种程度上，这些国家还利用其经济和军事实力的相对地位，将其环境成本的一部分转嫁给较不发达的国家，从而倾向于抑制后者人口的资源水平。"[①] 这种转移部分是由于跨国公司将碳密集型制造和资源开采外包给发展中国家，再加上发达国家的高消费需求推动了发展中国家碳密集型产品的进口。因此，这种垂直的出口流动使发达国家能够降低其生产型碳排放量，而不是消费型碳排放量，并在国际气候谈判中逃避部分减排责任，而这部分逃避的责任很可能落在为发达国家消费而进行碳密集型生产的发展中国家身上。乔根森和克拉克还指出："通过欠发达国家的'出口垂直流动'，较发达国家和军事力量强大的国家将其基于消费的环境成本部分外化到前者，这反过来又加剧了其国内环境退化的形式，同时抑制了国内资源消耗水平，通常远低于全球可持续的门槛。"[②] 桑德拉、莱克班德和麦金尼等学者也认为："富国能够将许多与其自然资源需求和生产需求相关的负面环境外部性转移到穷国身上。这种'外部化'是通过农产品、自然资源和制成品从穷国向富国

---

① Andrew K. Jorgenson and Brett Clark, "The Economy, Military, and Unequal Exchange Relationships in Comparative Perspective", *Social Problems*, Vol. 56, No. 4, 2009, p. 641.

② Andrew K. Jorgenson and Brett Clark, "The Economy, Military, and Unequal Exchange Relationships in Comparative Perspective", *Social Problems*, Vol. 56, No. 4, 2009, p. 627.

的'垂直流动'实现的。"①

还有一些生态学马克思主义者明确了成本外化的影响。麦金尼证实了世界系统中生态不平等交换对发展中国家造成的不利环境后果，包括对发展中国家生物多样性的威胁和可持续性发展的损失。②乔根森和克拉克指出："虽然生态系统改造的速度和规模是前所未有的，但各国在环境破坏方面的差距是不平衡的。发达资本主义国家更加重视全球环境，而发展中国家则不成比例地应对生态系统的影响和后果。"③奥康纳还从多个方面指出了成本外化的危害，即"环境和生态破坏、城市污染和拥堵、高租金、不安全或不卫生的饮水和食品、水土流失、地下水枯竭、森林覆盖面积缩小、劳动者健康状况和社区卫生状况不良、失业和贫困以及更重要层面上的社会秩序混乱和政治合法性丧失"④。发达资本主义国家为实现利润最大化，以尽可能便宜的方式处理废料，同时将有毒废料转移到发展中国家。换言之，利益竞争驱使行业无情地生产越来越多的商品和服务，而无论是否需要，通过降低工人的生活水平和将环境成本转移到社会或其他国家来降低生产成本，通过不断设计新产品和增加服务来缩短产品的使用寿命，淘汰和创造一次性商品，并最大限度地扩大奢侈品消费市场。马格多夫和福斯特指出："即使成本外化对人

---

① John M. Shandra, Christopher Leckband, Laura A. McKinney and Bruce London, "Ecologically Unequal Exchange, World Polity, and Biodiversity Loss: A Cross-National Analysis of Threatened Mammals", *International Journal of Comparative Sociology*, Vol. 50, No. 3 – 4, 2009, p. 286.

② Laura McKinney, "The Entropy Curse", in R. Scott Frey, Paul K. Gellert and Harry F. Dahms (eds.), *Ecologically Unequal Exchange: Environmental Injustice in Comparative and Historical Perspective*, New York: Palgrave Macmillan, 2019, p. 145.

③ Andrew K. Jorgenson and Brett Clark, "The Economy, Military, and Unequal Exchange Relationships in Comparative Perspective", *Social Problems*, Vol. 56, No. 4, 2009, p. 621.

④ [美] 詹姆斯·奥康纳：《国家的财政危机》，沈国华译，上海：上海财经大学出版社2017年版，事务版序第8页。

类和环境所产生的负面影响已经威胁到地球本身的生存,但这种影响往往会被忽视。"① 在生态学马克思主义看来,这对环境的影响是显而易见的:浪费和不断增加的资源消耗、污染,以及温室气体的大量生产。

生态学马克思主义认为,经济价值的转移被复杂的物质生态流动所掩盖,从而改变了城市与国家之间以及国家与国家之间的生态关系。斯蒂芬·G.邦克指出,外围国家开采和出口自然资源不仅涉及经济价值,还涉及能源和物质价值向较发达国家的纵向流动。② 这将引起全球经济的社会和环境不平等。现在非常清楚的是,资本为了获取更多利润,不断向他国拓展,最终导致资本到哪里环境污染就到哪里。资本主义发展的基本动力是通过将生物圈作为一个巨大的垃圾场,将生态和社会破坏行为的成本转移到整个社会。莱斯认为:"负债累累的欠发达国家经常为满足需求而进行更多的资源开发。这不仅造成了资源退化,因为收获速度超过了自然替代率,而且无意中造成了世界市场上自然资源的过度供应和贸易条件的下降。"③

在生态学马克思主义看来,发达资本主义国家在转移污染的同时,还在利用所谓的"世界工业重新布局"契机,把高污染、高危害的企业向发展中国家转移,这也导致了深重的生态罪孽。莱斯指出:"在全球过度增长的背景下,各国对环境空间或生物能力的占用,提出了实现基础广泛的可持续发展所必需的权衡问题。如果工

---

① Fred Magdoff and John Bellamy Foster, *What Every Environment Needs to Know about Capitalism*, New York: Monthly Review Press, 2011, p. 98.

② Stephen Bunker, *Underdevelg opinthe Amazon: Extraction, Unequal Exchange, and the Failure of the Modern State*, Urbana: University of Illinois Press, 1985.

③ James Rice, "Ecological Unequal Exchange: Consumption, Equity, and Unsustainable Structural Relationships within the Global Economy", *International Journal of Comparative Sociology*, Vol. 48, No. 1, 2007, p. 53.

业化国家通过依赖最不发达国家的可再生和不可再生资源来保护其国内环境和满足其消费需求，则可能使实现可持续发展的公平进程和最不发达国家可接受的生活标准复杂化。这就提出了一个难题，即核心国家是否需要减少其消费需求，以使基础广泛的可持续发展成为现实的选择。"① 发达资本主义国家为了提高生产率、实现高额的剩余价值，不惜将保护自然、实现再循环、控制污染的费用以及污染性企业，转嫁给发展中国家，实现高额资本积累。更为严重的是，这种后果也转嫁给了子孙后代。佩珀认为发达资本主义国家在生态危机面前不仅推卸自己的责任，而且将生态危机转嫁给发展中国家，还指责这些国家的现行发展模式。从某种程度上可以看出，资本主义的暂时性发展狭隘地使其着眼于现在和短期的未来，而根本不会考虑其长远发展，特别是生态成本。② 所以，转嫁危机或成本外化是发达资本主义国家惯用的伎俩。

（三）发展不均衡性

还有一些生态学马克思主义者将发展不均衡性视为生态不平等交换的重要特征。安德鲁·K.乔根森和布莱特·克拉克指出："生态不平等交换涉及物质和能量的不均衡（和欠补偿）的转移，这增加了全球北部的社会和经济复杂性。"③ 麦金尼强调，大量的理论和实证研究证明了国际贸易结构如何导致各种形式的环境退化。基于这样的认识，他分析道："一般来说，中心国家往往处于全球经济的

---

① James Rice, "Ecological Unequal Exchange: Consumption, Equity, and Unsustainable Structural Relationships within the Global Economy", *International Journal of Comparative Sociology*, Vol. 48, No. 1, 2007, p. 60.

② Robert Albritton, *Eco-Socialism For Now and the Future: Practical Utopias and Rational Action*, New York: Palgrave Macmillan, 2019, p. 120.

③ Andrew K. Jorgenson and Brett Clark, "The Economy, Military, and Unequal Exchange Relationships in Comparative Perspective", *Social Problems*, Vol. 56, No. 4, 2009, p. 628.

有利地位，更有可能获得有利的贸易条件。这一优势是因为边缘国家（主要是自然资源和农产品）的出口价格相对于中心国家（主要包括制成品）出口商品的价格持续下跌。但贸易条件的下降是多种因素导致自然资源和农产品价格下跌的结果。这些因素可能包括大量生产类似产品的较贫穷国家、生产类似产品的富裕国家政府的补贴以及在贫穷国家生产这些产品所需的大量廉价劳动力。"① 他进一步强调，"一个贫穷的国家可以非常成功地出口更多的自然资源，但作为出售这些自然资源的回报，它得到的进口更少，而不是更多。这往往转化为贫穷国家边界内的广泛环境退化（如森林损失、水污染和空气污染），因为它们扩大出口生产只是为了维持目前的进口水平。"② 在尼尔·史密斯看来，"不均衡发展应被视为一个相当具体的过程，既是资本主义社会独有的，又直接根植于这种生产方式的基本社会关系中……资本主义制度下发达地区和欠发达地区之间的关系，最清楚、最本质地体现了不均衡发展，在国际范围内如此，在区域和城市范围内也是如此"③。更为重要的是，列宁曾指出，"在资本主义制度下，各个经济部门和各个国家在经济上是不可能平衡发展的。"④

当环境空间的跨国分配增加了一些国家的社会经济和环境机会而另一些国家却承担了费用时，就使追求可持续发展概念背后的代际公平变得更加复杂。一些生态学马克思主义者认为，生态不平等

---

① Laura McKinney, "The Entropy Curse", in R. Scott Frey, Paul K. Gellert and Harry F. Dahms (eds.), *Ecologically Unequal Exchange: Environmental Injustice in Comparative and Historical Perspective*, New York: Palgrave Macmillan, 2019, p. 169.

② Laura McKinney, "The Entropy Curse", in R. Scott Frey, Paul K. Gellert and Harry F. Dahms (eds.), *Ecologically Unequal Exchange: Environmental Injustice in Comparative and Historical Perspective*, New York: Palgrave Macmillan, 2019, p. 170.

③ [英] 尼尔·史密斯：《新城市前沿——士绅化与恢复失地运动者之城》，李晔国译，北京：译林出版社 2018 年版，第 102 页。

④ 《列宁专题文集（论社会主义）》，北京：人民出版社 2009 年版，第 3 页。

生态帝国主义：分析与批判

交换造成了一个看似矛盾的现象：发达资本主义国家过度消耗资源，但环境污染相对较小；而发展中国家资源消耗不多，却导致大多数居民的生活和健康标准较差，棚户区污染严重，生态系统退化。① 他们认为破解这一矛盾的关键在于认清资源的来源，其中部分企业还采取跨国公司的形式，将工厂建在发展中国家，从而在便利采掘其资源的同时，将污染留在当地。从这一角度来看，发达资本主义国家的环境污染不是减少了，而是转移了，这就导致发达资本主义国家与发展中国家之间发展的不均衡性。正如大卫·西普莱（David Ciplet）和 J. 蒂蒙斯·罗伯茨所观察到的那样，生态不平等交换建立在对商品、价格和劳动力的结构条件不平等交换的基础上，是发达资本主义国家获得自然资源、生态福利和发展中国家汇容量的重要依托。② 詹姆斯·莱斯指出："欠发达国家背负着沉重的外债义务，往往为了满足这些需求而增加资源开采。这不仅导致了资源退化，因为收获速度超过了自然替代率，而且无意中导致世界市场上自然资源供应过剩和贸易条件的下降。这种'绝望的生产'使最不发达国家将环境成本内部化的努力复杂化，并导致发达国家的资源消耗，因为定价过低对为保护而做出的努力几乎没有激励作用。"③ 威廉·莱斯也指出，发达国家的"经济与政治权力仍可保证

---

① Paul S. Ciccantell, "Ecologically Unequal Exchange and Raw Materialism: The Material Foundations of the Capitalist World-Economy", in R. Scott Frey, Paul K. Gellert and Harry F. Dahms (eds.), *Ecologically Unequal Exchange: Environmental Injustice in Comparative and Historical Perspective*, UK: Palgrave Macmillan, 2019, p. 52.

② David Ciplet and J. Timmons Roberts, "Splintering South: Ecologically Unequal Exchange Theory in a Fragmented Global Climate", in R. Scott Frey, Paul K. Gellert, Harry F. Dahms (eds.), *Ecologically Unequal Exchange: Environmental Injustice in Comparative and Historical Perspective*, UK: Palgrave Macmillan, 2019, p. 277.

③ James Rice, "Ecological Unequal Exchange: Consumption, Equity, and Unsustainable Structural Relationships within the Global Economy", *International Journal of Comparative Sociology*, Vol. 48, No. 1, 2007, p. 53.

它们能在不久的将来不公平地多占有世界产品"①。从以上论述可以很明显地看出，生态学马克思主义的分析加深了对不平等交换理论的理解，同时也更加明确了发达资本主义国家与发展中国家的不对称交换关系。

发达资本主义国家按照自己的意志"塑造"自然界，其实质是将发展代价和生产成本转嫁给发展中国家，并推进其掠夺行为的合法化。马丁·欧鲁认为，"为了满足日益增长的需求，周边国家被迫加强自然资源的开采，最终导致当地资源枯竭、生态退化和社会经济衰退。"② 克里斯·威廉姆斯甚至直接承认，在面对生态危机和气候变化时，资本主义制度在很大程度上是无能为力的，这是因为资本主义自身的社会关系阻碍了有效解决方案的实现。而且不可否认的是，无计划的资本积累而不是个人挥霍或人口过剩是造成气候变化的关键。③ 可以说，绿色资本主义本身就是一个矛盾：生态危机越严重，激进的反资本主义措施就越是资本主义唯一可能提出的策略。这也就解释了为什么气候否定主义虽然被科学彻底击败了，却吸引了越来越多的资产阶级政策制定者和商业领袖。实际上，对于这些人来说，气候否定主义的完全不合理性似乎是捍卫非理性资本主义积累逻辑的一种非常合理的方式。

三、生态不平等交换的影响

在生态学马克思主义看来，发达资本主义国家的国际地位和经济的持续增长都依赖于发展中国家的生态资源的开发和不平等的生

---

① [加] 威廉·莱斯：《满足的限度》，李永学译，北京：商务印书馆2016年版，前言第 ii 页。

② Martin Oulu, "Core Tenets of the Theory of Ecologically Unequal Exchange", *Journal of Political Ecology*, Vol. 23, No. 1, 2016, p. 454.

③ Chris Williams, *Ecology and Socialism: Solutions to Capitalist Ecological Crisis*, Chicago: Haymarket Books, 2010, p. 5.

态交换。而这种生态不平等交换对发展中国家和人类福祉都产生了重要影响。

（一）生态不平等交换对发展中国家的影响

一些生态学马克思主义者认为，发达国家与发展中国家之间的生态不平等交换，不仅破坏了发展中国家的生态环境，而且对其社会经济产生了诸多影响，集中体现在生态债务（ecological debt）和生态足迹（ecological footprint）方面。

一方面，生态债务作为评估生态退化状况和国际不平等状况的依据，从根本上改变了"谁欠谁"的问题。伊尼亚基·巴尔塞纳·希诺贾尔（Iñaki Barcena Hinojal）和罗莎·拉戈·奥雷科埃特萨（Rosa Lago Aurrekoetxea）认为，"'谁欠谁'是生态学家用于表达他们谴责的经济和环境不平等的社会政治所表达的主题。"① 而生态债务明确了发达国家与发展中国家的关系。这种补偿不足的生态财富转移造成了许多后果，包括使采掘区陷入贫困、债务危机和生态破坏的恶性循环。一些生态学马克思主义者将这种从殖民时代到现在的生态转移的总和称为全球北方欠全球南方的生态债务，主要体现在以下两个方面。从历史上看，这种生态债务表现为中心国家欠边缘国家的债务。② 更具体地说，这反映了中心国家掠夺边缘国家的环境空间，"以处理诸如源自工业国家的温室气体等废弃物而累积起来的、对第三世界国家的债务"③。总部位于厄瓜多尔的生态行动组织

---

① Iñaki Barcena Hinojal and Rosa Lago Aurrekoetxea, "Ecological Debt: An Integrating Concept for Socio-Environmental Change", in Michael R. Redclift and Graham Woodgate (eds.), *The International Handbook of Environmental Sociology*, Second Edition, Northampton: Edward Elgar, 2010, p. 151.

② ［美］詹姆斯·奥康纳:《自然的理由——生态学马克思主义研究》，唐正东、臧佩洪译，南京：南京大学出版社2003年版，第205页。

③ ［美］约·贝·福斯特:《生态革命——与地球和平相处》，刘仁胜、李晶、董慧译，北京：人民出版社2015年版，第220页。

将"生态债务"描述为由于"北方"国家掠夺自然资源、破坏环境和倾倒废物而欠第三世界的债务。福斯特认为,生态债务主要包括两个维度,即"(1)在生态帝国主义影响下的诸多国家中所发生的社会—生态破坏和剥削;以及(2)帝国主义对全球性公共品的占有和对这些公共品的吸收能力的不平等使用(剥削)"①。帕克斯和罗伯茨则指出,"大多数发展中国家抵制发达国家对其排放量的任何约束性限制,而发达国家用肮脏的、改变气候的能源来推动本国的经济发展,并不成比例地占用了公共的'大气空间'。"② 可以看出,生态债务包括对发展中国家自然资源的掠夺,以及过度利用发展中国家的"环境空间"倾倒废物(如征用其大气资源)。③

从现实上看,马尔库塞很早就明确了中心国家对边缘国家的债务问题,认为中心国家通过转移污染进行"新的生态犯罪"④。韦斯顿在分析资本积累过程中被掩盖的资产负债表时,还认为"与全球变暖问题交叉的一部分是生态债务问题",而这里的生态债务指的就是"北方国家对南方国家的环境破坏和掠夺"⑤。他认为,"在资本主义制度下,自然资源和废物循环利用能力被过度开发,严重影响

---

① [美]约·贝·福斯特:《生态革命——与地球和平相处》,刘仁胜、李晶、董慧译,北京:人民出版社2015年版,第221页。
② Bradley C. Parks and J. Timmons Roberts, "Structural Obstacles to an Effective Post-2012 Global Climate Agreement: Why Social Structure Matters and how Addressing it can help break the Impasse", in Michael R. Redclift and Graham Woodgate (eds.), *The International Handbook of Environmental Sociology*, Second Edition, Northampton: Edward Elgar, 2010, p. 293.
③ J. Timmons Roberts and Bradley C. Parks, "Ecologically Unequal Exchange, Ecological Debt and Climate Justice: The History and Implications of Three Related Ideas for a New Social Movement", *International Journal of Comparative Sociology*, Vol. 50, No. 3 – 4, 2009, p. 393.
④ [美]赫伯特·马尔库塞:《单向度的人——发达工业社会意识形态研究》,刘继译,上海:上海译文出版社1989年版,第220页。
⑤ Del Weston, *The Political Economy of Global Warming: The Terminal Crisis*, London: Routledge, 2014, p. 79.

了气候和广阔的生态环境。"① 科尔曼也强调,"第三世界国家承受着压力,被迫参与国际经济竞争并摆脱其众所周知的国际债务负担。"② 还有一些生态学马克思主义者将生态债务界定为工业化国家及其机构等对自然资源的逐步占有和控制,以及其生产和消费模式对地球造成的破坏所承担的责任,包括占用被温室气体污染的地球和大气的吸收能力的债务。可见,生态债务指的是一些国家和社会以牺牲其他国家和社会为代价征收的"承载能力"③。

还有一些生态学马克思主义者将生态债务视为评估"地球现有生态系统承受能力"的重要指标。格雷厄姆·伍德盖特指出:"生态债务建立在环境正义原则的基础上,是北方国家通过出口自然资源,以不考虑其开采和加工以及自由占用南方国家的环境空间所造成的环境损害所累积的债务。"④ 希诺贾尔和奥雷科埃特萨也从更广泛的角度定义生态债务,认为这是"北方富裕国家由于历史上和现在掠夺自然资源、不公平贸易、出口环境影响和自由占用全球环境空间处理废物而与地球上其他国家签订的债务"⑤。他们进一步强调,"生态债务是北方国家以两种方式向南方国家累积

---

① Del Weston, *The Political Economy of Global Warming: The Terminal Crisis*, London: Routledge, 2014, p. 176.

② [美] 丹尼尔·A. 科尔曼:《生态政治——建设一个绿色社会》,梅俊杰译,上海:上海译文出版社2002年版,第9页。

③ Iñaki Barcena Hinojal and Rosa Lago Aurrekoetxea, "Ecological Debt: An Integrating Concept for Socio-Environmental Change", in Michael R. Redclift and Graham Woodgate (eds.), *The International Handbook of Environmental Sociology*, Second Edition, Northampton: Edward Elgar, 2010, p. 153.

④ Graham Woodgate, "Editorial Commentary", in Michael R. Redclift and Graham Woodgate (eds.), *The International Handbook of Environmental Sociology*, Second Edition, Northampton: Edward Elgar, 2010, p. 14.

⑤ Iñaki Barcena Hinojal and Rosa Lago Aurrekoetxea, "Ecological Debt: An Integrating Concept for Socio-Environmental Change", in Michael R. Redclift and Graham Woodgate (eds.), *The International Handbook of Environmental Sociology*, Second Edition, Northampton: Edward Elgar, 2010, p. 150.

的债务：首先，北方国家以非常低的价格出口初级产品，也就是说，不考虑在开采和加工地造成的环境损害的价格；其次，通过倾倒生产废物，自由或廉价地占用环境空间——大气、水和土地。它是基于环境正义的理念，因为如果地球上的所有居民都拥有相同数量的资源和占有同一部分环境空间的权利，那么那些使用更多资源或占据更多空间的人对其他人就负有债务。"① 帕多万和阿利埃蒂认为，生态不平等交换使得"初级商品的低价格使资本主义核心的工业化国家能够从南方外围经济体获得大量适当的生物物理资源，同时保持对外贸易关系的货币平衡。"② 随着生态债务的不断积累，贾斯汀·基茨（Justin Kitzes）和马蒂斯·瓦克纳格尔（Mathis Wackernagel）等学者还认为，"人类将生态资本减少到生产力变得如此低的水平的风险越来越大，累积的生态债务只能通过缓慢的生态资本和存量的缓慢再积累来偿还，甚至永远无法偿还。更极端的风险是，有可能使生态资本退化，超过重要的临界点，资本存量将完全崩溃。"但不可否认的是，他们也承认"生态债务概念虽然有用，但只代表了生态股票清算的一部分……生态债务可以'还清'或重新累积的比率可能取决于人类退出超调时仍然保留的生产性生态资本的数量（如若干年过度捕捞不可能得到相同数量的捕捞不足的补偿）"③。

可以说，生态债务从本质上明确了发达资本主义国家对发展中

---

① Iñaki Barcena Hinojal and Rosa Lago Aurrekoetxea, "Ecological Debt: An Integrating Concept for Socio-Environmental Change", in Michael R. Redclift and Graham Woodgate (eds.), *The International Handbook of Environmental Sociology*, Second Edition, Northampton: Edward Elgar, 2010, pp. 150 – 163.

② Dario Padovan and Alfredo Alietti, "Geo-capitalism and Global Racialization in the Frame of Anthropocene", *International Review of Sociology*, Vol. 29, No. 2, 2019, p. 190.

③ Justin Kitzes, Mathis Wackernagel, Jonathan Loh, et al., "Shrink and Share: Humanity's Present and Future Ecological Footprint", *Philosophical Transactions of the Royal Society of London*, Vol. 363, No. 1491, 2008, p. 472.

生态帝国主义：分析与批判

国家的控制和掠夺，肯定了发达资本主义国家对国际范围内生态问题的责任。利昂·西利-哈金斯（Leon Sealey-Huggins）认为，"债务与气候变化之间关系的另一种解读也是可能的，但前提是承认工业化国家已经从导致气候变化的相同过程中受益，因此，它们以赔偿的形式欠了相当大的气候债务。"① 韦斯顿也在分析碳排放交易计划时指出，"这种方式将责任从富裕国家转移到贫穷国家和南方人民"②。随着生态债务的不断积累，人类面临着越来越大的风险，将生态资本减少到生产力变得如此低下的水平，以至积累的生态债务只能非常缓慢地或者永远无法通过缓慢地重新积累生态资本和存量来偿还。他认为，所有这些都反映了一个事实："北方日益增长的财富是建立在这种掠夺之上的；相反，南方的贫困也发生了。工业化国家是建立在这种从（全球化资本主义的）边缘流向工业化中心的流动基础上的。"③ 他认为，"生态债务难以准确量化"，因为"其中一部分，即气候债务或利用大气排放温室气体，表明大多数非洲国家是债权人而不是债务人，在南非等碳排放量高的国家内，债务是由富有的公司和少数族裔精英所欠。从穷国流向富国的资金也没有得到任何补偿。如果不停止这种做法，不纠正历史上的掠夺和剥削，就不可能解决全球变暖问题"。韦斯顿最后总结道，"南方对气候公正的要求是解决生态债务进程的一部分"④。

希诺贾尔和奥雷科埃特萨还从环境破坏的严重性、生态系统与

---

① Leon Sealey-Huggins, "'1.5℃ to Stay Alive': Climate Change, Imperialism and Justice for the Caribbean", *Third World Quarterly*, Vol. 38, No. 11, 2017, p. 2453.

② Del Weston, *The Political Economy of Global Warming: The Terminal Crisis*, London: Routledge, 2014, p. 18.

③ Del Weston, *The Political Economy of Global Warming: The Terminal Crisis*, London: Routledge, 2014, p. 79.

④ Del Weston, *The Political Economy of Global Warming: The Terminal Crisis*, London: Routledge, 2014, p. 79.

人类社会之间关系的复杂性、货币评估难以反映全部损失三个方面出发,认为生态债务难以量化。① 然而不容回避的是,他们也强调,虽然"这些债务很难量化",但"一个'发达'经济体回收和处理固体残渣和污染水的成本可以从货币和能源两个方面来计算。而且经济资源较少的国家为了吸引外国投资而实行的规范和限制的灵活性,也必须以污染国家保持其经济增长水平和提高环境质量的利益来解释生产过程的盈利能力"②。他们认为,在某种程度上,"用定量和货币的语言交谈可能更有效",因为"将以货币价值表示的部分生态债务与外债进行对比,有助于证明后者已得到充分的'支付',而且是北方欠南方的债,而不是相反。此外,对环境损害的货币评估在司法上也是有用的:对损害的货币赔偿可能是受害者至少得到一些东西和有罪一方受到惩罚的唯一途径,同时也提供了一种威慑作用,促使公司采取预防措施,减少事故风险。"③ 罗伯茨和帕克斯也认为,"几个世纪以来,富裕国家一直在利用贫穷国家的原材料和生态系统来背负巨额债务。"④ 从这一点上可以说,发达资本主义国

---

① Iñaki Barcena Hinojal and Rosa Lago Aurrekoetxea, "Ecological Debt: An Integrating Concept for Socio-Environmental Change", in Michael R. Redclift and Graham Woodgate (eds.), *The International Handbook of Environmental Sociology*, Second Edition, Northampton: Edward Elgar, 2010, p. 154.

② Iñaki Barcena Hinojal and Rosa Lago Aurrekoetxea, "Ecological Debt: An Integrating Concept for Socio-Environmental Change", in Michael R. Redclift and Graham Woodgate (eds.), *The International Handbook of Environmental Sociology*, Second Edition, Northampton: Edward Elgar, 2010, p. 160.

③ Iñaki Barcena Hinojal and Rosa Lago Aurrekoetxea, "Ecological Debt: An Integrating Concept for Socio-Environmental Change", in Michael R. Redclift and Graham Woodgate (eds.), *The International Handbook of Environmental Sociology*, Second Edition, Northampton: Edward Elgar, 2010, p. 154.

④ J. Timmons Roberts and Bradley C. Parks, "Ecologically Unequal Exchange, Ecological Debt, and Climate Justice: The History and Implications of Three Related Ideas for a New Social Movement", *International Journal of Comparative Sociology*, Vol. 50, No. 3–4, 2009, p. 392.

生态帝国主义：分析与批判

家必须认识到其对地球的生态债务，建立综合金融机制，支持发展中国家实施适应和缓解气候变化的计划和方案，以应对气候变化造成的严重自然灾害，同时实施可持续和生态友好的发展计划。

另一方面，生态足迹作为生态承载力概念的反义词以及衡量人类对全球生态系统的"负载"，回答了需要多少土地来支持特定的环境负荷，或者某个特定地区人口的人均消费需要多少土地，并使确定的某一区域或国家在多大程度上依赖环境赤字成为可能。马西斯·韦克纳格尔（Mathis Wackernagel）和威廉·里斯（William Rees）最先提出"生态足迹"的概念，同时量化了支持可再生自然资源的消费和吸收特定人口的二氧化碳废物产品所需的生物生产力土地的量。① 莫兰等学者还认为，"生态足迹衡量的是产生所有投入和吸收给定人口的所有废物所需的陆地和海洋总面积。"② 总的来看，生态足迹是指"维持特定生产和消费方式所需的土地（和水）的数量，并与特定领土的承载能力和地球的平均承载力进行比较，从而为生态赤字提供一种衡量标准"③。

一些生态学马克思主义者将"生态足迹"视为评估生态影响的重要指标。理查德·约克、尤金·A. 罗莎和托马斯·迪茨认为，生态足迹是对"社会消耗资源和产生废物所需土地面积的综合评估"，强调这一概念将"各种影响（森林利用、农业、城市增长等）结合到一个单一的度量中（全部转化为土地面积）"，所以"需要考虑不同影响类型之间

---

① Mathis Wackernagel and William Rees, *Our Ecological Footprint: Reducing Human Impact on the Earth*, Gabriola Island (Canada): New Society Publishers, 1995.

② Daniel D. Moran, Manfred Lenzen, Keiichiro Kanemoto and Arne Geschke. Does Ecologically Unequal Exchange Occur?", *Ecological Economics*, Vol. 89, No. 1, 2013, p. 177.

③ Iñaki Barcena Hinojal and Rosa Lago Aurrekoetxea, "Ecological Debt: An Integrating Concept for Socio-Environmental Change", in Michael R. Redclift and Graham Woodgate (eds.), *The International Handbook of Environmental Sociology*, Second Edition, Northampton: Edward Elgar, 2010, p. 153.

的权衡"①。福斯特和霍尔曼认为,生态足迹旨在评估生态不平等交换:中心国家的生态足迹较大,国内环境退化较少;边缘国家的生态足迹较小,环境退化较多。换句话说,"中心国家严重依赖从周边国家进口资源,并从事各种形式的生产外包和环境负荷转移"②。所以,一些生态学马克思主义者提议,为了限制人类在地球上的生态足迹,需要建立一个不增长的经济体系,特别是在富裕国家,以便能够阻止并有可能扭转污染物排放的增加趋势,以及保护不可再生资源和更合理地使用可再生资源。

还有一些生态学马克思主义者使用"生态足迹"来衡量人类对全球生态系统的"负荷"。贾斯汀·基茨和马蒂斯·瓦克纳格尔等学者在分析可再生资源的过度使用和退化的基础上,指出"生态足迹提供了一种综合方法,以评估人类是否满足可持续性的最低条件,即人类对生物圈的需求是否保持在生物圈的可再生能力范围内"③。他们认为生态足迹记录了人类社会保持或超过地球再生能力的程度。基于此,他们将生态足迹界定为"一个人(个人、城市、国家或全人类)利用生物生产性土地和水的面积来产生其消耗的资源,并在主流技术下吸收其废物。在规模小于整个世界的情况下,生态足迹衡量的是与该人口最终消费活动有关的资源(如国家足迹包括从其他国家进口的产品的消费,不包括国内生产的后来出口的

---

① Richard York, Eugene A. Rosa and Thomas Dietz, "Ecological Modernization Theory: Theoretical and Empirical Challenges", in Michael R. Redclift and Graham Woodgate (eds.), *The International Handbook of Environmental Sociology*, Second Edition, Northampton: Edward Elgar, 2010, p. 85.

② John Bellamy Foster and Hannah Holleman, "The Theory of Unequal Ecological Exchange: A Marx-Odum Dialectic", *Journal of Peasant Studies*, Vol. 41, No. 12, 2014, p. 209.

③ Justin Kitzes, Mathis Wackernagel, Jonathan Loh, et al., "Shrink and Share: Humanity's Present and Future Ecological Footprint", *Philosophical Transactions of the Royal Society of London*, Vol. 363, No. 1491, 2008, p. 467.

生态帝国主义：分析与批判

产品）"①。

在生态学马克思主义看来，人们关注的焦点是日益全球性的人为环境问题以及产生这些问题的全球经济力量。而且他们通过研究各国的生态足迹认为，欧洲（相对于中国）的核心资本拥有"海外资源……这可以像环境透支一样加以利用，而不需要进一步的'生态'恢复"②。所以，他们认为，生态足迹是环境退化的良好指标，它能更好地反映经济活动对自然的有害影响。从这个意义上讲，通过增加研发来鼓励出现更环保的新产品和新工艺，减轻由生态足迹衡量的环境退化是可能的。在生态学马克思主义看来，只要发展中国家仍在效仿发达资本主义国家的生活方式，后者就会继续以发展中国家的要求为代价，拒绝承担生态责任，而且双方政府会继续交织在一起，但在"死亡之舞"中，每一方都会援引对方的顽固立场来证明自己立场的正当性。③ 因为如果世界产量持续增长，而发展中国家的每个人都寻求达到发达资本主义国家的生活水平，不仅污染将继续增加，超出地球系统所能吸收的范围，而且我们将耗尽全球有限的不可再生资源。在环境问题上，发达资本主义国家还将发展中国家视为自己的附属国，视为被它们控制和剥削的对象。正如哈金斯所明确强调的那样："全球北部地区的'可持续性'框架与北部城市居民的未来状况有关，而这往往是以牺牲全球南部地区当前人们的生存为代价的。"④ 可以说，受资本主义市场限制的理性，其

---

① Justin Kitzes, Mathis Wackernagel, Jonathan Loh, Audrey Peller, Steven Goldfinger, Deborah Cheng and Kallin Tea, "Shrink and Share: Humanity's Present and Future Ecological Footprint", *Philosophical Transactions of the Royal Society of London*, Vol. 363, No. 1491, 2008, pp. 467 – 468.

② Mark Elvin, *The Retreat of the Elephants: An Environmental History of China*, New Haven, CT: Yale University Press, 2004, p. 470.

③ Victor Wallis, "Beyond 'Green Capitalism'", *Monthly Review*, Vol. 61, No. 9, 2010, p. 39.

④ Leon Sealey-Huggins, "'1.5℃ to Stay Alive': Climate Change, Imperialism and Justice for the Caribbean", *Third World Quarterly*, Vol. 38, No. 11, 2017, p. 2447.

对盈亏的短视计算，与生态理性（考虑自然周期的长度）存在内在矛盾。这不是一个将"坏"的生态资本家与"好"的绿色资本家做对比的问题，而是建立在残酷竞争、盈利要求和快速利润竞争基础的制度上，而且正是这种制度破坏了自然的平衡。

（二）生态不平等交换对人类福祉的影响

一些生态学马克思主义者认为，生态不平等交换有助于揭示伴随资本主义发展而来的环境和社会不平等。他们认为，这种不平等的生态交换关系不仅导致严重的环境问题，在较贫穷的南方国家中还可能带来灾难性的生态和公共健康后果，而且还可能产生全球性问题。许多贫穷国家的环境法规薄弱（刺激富裕国家投资于其内部的生产过程）以及债务驱动的发展出口经济的压力增加了温室气体排放、热带森林砍伐和水污染，这在全球范围内都产生了影响。希诺贾尔和奥雷科埃特萨认为处理废物的价格"取决于进行处理的国家的环境法规"，所以"北方的公司发现，将有毒废物出口到那些环境立法不那么严格、需要较少安全措施的国家是很方便的，因此处理废物的成本较低"[1]。

基于此，莱斯认为，生态不平等交换不仅加剧了发展中国家的环境退化和损耗，也限制了发展中国家的进步，阻碍了发展中国家参与全球性发展的进程，影响了人类福祉。[2] 在他看来，这是"核心国家过度利用全球环境空间的结果，而且牺牲了融入全球经济不利的国家。这表明国际贸易结构支持了工业化国家典型的不成比例

---

[1] Iñaki Barcena Hinojal and Rosa Lago Aurrekoetxea, "Ecological Debt: An Integrating Concept for Socio-Environmental Change", in Michael R. Redclift and Graham Woodgate (eds.), *The International Handbook of Environmental Sociology*, Second Edition, Northampton: Edward Elgar, 2010, p. 159.

[2] James Rice, "Ecological Unequal Exchange: Consumption, Equity, and Unsustainable Structural Relationships within the Global Economy", *International Journal of Comparative Sociology*, Vol. 48, No. 1, 2007, pp. 46–47.

的人均物质消费率,但同样有问题的是,它也可能影响世界上最贫穷国家面临的消费不足"①。在这种意义上,约克、罗莎和迪茨也强调,"富裕国家通过不平等的贸易关系,可以将其环境影响外部化,因此有必要跟踪全球经济中资源和废物的流动。而且在现代世界体系中,穷国被富国剥削,自然资源也从穷国开采并出口到富国,这造成了穷国的环境退化,而且危险工业和有毒废物也越来越多地从富国转移到穷国。"②吉文斯和乔根森等人认为,"物质价值的垂直流动,即向全球北方国家出口的未加工和已加工的自然资源,抑制了全球南方国家人口内部的资源消耗。"③

莱斯对环境空间也进行了一定程度的分析,认为"这一概念建立在工业新陈代谢的基础上,侧重于支持人类社会组织的物质、能源和废物的流动。环境空间的概念建立在这样一个假设之上,即人类对环境产生的压力存在着承载能力或生物物理极限。在任何特定的时间点,人类对地球生态服务造成的压力都是有限的,在不造成不可逆转损害的情况下,这种压力是可以维持的"④。技术和社会组织的改进可以说扩大了现有资源的类型和现有资源的生产率,从而扩大了可利用的环境空间。因此,一些生态学马克思主义者认为,

---

① James Rice, "Ecological Unequal Exchange: International Trade and Uneven Utilization of Environmental Space in the World System", *Social Forces*, Vol. 85, No. 3, 2007, p. 1384.

② Richard York, Eugene A. Rosa and Thomas Dietz, "Ecological Modernization Theory: Theoretical and Empirical Challenges", in Michael R. Redclift and Graham Woodgate (eds.), *The International Handbook of Environmental Sociology*, Second Edition, Northampton: Edward Elgar, 2010, p. 79.

③ Jennifer E. Givens, Xiaorui Huang and Andrew K. Jorgenson, "Ecologically Unequal Exchange: A Theory of Global Environmental in Justice", *Sociology Compass*, Vol. 13, No. 5, 2019, p. 5.

④ James Rice, "Ecological Unequal Exchange: International Trade and Uneven Utilization of Environmental Space in the World System", *Social Forces*, Vol. 85, No. 3, 2007, pp. 1372 – 1373.

经济增长根本不受环境空间的限制和约束。但其他一些学者则对这一概念附加了非理性的维度，认为对环境空间边界的概念化有助于说明工业化国家在全球范围内获得生态服务的不公平性。所以，莱斯总结道："环境空间的概念可以作为一项规则性原则，用以捍卫发展中国家更大的权利，从而更方便地使用全球公共资源。"① 鉴于工业国家过度占据全球环境空间，沃尔夫冈·萨克斯认为，"它们被要求收缩——也就是说，它们大幅减少了对资源的消耗。因为世界资源正义的关键在于工业国家是否有能力从全球环境的过度消费中退出。"② 贝拉尔·侯赛因（Belal Hossain）和安吉拉·G. 默蒂格（Angela G. Mertig）也强调指出，"无休止的资本积累与生态过程密不可分，并与之共存，因为生产依赖于源自自然的物质和能源。当从外围廉价提取的生态资源转移到核心国家并在核心国家进行改造或制造时，这些制造商品的价值过度增加，导致核心—外围等级体系内的过度交换。这种生态不平等交换对环境、经济生产潜力和从中开采这些资源的地区的人口分布产生了广泛的有害影响。"③

还有一些生态学马克思主义者发现了经济增长对幸福感的有益影响，但其他研究结果还是挑战了这一观点，即经济增长本身就是改善人类福祉的最佳策略，换言之，这些发现与生态不平等交换的研究相符，特别是在不平等的国际贸易中，追求经济增长通常会损

---

① James Rice, "Ecological Unequal Exchange: International Trade and Uneven Utilization of Environmental Space in the World System", *Social Forces*, Vol. 85, No. 3, 2007, p. 1373.

② Wolfgang Sachs, "Globalization, Convergence and the Euro-Atlantic Development Model", in Michael R. Redclift and Graham Woodgate (eds.), *The International Handbook of Environmental Sociology*, Second Edition, Northampton: Edward Elgar, 2010, p. 273.

③ Belal Hossain and Angela G. Mertig, "Socio-structural Forces Predicting Global Water Footprint: Socio-hydrology and Ecologically Unequal Exchange", *Hydrological Sciences Journal*, Vol. 65, No. 3, 2020, p. 498.

生态帝国主义：分析与批判

害环境和人类福祉，特别是欠发达或低收入国家。詹妮弗·E. 吉文斯认为："生态不平等交换导致发达资本主义国家过度获取自然资源，并将环境危机不成比例地外包给发展中国家，并压制发展中国家的人类福祉。"① 他强调，"生态不平等交换理论还表明，以欠发达国家向高收入国家的出口为代表的不平衡贸易关系将增加欠发达国家的排放量。"② 基于这样的认识，他总结道："不对称的贸易关系会促进物质价值从较不发达国家向较发达国家的垂直流动，从而导致较不发达国家获取更多的资源，并加剧了较不发达国家的退化，抑制了它们的福祉。"③ 克劳森和奥尔巴赫也指出，"从历史上看，全球北方的人口在世界经济中处于更有利的地位，因此能够确保和维持有利的贸易条件，从而能够更多地获得自然资源和南方生物生产区的汇容量。因此，北方国家过度利用全球'环境空间'，包括支持人类社会组织的自然资源存量和生态系统的废物同化支柱。对环境空间的挪用抑制了全球南部许多国家的资源消费机会，这也对其国内人口的福祉产生了负面影响。"④

在生态学马克思主义看来，自然资源消费水平较高的国家通常会经历较低的国内自然资源退化水平，这一过程有时被称为"消费与环境退化悖论"（Consumption/environmental degradation paradox）。

---

① Jennifer E. Givens, "Ecologically Unequal Exchange and the Carbon Intensity of Well-being, 1990 – 2011", *Environmental Sociology*, Vol. 4, No. 3, 2018, p. 311.

② Jennifer E. Givens, "Ecologically Unequal Exchange and the Carbon Intensity of Well-being, 1990 – 2011", *Environmental Sociology*, Vol. 4, No. 3, 2018, p. 316.

③ Jennifer E. Givens, "Ecologically Unequal Exchange and the Carbon Intensity of Well-being, 1990 – 2011", *Environmental Sociology*, Vol. 4, No. 3, 2018, p. 319.

④ Brett Clark, Stefano B. Longo, Rebecca Clausen and Daniel Auerbach, "From Sea Slaves to Slime Lines: Commodification and Unequal Ecological Exchange in Global Marine Fisheries", in R. Scott Frey, Paul K. Gellert and Harry F. Dahms (eds.), *Ecologically Unequal Exchange: Environmental Injustice in Comparative and Historical Perspective*, New York: Palgrave Macmillan, 2019, p. 202.

莱斯指出:"从生态不平等交换的角度来看,悖论的中心论点是,最不发达国家向发达国家出口自然资源,支持发达国家的消费需求,以汇率支持后者的消费需求,形成了前者的不发达和环境退化。在自然资源的开采、生产和分配过程中,会遇到破坏性的人类和生态后果方面的环境成本。这种成本是外部化的,因为它们没有反映在世界市场上收到的价格中,因此由出口国承担。然而,由于全球自然资源进出口掩盖了对生产和消费的生态影响的责任,所以国际贸易对生态的影响可能难以理解。"①

尽管生态学马克思主义者看到了生态不平等交换的重要性,分析了这一理论对发展中国家和人类福祉的影响,但同时也要看到,他们对这一理论的研究在实证分析以及基础理论层面还存在一定的局限性。一方面,从实证分析的角度来看,一些生态学马克思主义者对于生态不平等交换的分析"缺乏一个通用的度量(或一些相关的通用度量)"。正如霍恩伯格指出的:"大多数贸易统计数据都是以货币为单位,而不是投入劳动力时间、能源或公顷……如果是以投资能源或公顷为单位而不是美元,那么从南方进口的能源将大得多。"另一方面,从基础理论层面来看,尽管经济不平等交换和生态不平等交换的概念都是从古典马克思主义理论中产生的,但却都没有直接诉诸古典马克思主义的分析,这直接导致"标准的生态不平等交换在理论上仍未得到发展,未能充分利用经典马克思主义来进行使用价值和交换价值的区分"②。值得注意的是,在未来关于生态不平等交换的研究中,生态学马克思主义者必须将定性研究与定量

---

① James Rice, "Ecological Unequal Exchange: Consumption, Equity, and Unsustainable Structural Relationships within the Global Economy", *International Journal of Comparative Sociology*, Vol. 48, No. 1, 2007, p. 54.

② John Bellamy Foster and Hannah Holleman, "The Theory of Unequal Ecological Exchange: A Marx-Odum Dialectic", *Journal of Peasant Studies*, Vol. 41, No. 2, 2014, pp. 211, 171.

生态帝国主义：分析与批判

研究结合起来，坚持在分析基础理论的基础上，全面理解生态不平等交换。盖勒特等学者指出，"生态不平等交换研究中的定量研究依赖于国家编制的统计数据，其质量往往值得怀疑"，而"定性研究强调了商品链原材料起点的过程和经验"，这些过程和经验在同一时间明显受制于生态不平等交换的世界体系动态，也表现了历史上产生的文化和政治的更为特殊的特征，包括性别和劳动关系。[1] 或者更直截了当地说，只有将定性研究与定量研究结合起来，才能全面认识生态不平等交换。

通过以上分析研判可以看出，生态不平等交换有助于生态学马克思主义的帝国主义批判思想的研究。发达资本主义国家基于强大的经济、军事实力和技术能力创造了全球性的结构性限制，从经济等各个方面限制和剥削发展中国家。他们利用国际金融机构和市场机制，甚至利用军事强制性力量，采取有利于自己的贸易政策，同时利用发展中国家的原材料和廉价的劳动力资源，以实现利益最大化，从而维持其在世界经济中的霸权地位。生态学马克思主义的帝国主义批判思想是生态学马克思主义认识和解读当代资本主义发展在生态上呈现形态的系统化成果。在生态学马克思主义看来，帝国主义批判思想不仅是由发达资本主义国家的生态扩张引起的，更是由资本主义生产方式引起的。而在当今资本主义发展进程中，不理解生态学马克思主义的帝国主义批判思想便无法真正透视资本主义生产方式的当代形态和变化。

---

[1] Paul K Gellert, R. Scott Frey and Harry F Dahms, "Introduction to Ecologically Unequal Exchange in Comparative Perspective", *Journal of World-Systems Research*, Vol. 23, No. 2, 2017, p. 231.

第五章
生态学马克思主义的帝国主义批判思想的表现形式

生态学马克思主义在分析资本积累、国际扩张以及生态不平等交换的基础上，明确了国际范围内的压迫与剥削。根植于无止境资本积累的发达资本主义国家在获得巨额利润的同时，也给发展中国家带来一定程度的负面生态影响。生态学马克思主义的帝国主义批判思想体现在西方马克思主义的著作中，成为生态学马克思主义的重要理论支撑。同时，生态学马克思主义的帝国主义批判思想也体现在国外生态左翼流派中，表现为生态帝国主义、绿色帝国主义、能源帝国主义以及气候帝国主义。对这些表现形式的分析，可以清晰地展示生态学马克思主义的帝国主义批判思想发展的完整图景，能够更好地理解生态学马克思主义的帝国主义批判思想，使生态学马克思主义的帝国主义批判思想更加立体和鲜明。

一、生态帝国主义

生态帝国主义是生态学马克思主义的帝国主义批判思想在生态领域的直接体现。发达资本主义国家为满足其资本积累需求、"绿色发展"需要以及维持霸权地位的需要，制造了发展中国家的生态脆弱性。但生态问题不能简单地被地理扩张和资源掠夺所取代。

(一) 生态帝国主义的研究转向

随着全球范围内生态条件的不断恶化,生态帝国主义成为20世纪80年代以来国际学界广泛讨论的一个新兴议题。一些学者开始从历史逻辑出发分析生态帝国主义。艾尔弗雷德·W.克罗斯比在分析欧洲的兴起与扩张时,没有沿袭主流学者的思路,而是转向了历史学,并且在这一考量的基础上,分析了欧洲从公元900年到1900年的生态扩张史,从而揭露了欧洲侵略美洲和大洋洲的内幕,认为这其中"含有生物学和生态学的成分"①。他通过展示全球南方如何被掠夺其资源以及其社会经济状况如何因欧洲帝国主义而受到破坏,指出新大陆的发现为这些国家的对外扩张找到途径,但也给新大陆带来了大规模的生态破坏和环境污染。换句话说,生态帝国主义在这一时期主要表现为中心国家为拓展本国领土和增加资源对边缘国家的剥削和掠夺。

还有一些学者从生物逻辑出发分析生态帝国主义。迈克·戴维斯(Mike Davis)指出,爆发于19世纪末的干旱等生态问题,导致一些极具破坏性的流行病发生,引发了全球性的生存危机。然而遗憾的是,欧洲等国家贪婪地利用这个机会夺取新的殖民地,没收其他国家的土地,开发新的种植园。② 对于这一分析,詹森·W.摩尔持肯定态度,认为戴维斯通过分析外部环境因素、英国世界霸权的政治经济和世界原始积累的环境史之间的关系,展示了英国在规模调整世界生态秩序的基础上组织和保持其全球霸权地位,从而证明在世

---

① [英] 艾尔弗雷德·W.克罗斯比:《生态扩张主义——欧洲900~1900年的生态扩张》,许友民、许学征译,沈阳:辽宁教育出版社2001年版,第6页。

② Mike Davis, *Late Victorian Holocausts: El Nino Famines and the Making of the Third World*, London and New York: Verso, 2002, p. 7.

界历史的原始积累中，生态与经济因素是并重的。① 还有一些学者从贫富分化和资本主义制度出发分析生态帝国主义。乔·韦斯顿（Joe Weston）指出国际范围内多数人的困境是由财富转移造成的，所以贫富分化为生态帝国主义的出现创造了可能。② 奥康纳则认为资本主义制度本身就是非正义的，主要体现为转嫁危机、污染输出等方面。③

需要注意的是，这些研究视角都没有揭露中心国家对边缘国家的帝国统治实质。休·戴尔（Hugh Dyer）在认识到生态帝国主义批判的重要性的同时，认为克罗斯比用"Ecological Imperialism"一词作为标题，以表明输出的社会经济和政治制度对殖民地生态和人的影响。但不可忽视的是，即使这里强调了生态帝国主义的"经济含义"，在这里仍把这一词"局限于生物入侵"④。丽莎·派珀等学者也否认将生态帝国主义视为"生物转变过程"的说法。⑤ 而且更加重要的是，这种研究也无法估量发达资本主义国家对发展中国家的影响。在一篇关于植物转移的评论文章中，威廉·贝纳特（William Beinart）和凯伦·米德尔顿（Karen Middleton）进一步强调，在分析生态帝国主义时，需要考虑当地的差异，并"分解旧世界和新世界或新大陆的大片地理区块（large geogrophical blocks）"。他们还重申了克罗斯比在其早期关于"哥伦布交换"的著作中提出的一个论点：殖民时代的植物转移可能更多的是新旧

---

① Jason W. Moore, "Ecology and Imperialism", *Monthly Review*, Vol. 55, No. 2, 2003, pp. 60 – 61.

② Joe Weston, *Red and Green: A New Politics of The Environment*, London: Pluto Press, 1986, p. 14.

③ ［美］詹姆斯·奥康纳：《自然的理由——生态学马克思主义研究》，唐正东、臧佩洪译，南京：南京大学出版社2003年版，第286页。

④ Hugh Dyer, "Eco-imperialism: Governance, Resistance, Hierarchy", *Journal of International Relations and Development*, Vol. 14, No. 2, 2011, p. 191.

⑤ Liza Piper and John Sandlos, "A Broken Frontier: Ecological Imperialism in the Canadian North", *Environmental History*, Vol. 12, No. 4, 2007, p. 759.

生态帝国主义：分析与批判

世界环境之间的权衡。① 克里斯·威廉姆斯也从一系列的生态环境问题出发，认为要解决这些生态问题就必须厘清发达资本主义国家与生态危机的关系，并确定资本主义框架内的调整是否有助于从根本上解决生态危机。② 所有这些学术研究都表明，从生物视角对生态帝国主义的研究，狭隘地侧重于新欧洲的改造，无法解释这一过程对殖民地的社会和环境变化带来的影响。

基于上述考量，生态学马克思主义对生态帝国主义的研究就转向了政治经济学逻辑。而之所以出现这种研究转向，除上述因素外，还有两个方面的原因：第一，从理论上来看，长期以来学界关于生态学马克思主义的研究局限于哲学领域，而关于马克思主义政治经济学的深入挖掘在很大程度上完全被忽视了。生态学马克思主义认为"自然资本主义"或者"气候资本主义"的分析都忽视了资本主义对人类的影响，而这需要从马克思主义批判入手，需要从马克思主义政治经济学的视角出发进行分析。③ 保罗·伯克特（Paul Burkett）等学者认为马克思主义可以提供一种"适用于当今完全不同（但并非不相关）的环境问题的方法论"④。安格斯在探索地球系统危机的根源时，还专门强调了马克思主义政治经济学的重要性。⑤ 与此同时，福斯特肯定了马克思主义政治经济学为解决当今生态问题提供的方法。⑥ 第

---

① William Beinart and Karen Middleton, "Plant Transfers in Historical Perspective: A Review Article", *Environment and History*, Vol. 10, No. 1, 2004, pp. 3–29.

② Chris Williams, *Ecology and Socialism: Solutions to Capitalist Ecological Crisis*, Chicago: Haymarket Books, 2010, p. 5.

③ ［美］约翰·贝拉米·福斯特：《生态马克思主义政治经济学——从自由资本主义到垄断阶段的发展》，张峰译，载《马克思主义研究》，2012年第5期。

④ John Bellamy Foster and Paul Burkett, *Marx and the Earth: An Anti-Critique*, Chicago: Haymarket Books, 2017, p. 24.

⑤ Ian Angus, *Facing the Anthropocene: Fossil Capitalism and the Crisis of the Earth System*, New York: Monthly Review Press, 2016, p. 219.

⑥ ［美］约翰·贝拉米·福斯特：《马克思的生态学——唯物主义与自然》，刘仁胜、肖峰译，北京：高等教育出版社2006年版，第 vi 页。

二，从实践上来看，资源掠夺和污染转移都导致国际范围内的矛盾日益升级。面对灾难性的气候变化，艾伦·索内特（Alan Thornett）直截了当地否认了资本主义制度是气候变化解决方案的观点，他认为资本主义制度对全球变暖问题的解决毫无意义。① 资本主义制度在追求快速利润时已经对环境造成不可估量的损害。而资本主义框架内的调整，也仍然会以牟利为动力，随之而来的是资源浪费，以及一切没有交换价值的东西的破坏。所以说，资本主义对增长的永不满足的需求，加上它对矿物燃料的巨大依赖，意味着资本主义框架内的调整只是暂缓或者转移生态危机，不能从根本上解决发达资本主义国家所造成的生态问题。但可以说，生态学马克思主义者肯定了生态帝国主义对发展中国家和国际环境所造成的不可修复的生态影响。正因为当今日益严峻的经济形势和严重的生态问题，部分西方学者逐渐意识到生态帝国主义并没有过时，而是随着形势的发展适应了新时代的要求，呈现出新特征。

（二）生态帝国主义的新特征

生态帝国主义自诞生之日起就伴随着发达资本主义国家对发展中国家生态环境的掠夺，大体说来表现为资源掠夺、污染转移和生态战争。其中，资源掠夺表现为一些发达国家利用殖民地的资源积累资本，即使是作为印度当地神圣动物的牛也被当作生产资本的工具，甚至于"所有的殖民地国家眼看着他们的领土、资源和土壤被掠夺，用于支持殖民国家的工业化"②。污染转移表现为发达资本主义国家为获得利益，不惜将保护自然、实现再循环、控制污染的费用，以及污染性企业转嫁给发展中国家。生态战争表现为争夺资源，

---

① Alan Thornett, *Facing the Apocalypse: Arguments for Ecosocialism*, London: Resistance Books, 2019, p. 95.
② ［美］约翰·贝拉米·福斯特：《马克思的生态学——唯物主义与自然》，刘仁胜、肖峰译，北京：高等教育出版社2006年版，第182页。

生态帝国主义：分析与批判

可以说，20世纪几乎所有的战争最终都是为了争夺资源，而且多数发达资本主义国家也深刻认识到石油等能源对维持国际政治地位的重要性。应该说明的是，无论发达资本主义国家如何掩饰都无法隐藏生态帝国主义外衣下的野心。随着生态危机的不断恶化，生态学马克思主义者分析了生态帝国主义的新特征。具体来看：

其一，剥削手段多样化。发达资本主义国家在21世纪通过不平等的国际秩序以及优势地位，利用一些看似合法的手段，掠夺发展中国家的各种资源，最终使发展中国家成为发达资本主义国家经济增长的附属物。一方面，发达资本主义国家采用与发展中国家联合发展的模式，从经济和政治层面"援助"发展中国家。但这种以掠夺发展中国家自然资源和生态空间为前提的经济援助和政权渗透，被生态学马克思主义诟病为发达资本主义国家控制发展中国家的方式。经济援助的一个重要方式就是打着经济合作和技术援助的幌子，与发展中国家进行一系列不平等的生态交换，最终导致这些国家不仅没有发展起来，反而背上了沉重的外债。可以说，经济援助的本质是为了满足发达资本主义国家的资本积累需要和"控制自然资源的需求，以及未来满足这种需求而制造出的不对称资源开发和不平等交换"，而非发展中国家可持续发展的需要。[①]

基于此，福斯特认为经济援助是一种虚假的援助，而且萨卡也肯定了这一观点，认为这不仅加剧了发展中国家内部的不平等，而且影响下一代的发展，同时民族文化、本土文化受到美国式文化垃圾的侵蚀和取代。[②] 福斯特认为，真正的援助应该是基于平等的生态交换且有助于可持续发展，或者说从根本上重新界定发展和增长，

[①] John Bellamy Foster, Brett Clark and Richard York, *The Ecological Rift: Capitalism's War on the Earth*, New York: Monthly Review Press, 2010, p.347.

[②] ［印］萨拉·萨卡：《生态社会主义还是生态资本主义》，张淑兰译，济南：山东大学出版社2012年版，第162页。

从而确定满足人类和生态需求的优先次序,而不是利润和市场的优先次序。尤其引人注目的是,发达资本主义国家还试图以更少的成本换取更多的生态使用价值或自然产品,并从事各种形式的生产外包和环境负荷转移,以实现对"全球性公共品的占有和对这些公共品的吸收能力的不平等使用和剥削"①。可以毫不夸张地说,生态帝国主义就是那些发达资本主义国家缓和本国矛盾的伎俩。正如范达娜·席娃所言:生态帝国主义意味着"通过企业全球化控制世界经济",包括"正在中东打的石油战争,中亚、非洲以及由工业生物燃料的出现引发的新的土地和粮食战争"。②

另一方面,发达资本主义国家凭借其国际地位,对发展中国家进行资源掠夺和污染转移。尤汉·阿里芬(Yohan Ariffin)认为生态帝国主义符合非政府组织环境保护的利益,有助于成本逐渐上升和产能过剩的行业出口技术和服务。③ 阿伦·阿格拉沃尔(Arun Agrawal)认为这与20世纪90年代"全球环境公域"的态度是一致的,中心国家通过以出口为导向的方式开发边缘地区,并将这些地区视为人类共同的历史遗产,因而有权共同开发。J. 蒂蒙斯·罗伯茨等学者还强调了国际分工对边缘国家的影响,他认为发达的工业基础和相对压倒性的军事力量可以用来操纵世界的政治和经济关系:"核心富裕国家在控制强大的金融机构的同时,进口原材料,出口高价值服务和工业品;贫穷的外围国家出口自然资源,并直接向制造商提供廉价劳动力;半外围的中等收入国家位于中间的某个地方,有

---

① [美]约翰·贝拉米·福斯特:《生态革命——与地球和平相处》,刘仁胜、李晶、董慧译,北京:人民出版社2015年版,第221页。
② Vandana Shiva, *Soil Not Oil: Environmental Justice in an Age of Climate Crisis*, Boston: South End Press, 2008, pp. 15 – 16.
③ Yohan Ariffin, "On the Scope and Limits of Green Imperialism", *Peace Review*, Vol. 22, No. 4, 2010, p. 373.

生态帝国主义：分析与批判

一些工业、高价值服务以及部分多元化的出口结构。"①

其二，剥削形式隐蔽化。中心国家在掠夺边缘国家的剩余价值、实现高额资本积累的同时，也扩大了其与发展中国家的收入差距和冲突。可以肯定地说，世界范围内的竞争并没有随着帝国主义的出现而消失，反而以"更加隐蔽的形式进行"②。美国已经成为生态侵略最严重的地域，集中体现为"赤裸裸的帝国主义"，而这也恰恰反映了美国对全球霸权统治地位的追求。西蒙和雪莉认为，发达资本主义国家经常使用"现存的国际组织和非政府组织去推进它们的议程"，从而影响发展中国家的政府行为。毫无疑问的是，发达资本主义国家特别关注全球北方的环境议程，试图将其环境政策视为是合理的、公平的和良好的，并通过支持非政府组织来达到占有发展中国家资源的同时控制其政府行为的目的。他们指出，"美国的触角已经涉及环境政策设定以及政策定期发布等各个方面，迫使发展中国家遵守它们的不论科学与否、激进与否的研究成果。"③

可以说，无论是政治领域还是意识形态领域，抑或是公共领域的掠夺，都可以被视为发达资本主义国家对发展中国家的发展空间的掠夺，而且是以更加隐蔽的形式对全球资源、生态环境和生态话语权的掠夺和占领，留给发展中国家和全球的是无穷无尽的生态灾难。正如克里斯·威廉姆斯敏锐地观察到的："资本主义的贪婪是无穷无尽的。事实上，资本主义就其本质而言是'无限的'——一旦

---

① J. Timmons Roberts and Bradley C. Parks, "Fueling Injustice: Globalization, Ecologically Unequal Exchange and Climate Change", *Globalizations*, Vol. 4, No. 2, 2007, p. 197.

② [美] 约翰·B. 福斯特：《垄断资本和新的全球化》，陈喜贵摘译，载《国外理论动态》，2003 年第 6 期。

③ Lim Soomin and Steven Shirley, "Eco-imperialism: The Global North's Weapon of Mass Intervention", *Journal of Alternative Perspectives in the Social Sciences*, Vol. 1, No. 3, 2009, p. 850.

达到一个限度或界限,就必须超越它。资本主义已经发展到了一个阶段,它现在威胁着地球上的基本生物地球化学过程,因为人类文明已经认识到这些过程。"① 罗伯特·阿尔布里顿还从土地掠夺(land grab)的概念出发,分析了当前全球经济和生态危机的联系,认为这一概念反映了"发达国家或更强大的国家在较贫穷的国家购买大量土地,用来种植有利可图的作物",但"尽管从资本主义早期开始,各种各样的'土地掠夺'就已经开始了,但它从未如此秘密地、全球性地、系统地、有力地进行过"②。

其三,剥削程度深刻化。当今世界各国间的竞争日益加剧,而且所有国家都在寻求增加军费开支,并将剩余资源中的份额并入自己手中。正如迈克尔·克雷尔(Michael Klare)深刻观察到的那样,围绕石油、水和其他日益减少的资源的潜在冲突已经威胁到世界各地一系列地区的稳定,因为全球和区域大国正在建立新的联盟,并寻求维持或扩大它们对具有地缘战略重要性的领域的控制。③ 威廉·莫里斯积极参加了19世纪80年代在英国成立的第一个社会主义政党即社会民主联盟,认为对环境的破坏和对工人的剥削都是由资本积累过程驱动的,因此他深信只有革命才能把自然和人类从束缚中解放出来。而且在他的整个研究工作中,对环境的关注也是显而易见的。他曾断言,任何人都不应该"仅仅为了盈利而砍伐树木,而树木的损失会破坏一片风景;既不能以任何借口让人们用烟熏黑日光,也不能让河流污秽,或者用肮脏的垃圾和残酷的浪费混乱使地

---

① Chris Williams, *Ecology and Socialism: Solutions to Capitalist Ecological Crisis*, Chicago: Haymarket Books, 2010, p. 230.

② Robert Albritton, *Eco-Socialism For Now and the Future: Practical Utopias and Rational Action*, New York: Palgrave Macmillan, 2019, p. 109.

③ Michael Klare, *Resource Wars: The New Landscape of Global Conflict*, New York: Owl Books, 2002.

生态帝国主义：分析与批判

球上的任何地方退化"①。

基于生态帝国主义研究转向以及主要特征，弗瑞姆分析了生态帝国主义的属性："第一，生态帝国主义植根于资本积累的无止境的动力之中，并在特定的资本主义生产关系下发生。第二，生态帝国主义的产生又取决于权力（经济、政治、军事、意识形态等）不平等的动力和国际分工体系内的依赖，这是殖民主义和不平衡发展的历史结果。第三，生态帝国主义对周边国家产生了一定的负面社会生态影响。"② 他认为，生态帝国主义是一个边缘国家的经济、政治和社会制度服从于核心国家的生物、代谢需要，与使这些资源容易获得并符合外国资本积累的需要的目的不可分割，而且发达国家生态帝国主义的最终目的就是确保某些地区和社会团体的资源和利润继续流向其他地区和社会团体。他进一步指出，生态帝国主义所采取的形式也是对社会抵制所产生的运动和反动的辩证展开的结果。③ 对于发展中国家而言，多数企业长期以来深受发达资本主义国家的生态影响，而且对于那些刚刚步入或者尚未完成民族工业化的企业而言，其经济周旋的余地很小，不仅缺乏环保资金和技术的支持，而且大量的减排压力也影响其生存。乌尔里希·布兰德进一步强调："'生态帝国主义'及其全球化的发展，以及'社会生态转型'作为一种抗衡性运动的成长，其复杂程度恐怕要远远超出当今世界格局或欧美局势下的想象。"④ 福斯特和克拉克指出，剩余

---

① William Morris, *Art and Socialism*, London: Kessinger, 2004, pp. 15–16.
② Mariko Lin Frame, "The Neoliberalization of (African) Nature as the Current Phase of Ecological Imperialism", *Capitalism Nature Socialism*, Vol. 27, No. 1, 2016, p. 90.
③ Mariko Lin Frame, "The Neoliberalization of (African) Nature as the Current Phase of Ecological Imperialism", *Capitalism Nature Socialism*, Vol. 27, No. 1, 2016, p. 90.
④ ［德］乌尔里希·布兰德、马尔库斯·威森：《资本主义自然的限度——帝国式生活方式的理论阐释及其超越》，郇庆治等编译，北京：中国环境出版集团2019年版，序言第14页。

价值转移以复杂的方式被物质—生态流动所遮蔽，这种流动改变了发达国家与发展中国家的生态关系。生态帝国主义在环境开发、不平等交换和全球新陈代谢断裂方面造成了不对称，"无论是重新争夺非洲、全球公域被二氧化碳淹没，还是以第三世界种质为目标的生物剽窃，生态帝国主义都在以积累为基础的全球经济中运作。"①

二、绿色帝国主义

绿色帝国主义意味着资本主义霸权利用自给自足的环境危机作为帝国主义政策的理由和工具，以维护其国际地位。绿色帝国主义是生态学马克思主义的帝国主义批判思想的重要表现形式。

（一）绿色帝国主义对扩张行为进行辩护

由于当前的"绿色"环境运动受到帝国主义的荼毒，因而人类真正需要的是反资本主义的"无产阶级环境运动"，从而解决全球环境危机和无产阶级的束缚。一些西方学者运用绿色帝国主义为发达资本主义国家的对外扩张进行辩护，认为世界范围的资源是人类共同的遗产，所以发达资本主义国家有权开发发展中国家或殖民地的自然资源。弗雷德里克·卢加德伯爵（Lord Frederick Lugard）在1922年出版的《英属热带非洲的双重使命》一书中宣传殖民地问题，并指出了殖民主义的双重任务：一是宗主国拥有开发当地资源的权力，二是热带地区内部的种族不得剥夺宗主国对当代资源的开发。他宣称帝国主义的任务是开发殖民地的自然资源，而这不仅是为了本国公民的利益，更是为了造福于土著人民，在向他们提供良

---

① Brett Clark and John Bellamy Foster, "Ecological Imperialism and the Global Metabolic Rift: Unequal Exchange and the Guano/Nitrates Trade", *International Journal of Comparative Sociology*, Vol. 50, No. 3 – 4, 2009, p. 311.

生态帝国主义：分析与批判

好的卫生和教育等基础服务的基础上，使土著人民更好地融入人类文明。①

对于这一观点，尤汉·阿里芬认为这是对帝国主义扩张行为的辩护。由此，他进一步指出，环境主义影响了南北关系，而工业化国家试图向发展中国家，特别是亚洲和拉丁美洲部分地区的发展中国家出口环境立法、规章和标准，从而扼杀了他们的经济增长。此外，还有学者认为，这一被称为"绿色帝国主义"的趋势不仅符合非政府组织环境保护的利益，而且也有利于北半球面临成本上升和产能过剩问题的行业利益，这些行业需要出口自己的技术和服务。②在生态学马克思主义看来，一些发达资本主义国家为了一己私利，完全不顾发展中国家在能源等方面的现实状况，对他们提出许多不切实际的保护环境的要求，特别是在贸易和外交上施加压力。

现在越来越清楚的是，哥本哈根、坎昆、多哈、里约等所有气候变化国际会议的巨大失败证明，发达资本主义国家拒绝任何具体减少二氧化碳排放的承诺，即使是最低限度的减排。在这种情况下，少数国家强加给发展中国家的《哥本哈根协议》不仅提供不了充足的资源，而且还企图分裂和制造人民之间的对抗，并通过对获得适应和减缓资源的机会附加条件来敲诈发展中国家。因此，在国际谈判中试图将发展中国家划分为易受气候变化影响的国家是不可接受的，这会在这些国家之间产生争端、不平等和隔离。迄今为止，较为"开明"的资本主义政府所采取的软弱措施，如《京都议定书》和《欧洲气候行动一揽子计划》，凭借其"灵活机制"和排放交易机制，已无法应对气候变化的巨大挑战。《京都议定书》采用了两种

---

① Yohan Ariffin, "On the Scope and Limits of Green Imperialism", *Peace Review*, Vol. 22, No. 4, 2010, p. 374.

② Yohan Ariffin, "On the Scope and Limits of Green Imperialism", *Peace Review*, Vol. 22, No. 4, 2010, p. 374.

手段：一种是"总量控制与交易"（Cap and Trade）的污染信用交易系统，以实现一定的减排；另一种是在全球南部开展项目，即所谓的"清洁发展机制"（Clean Development Mechanisms），以抵消高度工业化国家的碳排放量。这些手段都依赖于市场机制，这首先意味着大气中的二氧化碳变成了一种商品，由造成全球变暖的利益集团控制。污染者并没有被强制减少碳排放，而是被允许利用他们对金钱的控制力来控制碳市场，以达到他们自己的目的，其中包括对更多碳基燃料的破坏性开采。而且遵守规定的政府所能发放的排放信用额度也没有限制。但同时也必须清醒地看到，由于无法对结果进行核查和评估，《京都议定书》不仅无法控制排放，还为各种逃避和欺诈提供了大量机会。诚如《华尔街日报》在2007年3月所指出的，碳排放交易会让一些大公司赚到钱，但千万别相信这种把戏会对全球变暖起到多大作用。

总体而言，《京都议定书》和清洁发展机制对减排的影响"高度可疑"。正如帕特里克·邦德（Patrick Bond）所总结的那样，迄今为止，包括欧洲交易计划在内的国际上限和交易制度似乎"既无法从源头上限制或规范温室气体污染，也无法启动寄予厚望的排放交易"，自2011年以来，这些市场的价值逐年下降。此外，流向"清洁发展"（清洁发展机制的一个主要目标）的大部分碳融资只集中在少数几个国家，而绕过了地球上的大多数地方，特别是非洲。[①]同样的道理也适用于奥巴马总统和欧盟所推崇的"技术"解决方案，如"电动汽车""农用燃料""清洁碳"等。可以确信的是，资本主义的生产力正在成为毁灭性的力量，给数百万人带来物质毁灭的危险——这种情况甚至比戴维斯研究的19世纪的"热带大屠杀"还要

[①] Patrick Bond, "Climate's Value, Prices and Crises Geopolitical limits to Financialization's Ecological Fix", *Discussion Paper*, 2015.

生态帝国主义：分析与批判

糟糕。

对于关心地球命运的学者而言，必须要正视气候的变化以及社会制度变革的迫切需要。尽管，发达资本主义国家已经意识到生态危机的严重性，而且在哥本哈根举行的世界气候会议也被宣传为取代无效的《京都议定书》的"最后的最佳机会"，但除此之外几乎就没有任何价值了。迈克尔·A. 利维（Michael A. Levi）简明扼要地描述了发达资本主义国家之间的竞争："12月份签署一项全面条约的可能性微乎其微。即使在第二年达成这样一项协议，也将是一项不寻常的挑战，因为华盛顿和其他国家的国内政治限制使这样一项协议难以谈判和批准。"他补充道：如果达成一项协议，但他们根本没有做到这一点，那这种协议就"只是一半的问题"，而且"即使每个国家都签署了具有约束力的重大协议，但这离保证成功还差得很远，因为除了惩罚性的贸易制裁或类似的令人不快的惩罚之外，世界上几乎没有什么有效的选项可以来保证削减排放承诺的执行"①。这里需要进一步说明的是，2009年12月在哥本哈根未能达成世界气候协议的原因，并不是像人们常说的那样，即发达资本主义国家放弃了世界领导地位，更深层面的根源在于资本主义体系无力应对地球上生命所面临的日益加剧的威胁。而且，每个国家都试图从本国利益出发，这导致达成一项有意义的协议几乎不可能实现。这次气候会议给人类带来的教训是：全球经济造成了星球生态失衡，导致了环境和气候危机，但世界各国领导人完全没有能力就气候变化的真正解决方案进行谈判，因为他们允许一些污染者赚取更大的利润。

（二）新技术是一种创造性的毁灭力量

理查德·H. 格罗夫（Richard H. Grove）从20世纪80年代起就

---

① Michael A. Levi, "Copenhagen's Inconvenient Truth", *Foreign Affairs*, Vol. 88, No. 5, 2009, pp. 92 – 93.

集中研究热带地区的环境史和环保意识的历史。① 从一定意义上来看，发展中国家确实需要发达资本主义国家的经济援助和技术支持，但要求这些国家在短时期内达到发达资本主义国家的科技水平，是不现实的，更是众多发展中国家所不能接受的。正如印度环境学者拉玛沙德拉·古哈（Ramachandra Guha）和玛提内·埃里尔（J. Martinez-Alier）深刻观察到的那样："绿色帝国主义比经济帝国主义……更加危险和虚伪。"② 还有一些西方学者将技术视为解决生态危机、推进社会进步、改善生态环境的有效方式。他们认为技术能够提高生产率，所以主张发达国家对发展中国家开展技术支持。针对这种技术援助，摩尔肯定了其对发展中国家的进步作用："大量的馈赠为资本主义的技术动力提供原料，这导致新机器的生产，这些新机器使人类对人之外自然（的攫取量）呈几何级数增长。更短的时间可以生产更多的产品。"③ 从目前的生产方式来看，新技术的使用在一定程度上可以缓解生态危机，但这并不能彻底解决生态危机的影响。正如美国学者罗伯特·艾尔斯（Robert Ayres）所强调的那样："技术确实能够造成差别，但只是缓解我们走向星球无法恢复的那一点的速度……许多重大的环境损害是不可逆转的。"④ 而且更重要的是资本主义是建立在煤炭和石油之上的，并且与之密不可分。煤炭的开采和燃烧使工人阶级的创建成为可能，并产生了新的等级制度和不平等形式。换句话说，当前系统中开发的任何技术都不是

---

① Richard H. Grove, "Editorial", *Environmental and History*, Vol. 6, No. 2, 2000, p. 127.

② Ramachandra Guha and J. Martinez-Alier, *Varieties of Environmentalism: Essays North and South*, London: Earthscan, 1997, p. 107.

③ ［美］杰森·摩尔：《地球的转型——在现代世界形成和解体中自然的作用》，赵秀荣译，北京：商务印书馆2015年版，第6页。

④ ［美］罗伯特·艾尔斯：《转折点——增长范式的终结》，戴星翼、黄文芳译，上海：上海译文出版社2001年版，第235页。

中立的，通过其本身的设计，它可以塑造人与自然之间的关系。①

虽然技术创新能提高效率，但它不一定使社会脱节，也不一定有助于经济增长与环境恶化的绝对脱钩。如在资本主义企业中，有效的经营产生了储蓄，这种储蓄往往在内部或更大的经济体系内扩大对生产的投资，从而使总的能源消耗和所用材料的总量增加，简单来说，资本主义工业在找到更有效的利用方式时会消耗更多自然投入。因此，能源和资源使用效率的提高往往导致整个资本主义经济制度的扩大，抵消每单位产出能源和资源使用的减少。这一现象被称为"杰文斯悖论"。威廉姆·斯坦利·杰文斯（William Stanley Jevons）用大量的事实证明了煤炭燃烧转化效率与科技的关系，然而原本想证明科学技术会降低煤炭的需求量，其最终得出的结果却恰恰相反。根据这一悖论，一个经济体有可能在提高资源利用效率的同时，扩大其资源消耗，"而这种情况的出现是因为生产规模的增长超过了提高效率所取得的成果"②。正如哲学家汉娜·阿伦特（Hannah Arendt）所指出的那样："在现代条件下，保存不是破坏，而是意味着毁灭，因为保存物品的持久性本身是（资本）周转过程的最大障碍，资本在速度上的不断提高，只有坚定的信念才能在任何地方站稳脚跟。"③ 针对这一悖论，约克、罗莎和迪茨认为，"开发某种资源的替代品不一定会导致对这种资源的保护。这一点尤其重要，因为许多技术替代品被提议用于帮助克服一些环境问题。但问题的关键是，这些替代品是否真的取代了其

---

① Aaron Vansintjan, "Where's the 'Eco' in Ecomodernism?", http://www.europe-solidaire.org/spip.php?article44271（访问日期：2022年4月4日）。

② Andrew K. Jorgenson, "Environment, Development, and Ecologically Unequal Exchange", *Sustainability*, Vol. 8, No. 3, 2016, p. 4.

③ Hannah Arendt, *The Human Condition*, Chicago: University of Chicago Press, 1958, p. 253.

他资源的消费。"① 在这一基础上，福斯特通过论证新技术的使用对生态环境的破坏，阐释了技术革命与改善生态危机的悖论。福斯特和伯格特还指出了杰文斯的错误，认为他"没有考虑到煤炭的可能替代品，如石油、天然气和水力发电，也没有理解新技术在多大程度上允许开采以前无法开采的煤炭矿藏"②。由此可以很明显地看出，"我们退缩不前是因为缺乏科技解决方案，这也不再令人信服"③。

新技术对于资本主义而言至关重要，因为它们服务于资本的利益。正如迈克·科尔所观察到的，"不断增长的技术对生产力的推动，目的是通过使技术领域的商品（不仅是不断增长的技术硬件集合，而且是一个包含人类制造的所有技术对象的系统）以更便宜的价格削弱竞争对手，而且意味着更多的机器和更少的劳动力（利润的来源）。"④ 这样"资本便可以支配生态话语，也就是以自己的方式定义自然……并试图以符合资产阶级广泛利益的方式，处理资本与自然之间的矛盾"⑤。必须指出，技术不是资本主义的副产品。相反，它是资本在不断寻求更多利润时所需要的，允许不断增加对劳动力的控制，从而使更多的剩余价值创造变得更加可行。对资本家来说，控制劳动力对于遏制工人不断增加其创造价值份额的企图至

---

① Richard York, Eugene A. Rosa and Thomas Dietz, "Ecological Modernization Theory: Theoretical and Empirical Challenges", in Michael R. Redclift and Graham Woodgate (eds.), *The International Handbook of Environmental Sociology*, Second Edition, Northampton: Edward Elgar, 2010, p. 84.

② John Bellamy Foster and Paul Burkett, *Marx and the Earth: An Anti-Critique*. Chicago: Haymarket Books, 2017, p. 22.

③ [加] 娜奥米·克莱恩：《改变一切——气候危机、资本主义与我们的终极命运》，李海默、韦涵、管昕玥等译，上海：上海三联书店2018年版，第19—20页。

④ Mike Cole, *Climate Change, The Fourth Industrial Revolution and Public Pedagogies: The Case for Ecosocialism*, London and New York: Taylor & Francis Group, 2021, p. 49.

⑤ [英] 大卫·哈维：《资本社会的17个矛盾》，许瑞宋译，北京：中信出版社2016年版，第281页。

生态帝国主义：分析与批判

关重要。但新技术的引进本身并不会改变资本主义生产的形式，相反，"只会在新的方向上加速它，并进一步扩大经济的规模。资本主义对资源的浪费和令人厌恶的优先感正使荒谬和堕落达到新的深度。"① 福斯特直接否认了"资本主义技术决定论"，认为科技创新只会增加而不会减少对自然资源的需求，因为"效率的改进会导致生产规模的扩大"②。科威尔也认为科技的进步只会增加资本积累，加速资本主义制度的发展。③ 他还进一步批判了那些认为技术本身（仿佛它可能存在）对自然有害的观点，认为这一论点"既没有逻辑上的理由，也没有大量经验主义的反证据"④。在资本主义条件下，即使是成熟的技术也不一定会被采用，因为资本家投资开发的是那些能为资本带来更多利润的技术，而不是有助于改善环境的技术。"在资本主义制度下，需要促进开发的是那些为资本带来巨大利润的能源，而不是那些对人类和地球最有益处的能源。"⑤

随着对用来提高产量的新的更先进的工具和技术的开发利用，就需要更多的能源，而这会导致更严重、更长期的生态破坏。福斯特直言不讳地指出，"因为技术总是不可避免地用于推进阶级战争和扩大经济规模，因此在理论上新的技术是不能解决问题的。"⑥ 简单地通过开发新技术来解决生态问题的方法是不可取的，所谓的

---

① Chris Williams, *Ecology and Socialism: Solutions to Capitalist Ecological Crisis*, Chicago: Haymarket Books, 2010, p. 230.
② [美] 约翰·贝拉米·福斯特：《生态危机与资本主义》，耿建新、宋兴无译，上海：上海译文出版社 2006 年版，第 88 页。
③ [美] 乔尔·科威尔：《自然的敌人——资本主义的终结还是世界的毁灭？》，杨燕飞、冯春涌译，北京：中国人民大学出版社 2015 年版，第 139 页。
④ Joel Kovel, "The Struggle for Use Value: Thoughts About the Transition", *Capitalism Nature Socialism*, Vol. 11, No. 2, 2000, p. 20.
⑤ [美] 约翰·贝拉米·福斯特：《生态危机与资本主义》，耿建新、宋兴无译，上海：上海译文出版社 2006 年版，第 94 页。
⑥ [美] 约翰·贝拉米·福斯特：《资本主义与生态环境的破坏》，董金玉译，载《国外理论动态》，2008 年第 6 期。

环境友好型技术、绿色技术等也不能从根本上解决生态问题。技术的应用"不仅仅是一个技术问题，也是一种社会和政治问题"①。可以说，只要这些技术是在资本主义制度框架下开发的，它们必然会导致资源和劳动力的廉价化。由此可以看出，技术及其应用取决于生产它们的社会，因此必须重新思考资本主义的技术范式。在资本主义制度下，几乎每一项技术都被用来扩大对多数人和发展中国家的剥削。诚如娜奥米·克莱恩所言："许多绿色资本主义的倡导者都试图兜售绿色科技万灵丹，或将环境影响从经济活动中'分离'出去，以此来掩饰市场逻辑和生态限制之间的冲突。"②

在以上分析研判的基础上可以看出，无论是开发新技术，还是运用新技术，资本家都是把利益放在首位，而完全不会顾及自然的承受能力。一些西方学者认为，世界上大多数人的贫穷和痛苦不是偶然的，是资本主义体制的一些无意的副产品，可以通过这里或那里的修修补补消除。但维克多·沃利斯（Victor Wallis）一针见血地指出，任何技术的选择实际上都隐含了企业追求利润最大化，实现无限经济增长的目标。可以说，资本主义的环境危机是不可逆转的，技术等资本主义框架内的调整只能暂缓并不能从根本上解决危机。③资本主义制度下的环境危机本质上是资本逻辑与生态规律根本对立的必然结果。要真正解决这一危机，必须通过彻底的制度变革，建立一种以满足人民真实需求为导向、以社会生态可持续发展为根本原则的新型的社会主义社会。

---

① ［美］詹姆斯·奥康纳：《自然的理由——生态学马克思主义研究》，唐正东、臧佩洪译，南京：南京大学出版社2003年版，第332页。
② ［加］娜奥米·克莱恩：《改变一切——气候危机、资本主义与我们的终极命运》，李海默、韦涵、管昕玥等译，上海：上海三联书店2018年版，第109页。
③ ［美］约翰·贝拉米·福斯特：《生态危机与资本主义》，耿建新、宋兴无译，上海：上海译文出版社2006年版，第95页。

三、能源帝国主义

在 21 世纪初期，国际范围内的战争似乎在很大程度上是因为统治世界经济的利益集团，所控制的世界范围内的石油资源日益减少引起的。① 能源帝国主义是生态学马克思主义帝国主义批判思想的一个重要的表现形式。

（一）能源帝国主义不能彻底解决能源问题

在生态学马克思主义看来，当今地缘政治斗争背后日益激烈的资源争夺正在催生一种新的掠夺活动，这种活动延伸到地球的每一个角落，并越来越多地延伸到北极地区，因为那里气候变化导致的海冰融化，为石油勘探开辟了新的领域。正如迈克尔·T. 克莱尔（Michael T. Klare）介绍的那样，全球资源的争夺只能指向一个方向："由于对能源的竞争性追求，大国之间的激化和怨恨的积累，还没有达到任何一对或一群大国之间可能发生暴力冲突的地步……许多侵略性大国在全球范围内争夺日益稀缺和宝贵的资源，而这些资源往往是在本来就不稳定、已经处于冲突边缘的地区。"② 一些国家将石油视为一种重要的战略资源，而且"石油安全"也是美国和其他强大的石油消费国和集团（如欧盟）的优先事项之一。埃尔马尔·阿尔塔瓦特（Elmar Altavater）指出了发达资本主义国家为获取国际范围内的石油控制权所采用的三种战略："外交和建立友好的国家间关系，如在海湾地区；通过颠覆手段，如在一些拉丁美洲和非洲国家；通过使用大规模军事力量，如在伊拉克以及在中美洲，甚

---

① John Bellamy Foster, "A Warning to Africa: The New U. S. Imperial Grand Strategy", *Monthly Review*, Vol. 58, No. 2, 2016, pp. 1 – 12.

② Michael Klare, *Rising Powers, Shrinking Planet*, New York: Henry Holt, 2008, pp. 236 – 237.

至在未来，在较小的程度上反对伊朗和委内瑞拉。"①

从帝国主义对化石燃料的控制来看，美国的经济、政治和军事是同美国的化石燃料公司紧密联系在一起的，这形成了一个新的能源帝国主义战略。正如克莱尔所观察到的，19世纪末石油的发现为战争增添了新的层面。② 这意味着越来越多的资源用于争夺军事优势，并且自资本主义诞生以来，军事冲突已造成越来越多的环境破坏，换句话说，国家之间的冲突往往是争夺经济资源的斗争。在这一过程中，石油在世界和地区战争中都发挥了重要作用，就波斯湾地区丰富的石油储量而言，正如迈克尔·克莱姆（Michael Klarem）所观察到的，"首先是英国和沙皇俄国，后来又有法国、德国和美国加入。到20世纪末，保障波斯湾的石油流动已成为美国军事机构最重要的职能之一。"③ 环境人类学家埃米利奥·F. 莫兰（Emilio F. Moran）也敏锐地观察到，"大量化石燃料材料被储存在地下下沉的地质时期，开采和使用这些材料的副产品进入生物圈，引发了大气中的生物地球化学变化，这些变化花了几个世纪的时间才被察觉，现在威胁着我们的星球。"④ 在某种程度上，化石燃料对资本主义和当今世界的运作如此重要，以至于即使在资本主义下尝试进行大量削减，也会导致一段时期非同寻常的经济混乱，而且整个行业在重组时将不得不停止运作。

---

① Elmar Altavater, "The Social and Natural Environment of Fossil Capitalism", in Leo Panith and Colin Leys (eds.), *Socialist Register* 2007-*Coming to Terms with Nature*, London: Merlin Press, 2006, p. 51.

② Michael T. Klare, *Resource Wars: The New Landscape of Global Conflict*, New York: Henry Holt and Company, 2001.

③ Michael Klarem, "Blood for Oil: The Bush-Cheney Energy Strategy", in Leo Panith and Colin Leys (eds.), *Socialist Register* 2004-*The New Imperial Challenge*, London: Merlin Press, 2004, p. x.

④ Emilio F. Moran, *Environmental Social Science: Human-Environment Interactions and Sustainability*, Malden, MA: Wiley-Blackwell, 2010, p. 5.

生态帝国主义：分析与批判

随着传统石油来源的减少，公司和政府的对策不是全面调整石油开采的资源方向，而是延长其使用期限，以确保通过盐水注入和水平钻井等强化开采技术确保最后一滴石油的安全，并勘探和吞并迄今尚未钻探的荒野地区和极地冰盖下的石油资源。此外还有一个问题值得考虑，他们还计划建立一个污染更严重的行业，从油砂和油页岩等以前的边际资源中开采石油，这将对环境造成极大的破坏。因此，威廉姆斯指出，"人类是否达到'石油的尽头'或是否达到'石油峰值'，不是由物质的限制或环境的不稳定来决定的，而是由一个社会的利益决定的——这种疯狂的抵抗可以产生什么利益，而且这种疯狂可以组织什么样的抵抗。"[①] 与此形成鲜明对比的是，德尔·韦斯顿认为，"虽然这一术语的含义有些混乱，但它经常指的是石油最大产量的临界值"[②]。福斯特强调，虽然许多公司、政府和科学报告都预测了石油峰值的前景，但今天的问题不在于石油峰值是否可能很快到来，而在于石油价格是否会很快达到峰值。[③] 他进一步指出，"为了弥补低成本原油的峰值，企业正在利用加拿大焦油砂开采出的石油以及得克萨斯州和美国其他地区的页岩层开采的石油和天然气，对环境造成极大的破坏。"[④] 面对十分有限的自然资源，在现代资本主义制度下，没有合理的优先次序，由发达资本主义国家利用市场来决定商品的分配。

随着这些资源开始枯竭，其产品的价格将会上涨，并带来各种

---

① Chris Williams, *Ecology and Socialism: Solutions to Capitalist Ecological Crisis*, Chicago: Haymarket Books, 2010, p. 94.
② Del Weston, *The Political Economy of Global Warming: The Terminal Crisis*, London: Routledge, 2014, p. 162.
③ John Bellamy Foster, *The Ecological Revolution*, New York: Monthly Review Press, 2009, pp. 85 - 105.
④ Fred Magdoff and John Bellamy Foster, *What Every Environment Needs to Know about Capitalism*, New York: Monthly Review Press, 2011, p. 68.

社会和政治后果。对于工业强国来说,对化石能源和其他战略物资来源的国际控制变得越来越重要,他们会毫不犹豫地诉诸军事力量来确保这一点。石油峰值问题的出现受到发达资本主义国家和国际组织的高度重视。正如韦斯顿所详细介绍的那样,"化石燃料的寻找和开采继续以前所未有的速度进行,部分原因是预期短缺、价格上涨和相应的投资增长。"① 西方学者普遍认为,尽管技术进步会不断地推迟石油峰值的到来,但人类在 21 世纪终究将面临这一空前严重的挑战,石油峰值将造成普遍而持续的能源危机,而这场危机比以往所发生的任何能源危机都要严重。根据加布里埃尔·考尔考(Gabriel Kolko)的说法,随着技术的进步,武器的破坏性潜力成倍增加,使当今世界面临历史上最危险的战争和最不稳定的时期。② 在这一过程中,石油在世界和地区战争中都发挥了重要作用,换句话说,国家之间的冲突往往是争夺经济资源的斗争。这意味着越来越多的资源用于争夺军事优势,并且自资本主义诞生以来,军事冲突已造成越来越多的环境破坏。

能源帝国主义意味着金融资本对商业资本和工业资本的控制以及资本主义列强之间的激烈竞争,同时也是自由资本主义发展到垄断阶段的产物。需要注意的是,当 19 世纪末自由资本主义进入垄断资本主义阶段时,正是石油工业崛起以及以石油为动力的现代工业体系的形成时期,金融资本很快渗透到石油工业领域,所以说现代石油工业天然具有垄断性。福斯特使用"划时代的危机"来描述金融垄断资本主义出现以来经济与生态之间的矛盾。值得注意的是,这种不平等又加速发达资本主义国家对发展中国家之间能源燃料的

---

① Del Weston, *The Political Economy of Global Warming: The Terminal Crisis*, London: Routledge, 2014, p. 18.
② Gabriel Kolko, *The Age of War: The United States Confronts the World*, Delhi: Gyan Sagar Publications, 2006, p. 177.

开采。而这种只顾眼前利益而不顾长远发展、大规模开采能源的行为，其最终恶果就是能源的枯竭，并最终威胁人类自身的生存和发展。

  在生态学马克思主义看来，资本主义之所以依赖化石燃料主要有两个方面的原因：一是化石燃料的储量可以被拥有，而拥有这些储量的人就拥有了对资源的垄断；二是它们可以实现非常集中和标准化的能源系统、高度的社会控制以及有利于企业投资的统一市场。这里需要指出的是，化石燃料资本主义只是资本主义的一种形式，尽管它是一种根深蒂固和持久的形式。克里斯·威廉姆斯认为，"资本主义以一种特殊的方式进化，并发展出了一个以化石燃料驱动的增长为基础的世界经济体系。"① 马格多夫和福斯特指出，"尽管石油可能是最受关注的不可再生资源之一，但它远非唯一的资源。"② 福斯特进一步强调，"各种非常规化石燃料来源的兴起，是全球对碳氢化合物狂热搜寻的一部分，虽然暂时缓解了供应担忧（尤其是由于水力压裂），但这并没有实质性改变全球对化石燃料的疯狂争夺。"③ 即使甲烷比煤或石油燃烧得更清洁，但如果将提取过程考虑在内，它的"碳足迹"会更大。更为具体的是，水力压裂会毒害地下水，污染周围的空气，它产生的废水在地下储存，甚至会导致地震。从经济上来看，广义垄断资本主义的向外运动主要是通过全球劳动力采购和日益稀缺的原材料以及所有这些产生的垄断租金来争夺低成本地位的竞争所推动的。正如苏珊娜·杰弗瑞深刻观察到的

---

① Chris Williams, *Ecology and Socialism: Solutions to Capitalist Ecological Crisis*, Chicago: Haymarket Books, 2010, p. 74.

② Fred Magdoff and John Bellamy Foster, *What Every Environment Needs to Know about Capitalism*, New York: Monthly Review Press, 2011, p. 68.

③ John Bellamy Foster, "The New Imperialism of Globalized Monopoly-Finance Capital", *Monthly Review*, Vol. 67, No. 3, 2015, p. 16.

那样,"能源政策反映的是国家和资本的利益"①。

克莱恩在认清资本主义市场机制现实的基础上,提出了一些具体的改变资本主义对化石燃料依赖关系的举措,认为"要改变这种关系,就需要进行高强度的干预:全面禁止污染活动、大力补助绿色替代品、对违规的高额罚款、实施新型税收和新的公共工程计划,以及逆转私有化"②。只有为满足人类需求而不是利润组织的那些经济体,才有可能减缓生态危机,并扭转已经造成的危害。正如米歇尔·威廉姆斯(Michelle Williams)所强调的,化石燃料资本主义威胁着地球,因而"人类的未来取决于我们是否有能力通过承认化石燃料资本主义的局限性来阻止资本主义对自然的破坏"③。可以毫不夸张地说,向生态社会主义的过渡将面临保护环境和满足社会需求之间、生态迫切性和基础设施发展之间、消费习惯与资源稀缺之间、社群与国际性冲突之间的紧张关系。

(二) 生物燃料被吹捧为一种"替代能源"

在生态学马克思主义看来,生物燃料经常被吹捧为一种替代能源。实际上,它们以四种形式存在:(1) 可以燃烧的木制品和作物残渣;(2) 从糖、淀粉和纤维素中提取的乙醇;(3) 从油料作物或废弃食用油中提取的生物柴油;(4) 从天然气、动物粪便和人类污水中提取的甲烷。概言之,生物燃料是直接源自生物质的液体或气体燃料,而前者区分为两种类型:生物乙醇和生物柴油。贾斯汀·基茨等学者在分析生物圈压力时认为,"尽管气候变化是一项核心和

---

① [美] 苏珊娜·杰弗瑞:《化石能源、资本主义和工人阶级》,盛国荣译,载《国外理论动态》,2019年第8期。

② [加] 娜奥米·克莱恩:《改变一切——气候危机、资本主义与我们的终极命运》,李海默、韦涵、管昕玥等译,上海:上海三联书店2018年版,第47—48页。

③ Michelle Williams, "Introduction", in Michelle Williams and Vishwas Satgar (eds.), *Marxisms in the 21st Century: Crisis & Critique*, South Africa: Wits University Press, 2013, p. 8.

生态帝国主义：分析与批判

重要的可持续性挑战，但人类对生物圈影响的范围和规模远远大于温室气体的排放量，这一点从对农田、林地、渔业和生物多样性的持续不断增加的压力中可以看出"，所以他主张"通过增加对生物燃料的需求，减轻化石燃料燃烧所产生的二氧化碳排放压力"①。换句话说，"减少对化石燃料的依赖和减少人类碳足迹的战略往往考虑使用可再生能源，如从植物材料中提取的液体燃料作为替代运输燃料"②。越来越多的迹象表明，生物燃料和碳交易伴随着应对气候变化的方法，将生态影响和社会成本转移给个人和发展中国家。针对这一发展趋势，一些西方学者认为大多数的污染排放不是由消费者个人造成的，因此个人生活方式的改变对生态环境的改善十分有限。德里克·詹森认为当前提出的解决生物燃料影响的方式都与个人消费有关，但在改变个人生活方式的同时也要学会简单地生活以减少生态影响，即便是这样，也不能阻止工业经济对地球的影响。③ 但由于生物燃料是"可再生资源"，所以一些国家将其视为更环保的化石燃料替代品，并误认为这是地球和人类的救星，甚至许多国家和地区大力倡导使用生物燃料来解决石油储量减少和气候变化的问题。

然而不容忽视的是，这一途径经不起推敲，而且一些生态学马克思主义者也否认了生物燃料的替代作用。马塞洛·E. 迪亚斯·德·奥利维拉（Marcelo E. Dias De Oliveira）、伯顿·E. 沃恩（Burton E. Vaughan）和爱德华·J. 雷基尔（Edward J. Rykiel）认为，

---

① Justin Kitzes, Mathis Wackernagel, Jonathan Loh, et al., "Shrink and Share: Humanity's Present and Future Ecological Footprint", *Philosophical Transactions of the Royal Society of London*, Vol. 363, No. 1491, 2008, p. 469.

② Justin Kitzes, Mathis Wackernagel, Jonathan Loh, et al., "Shrink and Share: Humanity's Present and Future Ecological Footprint", *Philosophical Transactions of the Royal Society of London*, Vol. 363, No. 1491, 2008, p. 473.

③ Derrick Jensen, "Forget Shorter Showers", *Orion Magazine*, Vol. 28, No. 4, 2009, pp. 18–19.

"从化石燃料能源到生物资源的转变可能并不总是导致人类对生物圈的总需求减少，而只是用耕地足迹的增加来代替碳足迹的减少"①。他们认为在"寻找替代能源时，必须评估整个生产和使用周期，以正确评估潜在的环境利弊"②。克里斯·威廉姆斯认为，"生物燃料已被证明在解决温饱问题方面非常有效，但肯定不是向清洁能源未来的过渡。"③ 邦克也在分析工业化国家生产资料来源的基础上认为，"快速增长的提取成本通常会刺激人们寻找替代品或新的原材料来源"④。需要说明的是，能源对国家而言具有重要意义，特别体现在巩固国际地位、提升经济水平等方面。但不容忽视的是，太阳能在资本主义社会中从未获得过足够的关注，却在替代能源体系的构建过程中逐渐扮演起关键角色。向更节能的生产模式转型，并以更清洁、高效的可再生能源替代传统能源，这一趋势更贴合资本家的利益诉求。为推动替代能源的发展，政府的支持策略需实现精准转型：从对所有生物燃料的生产与使用给予一般性的支持、补贴及市场培育，转向针对特定类型生物燃料的生产与使用提供有条件的扶持。在本国领土范围内，政府本拥有充足的权力与手段推动生物燃料的生产；但现实中，由于对大规模生物燃料计划可能引发的环境与粮食安全后果缺乏科学层面的共识，各国普遍不愿设定和执行严

---

① Marcelo E. Dias De Oliveira, Burton E. Vaughan and Edward J. Rykiel, "Ethanol as Fuel: Energy, Carbon Dioxide Balances, and Ecological Footprint", *BioScience*, Vol. 55, No. 7, 2005, p. 601.

② Marcelo E. Dias De Oliveira and Burton E. Vaughan, Edward J. Rykiel, "Ethanol as Fuel: Energy, Carbon Dioxide Balances, and Ecological Footprint", *BioScience*, Vol. 55, No. 7, 2005, p. 593.

③ Chris Williams, *Ecology and Socialism: Solutions to Capitalist Ecological Crisis*, Chicago: Haymarket Books, 2010, p. 86.

④ Stephen G. Bunker, "Toward a Theory of Ecologically Unequal Exchange", in R. Scott Frey, Paul K. Gellert and Harry F. Dahms (eds.), *Ecologically Unequal Exchange: Environmental Injustice in Comparative and Historical Perspective*, New York: Palgrave Macmillan, 2019, p. 16.

生态帝国主义：分析与批判

格的环境与社会标准，加之并非所有政府都具备意愿与动力推行倾斜性的公平燃料政策，这使得相关实践面临多重制约。

一些西方学者提出，生物燃料相较于其他可再生能源具有独特的"基础设施适配性"优势，能够最大程度地利用既有的化石能源体系，这一特性使其相比其他替代能源更具市场竞争力。世界各国政府也在积极推动生物燃料市场的发展，通过一系列政策与措施为其注入动力：一方面，通过设定强制性的生物燃料使用目标明确市场需求导向，为产业发展划定清晰路径；另一方面，通过补贴农民、乙醇及生物柴油加工企业与生物燃料使用者，降低产业链各环节的成本压力，激发市场主体的参与积极性。同时，部分国家通过关税及非关税贸易壁垒抵御进口冲击，为国内生物燃料产业营造保护性发展环境；此外，还通过设立大型补贴研发计划、为各类运输技术实验及相关项目提供资金支持等方式，推动生物燃料技术创新与应用落地，全方位助力生物燃料市场的规模化发展。目前，生物燃料的支持体系已形成广泛覆盖：农业综合企业、石油与能源公司、汽车企业、投资基金、农民组织以及加入各类国际组织的各国政府，均在积极推动这一新兴市场的发展。直到近年，生物燃料领域才完成了从少数国家主导到全球广泛参与的关键转型：此前这一体系主要由巴西、美国等少数国家支撑起各自的国家生物燃料系统，如今已演进为几乎所有国家均深度参与的全球性生物燃料体系。然而，在大规模投资推动生物燃料市场构建与全球化进程的同时，围绕其环境可持续性以及对粮食安全的影响，尤其是对发展中国家贫困人口粮食安全的潜在影响，相关争议也日益激烈。可以明确的是，在西方学者看来，向更节能的生产模式转型，并以更清洁高效的可再生能源替代高污染的化石燃料，这一过程契合资本家的自身利益。

生态学马克思主义认为，从表面上看，生物燃料对环境保护似乎具有极强的吸引力，各国政府与全球大型企业均将其作为"环境可持续"且"社会负责任"的化石燃料替代品加以推广。甚至可以说，还有什么比种植农作物来为汽车和其他机动车辆提供燃料更环保的呢？美国和欧洲联盟的可再生燃料授权确保了最低限度的生物燃料消耗和需求，但它只是作为对解决气候变化危机和缓解农村经济萎靡不振的贡献。然而，阿瑟·P. J. 摩尔认为，自2004年以来，"大量科学研究阐明了大规模生物燃料在生产、使用和贸易的争议性方面，获得了越来越多（媒体、非政府组织、政界和商界）的关注和势头"。他进一步指出，"环境与发展非政府组织利用这些科学研究在公共辩论中重新定义和重塑了生物燃料：从化石燃料短缺的可再生解决方案到生物多样性破坏、粮食不安全、农村贫困和气候变化的主要原因。"[1] 尽管如此，预计对这些燃料，特别是乙醇和生物柴油的需求正在呈指数级增长，尤其是在欧盟和美国政策的推动下。虽然支持生物燃料的政治家往往表示希望建立一个可持续和社会公正的能源部门，但缺乏这些条件并不妨碍各国政府通过可再生燃料授权，保障这一燃料部门的广泛增长和盈利能力，而且还通过税收奖励和补贴来保障这一部门的广泛增长和盈利。

然而，从现实层面来看，生物燃料造成的生态影响甚至比化石燃料更严重。一方面，种植生物燃料需要能源，而这通常来自化石燃料；另一方面，以石油为基础的肥料和杀虫剂、机械和运输成本等生产成本，可以说，在很大程度上都依赖于化石燃料。邦克认为，"这些种植系统本身最终因合成替代品的工业生产而变得贫瘠"[2]。农业燃料不是替代品，因为它们将食品生产用于运输，而不是生产

---

[1] Arthur P. J. Mol, "Environmental Authorities and Biofuel Controversies", *Environmental Politics*, Vol. 19, No. 1, 2010, p. 73.

[2] Stephen G. Bunker, "Toward a Theory of Ecologically Unequal Exchange", in R. Scott Frey, Paul K. Gellert and Harry F. Dahms (eds.), *Ecologically Unequal Exchange: Environmental Injustice in Comparative and Historical Perspective*, New York: Palgrave Macmillan, 2019, p. 20.

生态帝国主义：分析与批判

人类食品。而且农业燃料在扩大农业用地的同时，也破坏了森林和生物多样性，产生了单一作物，使土壤、水源恶化，导致粮食价格上涨，在许多情况下，消耗的能源多于生产的能源。马格多夫和福斯特分析了生物燃料对环境和人民的影响："尽管其中一些建议（如开发清洁能源）是有道理的，但错误地推行'绿色'农业燃料（如用玉米、大豆、菜籽和棕榈油等农作物制成的生物燃料）对环境和人民造成了极大的危害。这个想法是通过从农作物中生产液体燃料乙醇和生物柴油来取代石油衍生的汽油和柴油。但农业燃料工业的发展不仅使粮食和汽车燃料直接竞争，推高了粮食价格，而且农业燃料的生产有时实际上也比获得的能源消耗更多的能源来种植、运输和加工作物。此外，严重的空气和水污染往往与种植和加工用作液体燃料的作物有关。"① 由此可以得出结论，生物燃料不太可能显著取代矿物燃料的使用。它们更有可能为满足富裕和工业化国家少数世界人口日益增长的燃料需求提供更多的供应，从而抵销贫穷国家的成本。所以菲利普·麦克迈克尔（Philip McMichael）明确指出："对全球能源需求的预测表明，农业燃料的生态和社会灾难无法解决石油峰值的能源危机。"②

遗憾的是，大多数人在利益面前会忽略这种方式对生态环境造成的影响，以及由此可能带来的社会成本。罗伯特·阿尔布里顿认为生物燃料的改进使许多资本家认为这可以带来高额利润，因此世界上许多土地被用来种植生物燃料，但也有明显的迹象表明，"由于种植生物燃料并将其转化为能源所需的巨大投入，它

---

① Fred Magdoff and John Bellamy Foster, *What Every Environment Needs to Know about Capitalism*, New York: Monthly Review Press, 2011, p. 109.

② Philip McMichael, "The Agrifuels Project at Large", *Critical Sociology*, Vol. 35, No. 6, 2009, p. 826.

们在很大程度上无法替代化石燃料能源"①。自然保护研究人员乔·法吉恩（Joe Fargione）指出："如果你试图缓解全球变暖，那么将土地转化为生物燃料生产根本没有意义。我们现在使用的所有生物燃料都直接或间接地造成了有害的破坏。"② 在生态学马克思主义看来，这种替代能源并不能彻底解决生态问题。韦斯顿详细介绍道："虽然可再生能源必须成为转型的能源，但它们不可能维持全球资本主义体系所特有的持续增长、高产量和高消费的生活方式。可再生能源可以减少单位生产对环境的影响；但是，经济增长的规模将超过任何能源或环境节约。向可再生能源的过渡也无法解决资本主义体系引发的无数相互关联的环境和社会危机——这些危机需要的不仅仅是技术解决。"③ 而且生物燃料还存在一些不可避免的问题：生物燃料的使用在能源效率和温室气体节省方面存在很大差异；生物燃料的扩张伴随着生物多样性的破坏；大规模的生物燃料生产危害水土保持，而且生物燃料还会引发粮食危机。汉斯·A.贝尔（Hans A. Baer）指出，"以玉米和甘蔗等生物燃料为机动车提供动力的趋势越来越明显，许多人认为这些燃料排放的温室气体更少，但这种方式导致了全球粮食危机。"④ 简言之，从化石燃料转向其他能源需要大量支出，但在短期内，这将是无利可图的投资，而且是在一个没有利润就无法运转的经济体中。但不能忽视的是，二氧化碳减排必须是全球性的，而且空气和水不会止步于边界。所以，

---

① Robert Albritton, *Eco-Socialism For Now and the Future: Practical Utopias and Rational Action*, New York: Palgrave Macmillan, 2019, p. 105.

② Ian Angus, *The Global Fight for Climate Justice: Anti-Capitalist Responses to Global Warming and Environmental Destruction*, Canada: Fernwood Publishing, 2010, p. 79.

③ Del Weston, *The Political Economy of Global Warming: The Terminal Crisis*, London: Routledge, 2014, p. 37.

④ Hans A. Baer, *Global Capitalism and Climate Change: the Need for an Alternative World System*, MD: Altamira AltaMira Press, 2012, p. 36.

只要资本主义仍然是世界上占主导地位的经济体系,个别国家的积极变化就会被其他国家寻求竞争优势的反制所破坏。

四、气候帝国主义

气候问题正越来越成为生态学马克思主义者关注的焦点,而且越来越多的人类学家以及其他社会科学家将注意力转向了气候变化或全球变暖。虽然考古学家布莱恩·法根(Brian Fagan)看似轻蔑地断言"全球变暖对人类来说并不是什么新鲜事"是正确的,但绝大多数气候科学家预测,在 21 世纪及其以后(即使可以通过不朽的先发制人的措施加以制止),人类从未经历过如此巨大的变化。① 可以说,尽管人类引起的全球变暖已经不存在任何疑问,但这种影响的时间、程度以及不可逆转的转折点的出现都尚不清楚。这是人类目前面临的最大问题。气候帝国主义是生态学马克思主义的帝国主义批判思想的另一个重要表现形式。

(一)气候帝国主义对"灾难论"的争议

"灾难性"一词起源于 19 世纪的地质学,是在那些认为所有地质变化都是渐进的人们与那些认为快速变化发生的人们之间进行的辩论。如今,右翼气候变化否认者最常使用该词,对于他们而言,它是"警报"的代名词。气候帝国主义认为,全球资本主义对地球的破坏正在加速,可以说,世界资源的持续破坏、污染的加剧、"自然灾难"的扩大以及化学、物理和生物危害等,都是全球生态危机的表现。他们认为,对利润的贪得无厌使资本主义的生产和商品逻辑正在将人类引向一场不可估量的生态灾难,但这并不是要屈服于"灾难论",而是要证实资本主义扩张所带来的无限"增长"动力正

---

① Brian Fagan, *Floods, Famines, and Emperors: El Nino and the Fate of Civilization*, Cambridge, UK: Cambridge University Press, 1999, p. 76.

在威胁人类生活的自然基础。21世纪的资本主义是环境灾难的资本主义。值得注意的是,环境问题很早就存在,并不是现代社会中才出现的,然而资本主义制度下生态危机空前严重(苏联社会主义由于复杂的原因也造成了严重的生态破坏),因此要根据特定的历史时期具体地看待当前环境退化问题。福斯特否认将生态退化归因于现代性的观点,认为这是"一种过于简单化的结论",因为"如果说现代性是环境退化的罪魁祸首,那么这个问题可能只存在于'现代社会'……生态问题已经存在了几千年了,但要理解它在任何特定的历史时期的情况,我们必须具体地看待现有的历史系统。我认为资本主义已经极大地破坏了环境,但这绝不是唯一的社会制度。苏联模式的社会主义制度也因为某种原因以某种方式破坏了环境……当今全球生态危机的空前规模向我们表明,资本主义确实占据了上风"。①

马克思很早就阐明了现在人们经常观察到的悖论,即随着我们技术能力的提升和科学技术的进步,生态危机的国际化趋势却越来越明显。威廉·H. 麦克尼尔(William H. McNeill)和查尔斯·P. 金德尔伯格(Charles P. Kindleberger)提出"灾难守恒定律"来解释人类社会发展的这种矛盾,其中操纵自然能力的增强导致越来越大规模的灾难,以至于灾难的守恒定律就像能量守恒定律一样,也成为一条自然定律。② 麦克尼尔认为,随着人类技能和知识的增长,灾难可能会重演,而这也是人类"为能够通过集体努力和使用工具来改变自然平衡和地球面貌所付出的代价"③。福斯特则由此出发,将其

---

① John Belamy Foster and Dennis Soron, "Ecology, Capitalism, and the Socialization of Nature", *Monthly Review*, Vol. 56, No. 4, 2004, p. 4.

② William H. McNeill and Charles P. Kindleberger, "Control and Catastrophe in Human Affairs [with Comments]", *Daedalus*, Vol. 118, No. 1, 1989, pp. 1–15.

③ William H. McNeill, "The Conservation of Catastrophe", *New York Review of Books*, Vol. 48, No. 20, 2001, pp. 86–88.

生态帝国主义：分析与批判

发展为一个更具历史内容的概念："事实上，我们这个时代与前几个世纪的不同之处并不在于长期公认的灾难保护，而在于这种破坏正在以更快的速度显现出来，即灾难累积（Accumulation of Catastrophe）。在前资本主义时代出现的沙漠化，部分是由于人类的行动，几个世纪甚至几千年来都表现出来了。今天，陆地、大气、海洋，甚至整个地球生命维持系统的变化，仅仅是数十年的产物。甚至可以说，今天我们仅用两代人的时间就改变了整个地球的生物地球化学过程。"① 这种生态环境的加速恶化对于理解20世纪30年代席卷美国南部平原的土壤侵蚀和退化的灾难是至关重要的。

长期以来，"灾难叙事"在政治话语中始终被保守势力垄断——他们将其塑造为维护私有产权和社会秩序的话语武器。而在传统左翼理论中，即便涉及灾难论述，也往往局限于经济危机范畴，而未能将其拓展为系统的生态批判。然而在2007年，两种截然不同的左翼声音几乎同时将"灾难性"作为贬义词，用以表达他们否认气候变化的激进想法。其中最突出的是亚历山大·科伯恩（Alexander Cockburn）。他宣称"仍然没有任何经验证据表明人为二氧化碳的产生对当今世界变暖趋势有任何可测量的贡献"，而且"人类的碳足迹没有任何后果"。② 他写道，这是"温室气体恐慌者和现在主要由石油公司拥有的核工业之间合谋的结果"③。与右翼批评者一样，科伯恩指责左翼学者利用气候变化来偷偷摸摸地进行改革，否则就无法取胜："左派已经陷入了环境灾难论，因为他们认为，如果他们能够说服世界，确实存在一场灾难，那么，在某种程度上，应急反应将

---

① John Bellamy Foster, "Capitalism and the Accumulation of Catastrophe", *Monthly Review*, Vol. 63, No. 7, 2011, p. 12.

② Alexander Cockburn, "Is Global Warming a Sin?", *Nation*, Vol. 284, No. 19, 2007, p. 8.

③ Alexander Cockburn, "Who Are the Merchants of Fear?", *Nation*, Vol. 284, No. 21, 2007, p. 9.

在社会和环境正义方面带来积极的发展。"① 针对科伯恩对气候变化的认识，安格斯认为，尽管他对环境灾难论的攻击令人震惊，但他的论据并没有为气候辩论增添任何内容。②

相比较而言，利奥·帕尼奇（Leo Panitch）和科林·莱斯（Colin Leys）的观点与科伯恩有很大的不同。他们在肯定生态问题的基础上，提醒马克思主义者重视生态问题，认为"环境问题可能非常严重，以至于可能威胁到任何可能被视为人类可以容忍的生活的延续"，而且坚持认为"以气候变化急剧加速为代表的全球化资本主义的发展速度，使得社会主义者现在必须认真对待这些问题"。然而不能忽视的是，尽管他们承认气候变化带来了严重的威胁，但"重要的是要努力避免一场由焦虑引发的生态灾难，与宣告资本主义不可避免灭亡的那种由危机驱动的经济灾难并驾齐驱"。③ 他们辩称，资本主义的"活力和创新性"可能使其能够利用"绿色商业"来逃脱环境陷阱。

面对帕尼奇和莱斯的诡辩，安格斯认为他们的问题在于，生态灾难的威胁与资本主义将自我毁灭的观点并不"平行"。这种机械决定论常常是马克思主义政治的重要特征，每一次危机都被宣布为最后的战斗，这种渴望使这些深思熟虑的学者混淆了两种截然不同的灾难。可能更为关键的是，资本主义将不可避免地面临不可逾越的经济危机和崩溃的想法是基于对马克思主义经济理论的误解。安格斯认为经济危机是资本主义特有的现象，所以只有通过社会革命推

---

① Alexander Cockburn, "I Am an Intellectual Blasphemer", *Spiked Review of Books*, January 9, 2008.
② Ian Angus, "The Myth of 'Environmental Catastrophism'", *Monthly Review*, Vol. 65, No. 4, 2013, p. 17.
③ Leo Panitch and Colin Leys, Preface to *Socialist Register* 2007, *p. Coming to Terms with Nature*, New York: Monthly Review Press, 2006, pp. ix – x.

生态帝国主义：分析与批判

翻资本主义，才能结束危机周期。① 正如《每月评论》的编辑在回复《社会主义纪事报》时所写的那样，如果这些趋势持续下去，"我们将面临一个不同的世界——地球上的生命将以数千万年未见的规模大幅度退化"。②

安格斯还批评了埃迪·袁（Eddie Yuen）的观点，认为他忽略了环境危机的紧迫性。对此，袁做出回应，认为自己从不认为环境危机不应该被紧急谈论和采取行动。相反，他认为环境危机太真实了，需要以特定的方式干预环境言论和行动。因此，他主张用有权力的、有历史根基的、有阶级意识的方式来解决环境危机，只有这种方式才能指导、解决当前的环境问题。他认为安格斯忽视了灾难问题的核心，即政治化。但要注意的是，人们对气候危机的认识并不一定会导致政治参与度的提高，因为灾难的严重性和主流环保主义提供的不充分解决方案之间的脱节，往往会导致一种令人瘫痪而不是激进的恐惧政治。③ 尽管在社会科学调查中找不到这种说法的证据，但是在没有足以解决当今危机的气候运动的情况下，尽管他承认全球无数环境运动的巨大努力，但令人遗憾的是，他不同意安格斯对当今气候政治状况的乐观看法。他着眼于把灾难论放在更广泛的意识形态背景下来分析，认为其文章是对全球北方无差别灾难政治的意识形态假设的批判，而且环境灾难论的独特之处就在于，它解决了一场真正的灾难，而这场灾难正在顺利进行。但如果没有激进的政治，主流环境灾难很可能会被经济和国家精英动员起来，从而加强现有的不平等现象。④

---

① Ian Angus, "The Myth of 'Environmental Catastrophism'", *Monthly Review*, Vol. 65, No. 4, 2013, p. 17.

② "Notes from the Editors", *Monthly Review*, Vol. 58, No. 10, 2007, p. 50.

③ Eddie Yuan, "Reply to 'The Myth of "Environmental Catastrophism"'", *Monthly Review*, Vol. 65, No. 7, 2013, p. 52.

④ Eddie Yuan, "Reply to 'The Myth of "Environmental Catastrophism"'", *Monthly Review*, Vol. 65, No. 7, 2013, p. 53.

正如环境历史学家弗朗茨·莫埃尔沙根（Franz Mauelshagen）所写，"在气候否认主义者的圈子里，'气候灾难'这个词已经成为'气候谎言'的同义词，从而把人为温室效应当成骗局。"① 持这种观点的人将自己视为气候变化怀疑论者，但更准确的说法是气候科学否定论者。尽管气候变化的速度及其确切影响存在不确定性，但毫无疑问，如果一切照旧，那么气温将达到人类进化以来的最高水平。美国学者肯·威尔伯表示，人类世界正在走向由自身所造成的灾难。② 需要补充的是，那些持不同意见的人并不是持怀疑态度，他们只是否认现有的证据和分析。所以重要的不是生态问题的严重性，而是要清楚地认识到发达资本主义国家是灾难的"发源地"，发展中国家才是灾难的"承担者"。正如施里达斯·拉夫尔（Shridath Ramphal）所得出的结论："富国给地球带来的污染远远超过其他所有国家，他们对清除工业化过程中产生的污染负有不可推卸的责任。"③ 面对这一严峻的形势，国际社会也希望通过环境改革来应对生态灾难的崩溃。如美国前副总统阿尔·戈尔（Al Gore）认为，政策的小转换都是对环境问题的小修小补，不能从根本上解决问题。④ 可以说，印度等地区所发起的绿色革命就是发达资本主义国家主导的驱动系统，而以使用大量杀虫剂为主、高度依赖于化石燃料的绿色革命造成了殖民地疾病的蔓延和土壤肥力的退化，给当地环境和文化带来了可怕的后果。因此在一些学者看来，只有将绿色革命转

---

① Franz Mauelshagen, "Climate Catastrophism: The History of the Future of Climate Change", in Andrea Janku, Gerrit Schenk and Franz Mauelshagen (eds.), *Historical Disasters in Context: Science, Religion, and Politics*, New York: Routledge, 2012, p. 276.
② [美] 肯·威尔伯：《性、生态、灵性》，李明等译，北京：中国人民大学出版社2009年版，第3—4页。
③ [圭那亚] 施里达斯·拉夫尔：《我们的家园——地球——为生存而结为伙伴关系》，夏堃堡等译，北京：中国环境科学出版社1993年版，第30页。
④ [美] 阿尔·戈尔：《濒临失衡的地球——生态与人类精神》，陈嘉映等译，北京：中央编译出版社1997年版，第266页。

向农业革命,才能实现农业的可持续发展。

(二) 气候危机与能源需求之间存在冲突

随着经济的增长,工业扩张对石油、煤炭和天然气的需求也在增长,而这种增长往往伴随着全球环境的恶化。那些否认和拖延化石燃料公司、右翼富豪以及继续从我们对化石燃料的依赖中获利的石油资助政府的力量,不能再直面地坚持什么都没有发生,而且完全否认气候变化的物理证据再也不可信了。科威尔指出:"资本的统治具有明确的优先权:它自身的积累超越了所有的目标和价值,为了获取利润而不惜牺牲自然与人类。"① 虽然以更少的浪费来提高生活水平是可能的,但资本主义体系只有在生产、消费和浪费水平不断提高的情况下才能发挥作用,也就是说,资本主义是一个依赖于不断增长的体系,与环境破坏有着内在的联系。

毫不夸张地说,如果不对社会优先事项进行迅速、重大和深刻的变革,包括从根本上改变以化石燃料为基础的能源和利润驱动的资本主义经济增长的方向,人类将会很快失去稳定气候的能力,导致一系列的生态临界点。具体来说,全球资本主义经济体系消耗资源的速度超过了再生资源的速度,而用废物污染环境的速度也超过了回收和恢复资源的速度,生产和社会消费之间的平衡被打破了。同样重要的是要认识到,资本主义环境下的"增长"是对繁荣的误导。这里的"增长"不是为了增加或获取我们所需要或想要的东西的机会,而仅仅是增加这些东西的货币价值,可以说,经济增长是用交换价值来衡量的,并非使用价值。这种概念的区分似乎很模糊,但如果我们要克服生态危机,特别是如果我们要在不降低生活水平的情况下这样做,就必须这样区分。科威尔从使用价值和交换价值

---

① [美] 乔尔·科威尔:《马克思与生态学》,武锟、刘东锋译,载《马克思主义与现实》,2011 年第 5 期。

的角度论证了资本主义对于生态的破坏性,指出资本主义生产导致了片面强调交换价值而忽视使用价值,继而造成了人类与生产之间的紧张关系。

西方主流经济学家认为资本主义能够缓解生态问题,所以他们主张在资本主义制度框架内进行调整,以维护资本主义制度的同时解决生态问题。诚如美国学者菲利普·科特勒(Philip Kotler)曾指出过的:"企业可以采取更为环保的经营策略,而不损害其根本利益,事实上,还有可能增进利益。"① 但是,一些西方主流经济学家颠倒了环境保护与经济发展的关系,一直强调环境变化对经济发展的威胁。正如前联合国秘书长潘基文(Ban Ki Moon)警告的那样:"我们必须积极参与应对气候变化的全球挑战,气候变化是对世界各地发展的严重威胁。"② 马格多夫和福斯特认为,"在这种观点中,不是资本主义发展导致了全球变暖,而是全球变暖威胁到资本主义发展,威胁地球环境和居民的生存。"③ 因此,他们主张通过有关全球变暖的战略保护资本主义,而不是保护地球。而全球变暖只是全球经济进程与自然脱节的系统性质的一个指标,也是资本主义制度对地球上大多数人的健康和福祉及其生态的毁灭性影响的一个指标。正如詹森和麦克贝所言,几乎所有针对全球环境问题的主流解决方案都有一个共同点,那就是"他们都把工业资本主义看作是既定的,是必须拯救的,是必须不惜一切代价维持的"④。资本主义是一种经

---

① [美]菲利普·科特勒:《直面资本主义——困境与出路》,郭金兴等译,北京:机械工业出版社2016年版,第94页。

② "UN Secretary-General Ban Ki-moon",http://www.un.org/News/Press/docs/2007/sgsm11268.doc.htm(访问日期:2022年11月8日)。

③ Fred Magdoff and John Bellamy Foster, *What Every Environment Needs to Know about Capitalism*, New York: Monthly Review Press, 2011, p. 101.

④ Derrick Jensen and Aric McBay, *What We Leave Behind*, New York: Seven Stories Press, 2009, pp. 201–206.

生态帝国主义：分析与批判

济和政治制度，其基础是无休止地扩大商品生产以供销售，这与地球的基本生态循环是不相容的。迈克尔·洛维明确指出："资本主义与可持续的未来是不相容的。资本主义制度是工业革命以来由化石燃料推动的经济增长机器，是气候变化和地球上更广泛的生态危机的首要元凶。它无休止的扩张和积累以及不惜一切代价追求利润的不合理逻辑，正将地球推向深渊。"① 这也在一定意义上表明，环境保护与经济增长是不能同时实现的。

必须清楚的是，环境保护与经济增长相辅相成。面对生态困境，环保主义者和环境组织的既得利益者们主张，资本主义已经为环境问题提供了解决方案：似乎资本市场、绿色消费和新技术的发展都为进一步走出生态困境提供了帮助。② 他们认为，通过修补资本主义经济体系，将市场体系与价格机制结合起来，引入效率更高的能源技术（如利用发电厂的碳捕获并将其注入地球深处），使用"绿色"能源替代化石燃料，就可以解决当前的生态危机。很明显，仅仅对当前生产系统进行技术调整不足以解决我们面临的戏剧性和潜在的灾难性问题。面对发达资本主义国家所造成的生态问题，西方主流经济学家主张通过推广"清洁煤炭"技术战略来减轻环境污染，其中最主要的就是煤炭液化和气化，换言之，这将通过所谓的"碳封存"技术来维持优美的生态环境。通过对比分析煤炭、石油和天然气，克里斯·威廉姆斯认为三者之中煤炭的储量时间最长，因此他反对西方主流经济学家将燃煤电厂排放的二氧化碳掩埋在电厂下方的地下储集层中，将其泵入空煤矿、枯竭的石油和天然气储集层的计划，并指出"虽然这

---

① Michael Löwy, "Why Ecosocialism? A Discussion of the Case for a Red-green Future", https://climateandcapitalism.com/2018/12/19/why-ecosocialism-a-discussion-of-the-case-for-a-red-green-future/（访问日期：2022年12月19日）.

② Fred Magdoff and John Bellamy Foster, *What Every Environment Needs to Know about Capitalism*, New York: Monthly Review Press, 2011, p. 7.

项技术在挪威和其他国家进行了一些小规模的试验,但远未商业化"①。他认为,"在一个被其运行的经济系统慢慢毒害的星球上,转换能源是唯一需要改变的最大项目"②。但是必须认清的是,碳捕获与碳封存虽然听起来像是一种减轻以煤为基础的温室气体排放的万无一失的方法,但它的可扩展性确实存在问题,更为关键的一点是,要掩埋目前每年燃煤所产生的数十亿吨碳污染是根本不可行的。需要进一步说明的是,西方国家应该对国际性的气候问题负主要责任。③正如奥尔、沃尔夫和安德森所注意到的那样,"富裕国家对生态超支和随之而来的自然资本的减少负有主要责任"④。针对这一比重,福斯特和克拉克认为,"由于发达垄断资本主义国家与欠发达国家不平等的生态交换,全球生态危机的主要责任应该由前者承担"⑤。

发达资本主义国家对发展中国家和地区的技术援助,实质上也是以所谓的技术手段来"倒逼"发展中国家提高其技术水平,但其出发点并不是真的关心发展中国家的科技发展水平,而是考虑到此举可以带来的经济利益。当他们以自己国家的标准来评判发展中国家的技术水平时,可以以不达标为借口,借机从与发展中国家的交换中获利。可以很明显地看出,面对日益严重的环境问题,发达资本主义也在采取相关措施。罗伯茨和帕克斯强调发达国家欠发展中

---

① Chris Williams, *Ecology and Socialism: Solutions to Capitalist Ecological Crisis*, Chicago: Haymarket Books, 2010, p. 88.

② Chris Williams, *Ecology and Socialism: Solutions to Capitalist Ecological Crisis*, Chicago: Haymarket Books, 2010, p. 73.

③ Chris Williams, *Ecology and Socialism: Solutions to Capitalist Ecological Crisis*, Chicago: Haymarket Books, 2010, p. 102.

④ Brian Ohl, Steven Wolf and William Anderson, "A Modest Proposal: Global Rationalization of Ecological Footprint to Eliminate Ecological Debt", *Sustainability: Science, Practice and Policy*, Vol. 4, No. 1, 2008, p. 7.

⑤ [美] 约翰·贝拉米·福斯特和布莱特·克拉克:《星球危机》,张永红译,载《国外理论动态》,2013年第5期。

生态帝国主义：分析与批判

国家"非常大的碳债务"，并有力地论证了"偿还这一债务和承认人类发展的必要性，要求发达国家更深入地减少排放，并支持发展中国家的低碳转型"①。他们还强调，"北方工业化国家有义务帮助修复和扭转对生物圈造成的损害"②。所谓碳债务，指的是发达国家的经济发展和福利建立在高度密集地使用造成温室气体排放的能源的基础上，他们是发展中国家的债务人，而这部分债务就是碳债务。

希诺贾尔和奥雷科埃特萨也指出了碳债务计算的模糊性，其原因有三个：首先，由于大气现象的复杂性，科学家们对可接受的人为温室气体的数量没有达成一致意见。由于大气中温室气体浓度的增加，地球的温度将上升多少还不得而知。其次，地球温度的升高将产生不可预见的后果，因为生态系统不同组成部分之间的相互关系和反馈网络可能会放大这种影响。最后，在估算碳债务的货币价值时，必须使用一个虚构的价格，而这个数字总是会受到批评，正因为有不同的计算方法，每种方法都会产生不同的结果。③正如克里斯蒂安·帕伦蒂（Christian Parenti）所提醒的那样："在气候变化重塑的世界中，对冲突增加的预期已经导致全球北方的军队逐渐适应军事化。"④ 更为

---

① J. Timmons Roberts and Bradley C. Parks, "Ecologically Unequal Exchange, Ecological Debt, and Climate Justice: The History and Implications of Three Related Ideas for a New Social Movement", *International Journal of Comparative Sociology*, Vol. 50, No. 3 – 4, 2009, p. 396.

② J. Timmons Roberts and Bradley C. Parks, "Ecologically Unequal Exchange, Ecological Debt, and Climate Justice: The History and Implications of Three Related Ideas for a New Social Movement", *International Journal of Comparative Sociology*, Vol. 50, No. 3 – 4, 2009, p. 394.

③ Iñaki Barcena Hinojal and Rosa Lago Aurrekoetxea, "Ecological Debt: An Integrating Concept for Socio-environmental Change", in Michael R. Redclift and Graham Woodgate (eds.), *The International Handbook of Environmental Sociology*, Second Edition, Northampton: Edward Elgar, 2010, p. 156.

④ Christian Parenti, "The Catastrophic Convergence: Militarism, Neoliberalism and Climate Change", in Nick Buxton and Ben Hayes (eds.), *The Secure and the Dispossessed*, London: Pluto Press, 2016, p. 33.

重要的是，在史密斯看来，"市场现在已经收回并重新确立了环保做法"，但随着自然越来越受制于"无形"市场，如"商品期货、生态信用、公司股票和环境"，因此这个过程变得越来越内化："自20世纪70年代以来，以资本主义为特征的广泛的自然生产受到了挑战，并日益被密集的自然生产所取代。自然生产的一个新领域已经迅速打开，即自然与资本的垂直整合。这不仅涉及'一路下行'的自然生产，还涉及'一路上行'的同步金融化。"[①]

资本家为追求资本积累和利润的增加，不断地竞争，导致环境恶化和生态系统危机。相对于主流经济学，少数经济学家提出了可持续的资本主义模式，如资本主义的消亡或稳态版本，或"绿色资本主义"，主张以技术进步、循环利用和"非物质经济"等实现可持续增长。可以说，"尽管资本主义与地球的可持续性之间存在着根本矛盾，但主流环保主义者和环境组织还是提倡用资本主义方法解决气候危机和其他环境威胁。这些'解决方案'有绿色消费主义、绿色经济、绿色新政或绿色资本主义等标签。"[②] 不幸的是，尚无捷径有望取得进展。如果不停止全球变暖和地球污染，我们将面临的社会和生态崩溃将在群众运动中建立起进步的力量，而这种力量会在全球范围内发挥作用。迫于资本主义制度的意愿而进行重大的结构改革将需要大规模的运动，这不仅包括环境活动家，而且包括受危机影响的广大民众。

（三）气候帝国主义的本质是气候不正义

气候科学家和激进主义者率先在21世纪初提出"气候正义"一词，反映出社会关系的结构和社会中的权力分布。令人担忧的是，

---

① Neil Smith, "Nature as Accumulation Strategy", *Socialist Register*, Vol. 17, 2007, pp. 31–33.

② David Klein and Stephanie McMillan, *Capitalism and Climate Change: The Science and Politics of Global Warming*, New York: Palgrave Macmillan, 2015, p. 120.

生态帝国主义：分析与批判

气候变化的影响正在以比气候学家所预测的速度更快地积累，而气候学家与几乎所有科学家一样，往往非常谨慎。在生态学马克思主义看来，气候正义旨在将全球变暖界定为一种伦理和政治问题，而不仅仅是环境和物理问题。福斯特的研究也表明，资本与自然之间的冲突通过气候变化，制造了全球性的生态危机。他肯定了石油资源的使用所产生的生态问题，认为帝国主义的复活在很大程度上是因为"统治世界经济的利益集团试图控制世界上日益减少的石油供给"①。科威尔指出了石油等资源的消耗所产生的更严重的问题，即"气候变化实际上是另一种帝国主义，却并不是资本的无情增长所带来的唯一的有害生态效应。与此同时，还有有机氯和其他微量有毒物质包括原有的生物圈的不断蔓延，'绿色革命'所带来的土地浪费、大量的物种损失、亚马逊的解体，以及其他问题"②。换句话说，当今的人口和生活方式正在消耗化石燃料等不可再生资源，严重影响着发展中国家的进步。当今，人类面临着全球紧急状况，其中全球变暖是气候帝国主义的首要但不是唯一的表现形式。克莱恩谴责那些否认气候变化，或者认为气候变化使我们生活得更好的人，他强调在气候变化的时代，一个基于不断扩大的资本积累和指数级经济增长的体系不再与人类的福祉和进步兼容，甚至不再与人类的长期生存相容，因此必须进行激烈的社会变革。对于这一点，科特勒肯定了克莱恩的观点，认为她对自由市场经济的批判、化石燃料公司的指责以及新的社会运动的倡导都具有重要意义。③ 福斯特认为，这些分析低估了资本主义生产关系对人类和环境所造成的累积

---

① John Bellamy Foster, "A Warning to Africa: The New U. S. Imperial Grand Strategy", *Monthly Review*, Vol. 58, No. 2, 2006, p. 1.
② [美]乔尔·科威尔：《自然的敌人——资本主义的终结还是世界的毁灭?》，杨燕飞、冯春涌译，北京：中国人民大学出版社2015年版，前言第2页。
③ [美]菲利普·科特勒：《直面资本主义——困境与出路》，郭金兴等译，北京：机械工业出版社2016年版，第99页。

性的危害,所以,"要全面地理解全球生态破坏的严重程度,只能从马克思主义批判资本主义的角度来入手"①。

当今资本主义文明正处于危机之中。资本的无限积累、对劳动和自然的无情剥削,以及随之而来的残酷竞争破坏了可持续未来的基础,从而使人类的生存受到威胁。具体来看,气候变化是更根本的全球环境危机的一部分。这种环境危机最重要的是资本主义社会制度及其相关工业化的结果。"化石资本主义"对气候变化产生了决定性影响,大大加速了碳排放。不断上升的碳排放已经并将继续创造一个更加温暖湿润的大气层,从而增加干旱和半干旱地区的洪水、飓风、森林火灾、冬季风暴和干旱现象的发生。随之而来的环境危机也表现在很多方面,如废弃物问题以及自然资源的过度消费等,而所有这些方面相互影响,共同构成了环境危机。气候变化已经给人类带来了严重的经济、政治和健康后果,并将随着21世纪的发展继续恶化,而人类社会以前从未遇到过如此大规模的环境问题。气候变化及其影响已成为提高公众认识的议题,尽管这种认识因社会和社会内部的不同而大相径庭。如关于气候变化的论述在欧洲往往比在美国和澳大利亚要明显得多,特别是已经渗透到大众文化、主流媒体和科幻小说中。尤其是,《斯特恩报告》(Stern Report)推动了全球公众对气候变化的认识。越来越多的商界领袖和政治家也开始接受一种绿色资本主义,并认为气候变化对现存的全球经济构成严重威胁。但不可否认的是,他们认为资本主义有能力改造自己,可以采用新的能源形式和环境可持续的技术,并继续维持经济扩张和盈利。相反,各种激进的环保主义者和某些批判性的社会科学家认为,气候变化是全球资本主义矛盾的又一表现,也许是最深刻的

---

① [美] 约翰·贝拉米·福斯特:《生态马克思主义政治经济学——从自由资本主义到垄断阶段的发展》,载《马克思主义研究》,2012年第5期。

生态帝国主义：分析与批判

矛盾。

随着进一步的资源短缺和生态系统破坏，发达资本主义国家对发展中国家的军事冲突和相关的环境破坏加速。马格多夫和福斯特指出："随着企业和政府不断推动经济增长，随着易开采资源的枯竭，环境破坏的加剧是不可避免的。"① 很明显，战争机器主要由化石燃料提供动力，而它们的使用进一步加剧了危机，同时它们还造成了爆炸、火灾和大规模破坏，更不用说不可估量的人力成本了。化石燃料对于当今资本主义和当今世界的运作至关重要，以至于即使在资本主义制度下尝试大幅度削减化石燃料，也将导致一段时间的非正常经济中断。整个行业在重新装配时必须停止运行，而其他行业必须消失。生态学马克思主义普遍认为，在资本主义历史上，依靠燃烧化石燃料作为生产和消费的主要能源来源是导致温室气体排放和全球变暖的关键性因素，导致地球被带到了一个不可逆转的"临界点"，并引发严重的气候危机。越来越多的科学研究发现，气温的小幅上升可能会引发不可逆转的失控效应，如格陵兰冰盖的迅速融化，或者埋在永久冻土和海洋下的甲烷的释放，将不可避免地导致灾难性的气候变化。福斯特强调，"由于燃烧化石燃料，世界正遭受快速的气候变化……全球将面临一场灭顶之灾"②。可见，化石燃料的使用是生态危机的主要原因。正如琳达·麦奎格（Linda McQuaig）所观察到的："即使对日益减少的石油储备的竞争升温，并有可能引发国际冲突，我们仍面临着对石油全球变暖上瘾的更具破坏性的后果。"③ 重要的是，美国为实现对拥有丰富资源地区的帝国

---

① Fred Magdoff and John Bellamy Foster, *What Every Environment Needs to Know about Capitalism*, New York: Monthly Review Press, 2011, p. 74.

② [美] 约翰·贝拉米·福斯特：《生态革命——与地球和平相处》，刘仁胜、李晶、董慧译，北京：人民出版社 2015 年版，第 89 页。

③ Linda McQuaig, *Crude, Dude: War, Big Oil and the Fight for the Planet*, Toronto: Doubleday Canada, 2004, p. 3.

主义控制而发动的生态战争造成了世界生态的恶化，最明显的就是全球变暖，不仅如此，还有对其他地区清洁空气、干净水源以及基本生存食物的掠夺。

一些生态学马克思主义者还强调发达国家应该为发展中国家提供适当的环境援助，以鼓励那些做出减少温室气体排放的可信承诺的国家，或提供援助是未来合作的前提。帕克斯和罗伯茨认为，北方国家在要求南方国家做出代价高昂的政策承诺前，需要与南方国家建立广泛互惠和信任的前提，对他们来说，最好的办法莫过于提供环境援助，所以这种环境援助是用来建立信任的有效方法，不仅向发展中国家传递信心、团结、同情和善良的信号，同时提供关于全球环境合作的具有吸引力的"新思维"。他们强调，虽然这种适当的环境援助是一种"治标不治本"的缓和措施，是将稀缺资源不合理地转移到应对气候问题上的做法，可能会在短期内对气候变化产生直接影响，但对于长期解决全球不平等现象对南北环境关系的作用相对较小。然而不容忽视的是，这种适当援助可能会增加南方国家参与全球气候协定的意愿。[①] 根据经验丰富的分析师赫尔曼·E.奥特（Hermann E. Ott）的分析，"很明显（在新德里的第八届缔约方会议上），发展中国家不会放弃增加排放的'权利'，除非在满足全球公平和减贫需求的发展议程的其他领域做出重大让步。"[②] 帕克斯和罗伯茨在最后也指出，"气候变化从根本上讲是一个不平等的问题，解决这个问题可能需要一个非传统的政策方法。我们需要向建

---

① Bradley C. Parks and J. Timmons Roberts, "Structural Obstacles to an Effective Post-2012 Global Climate Agreement: Why Social Structure Matters and how Addressing it can help break the Impasse", in Michael R. Redclift and Graham Woodgate (eds.), *The International Handbook of Environmental Sociology*, Second Edition, Northampton: Edward Elgar, 2010, p. 306.

② Hermann E. Ott, "Global Climate", *Yearbook of International Environmental Law*, Vol. 12, 2004, p. 261.

生态帝国主义：分析与批判

立在广泛互惠、信任气氛、谈判正义和真正长期合作行动的共同愿景基础上的全球公正过渡。"①

通过分析生态学马克思主义的帝国主义批判思想的表现形式，一方面，可以搞清楚生态学马克思主义的帝国主义批判思想的内涵，从多个角度全面认识帝国主义批判思想，从而进一步认识生态学马克思主义。另一方面，在这种分析研究的过程中，可以发现一些带有必然性的东西，这使我们对生态学马克思主义的帝国主义批判思想的发展趋势有更清醒的认识。可以看出，生态帝国主义、绿色帝国主义、能源帝国主义和气候帝国主义都是生态学马克思主义的帝国主义批判思想的具体表现形式。其中生态帝国主义是中心国家占领国际性的生态话语权，以维持其地缘政治的霸权行为。这在满足发达国家资本积累需求和"绿色发展"需要的同时，制造了发展中国家的生态脆弱性。绿色帝国主义意味着发达资本主义国家以环境保护为借口维持其新殖民地结构。在环境保护的基础上，发达资本主义国家对国际范围内石油等能源资源的占领，就导致了能源帝国主义的产生。当然不可避免的是，能源的使用必然会导致生态问题和气候危机，加之发达资本主义国家的成本外化，从而引发气候帝国主义。由此可见，通过生态学马克思主义的帝国主义批判思想的表现形式的分析，可以帮助我们更加清晰地认识这一思想的发展走向。

---

① Bradley C. Parks and J. Timmons Roberts, "Structural Obstacles to an Effective Post-2012 Global Climate Agreement: Why Social Structure Matters and how Addressing it can help break the Impasse", in Michael R. Redclift and Graham Woodgate (eds.), *The International Handbook of Environmental Sociology*, Second Edition, Northampton: Edward Elgar, 2010, p. 307.

第六章
生态学马克思主义的帝国主义批判思想的理论价值与缺陷

生态学马克思主义在分析资本积累、国际扩张的基础上，分析了发达资本主义国家与发展中国家之间的不平等生态交换，阐明了生态学马克思主义的帝国主义批判思想的表现形式，展示了生态学马克思主义的帝国主义批判思想的完整图景。正确认识生态学马克思主义的帝国主义批判思想不仅有助于正确认识当代资本主义，同时也推动着当代西方马克思主义的新进展。但这一研究不可避免地显示出一些固有的缺陷，不仅在一定程度上存在对马克思主义的误解，同时也存在对未来社会制度构想的局限性。

一、生态学马克思主义的帝国主义批判思想的理论价值

应当看到，生态学马克思主义的帝国主义批判思想的研究不仅有助于正确认识当代资本主义，同时也推动着当代西方马克思主义的新进展。

（一）有助于正确认识当代资本主义

从当今的现实情况来看，发达资本主义国家仍然牢牢掌控着生态话语权。佩珀认为，这可以"从西方尤其是美国当局在1992年联

生态帝国主义：分析与批判

合国环境与发展会议（地球高峰会议）之前的预备性谈判中阻断、抵制和阻碍下述提议的措施中得到说明"①。从美国和加拿大毫不避讳地公开退出《京都议定书》，拒绝承担减排二氧化碳国际义务的事实中可以再次得到明确的说明，即21世纪的生态破坏程度达到了空前的高度。或者更确切地说，当今人类社会生产力高度发达、科学技术进步飞速，但与之相关的生态问题也日益复杂，生态影响日益严重，并呈现出全局性、全球性趋势。需要明确的是，无论是发达国家还是发展中国家，都日益成为一个命运共同体，而且任何一国的生态问题都有可能造成整个星球的灾难，所以如何应对全球性生态问题已成为全人类共同面对的紧迫性课题。更为重要的是，当代资本主义文明正处于危机之中。资本的无限积累，一切商品的商品化，对劳动和自然的无情剥削，以及随之而来的残酷竞争破坏了可持续未来的基础，从而使人类的生存受到威胁。由此可以清楚地看到，"资本主义本身的逻辑必然使其成为一种全球扩张的制度"②。

习近平在十八届中央政治局第四十三次集体学习时指出，面对复杂的国际局势，"需要我们加强对当代资本主义的研究，分析把握其出现的各种变化及其本质，深化对资本主义和国际政治经济关系深刻复杂变化的规律性认识"③。生态学马克思主义对帝国主义批判思想的研究有助于我们正确认识当代资本主义，而且对于发展中国家如何以更少的代价更好地发展本国经济，保护本国的生态环境，如何有效处理现代化进程中出现的各种生态问题都具有重要意义。生态学马克思主义探讨了当今资本主义社会的新情况和新问题，对

---

① [英]戴维·佩珀：《生态社会主义——从深生态学到社会正义》，刘颖译，济南：山东大学出版社2012年版，第109页。
② John Bellamy Foster, "Naked Imperialism", *Monthly Review*, Vol. 57, No. 4, 2005, p. 9.
③ 《习近平谈治国理政（第2卷）》，北京：外文出版社2017年版，第67页。

资本主义制度的不合理之处做了较为深刻的揭露和批判。发达国家不仅将经济危机转嫁给生态危机，还将生态危机转嫁给发展中国家。这种生态危机的转移导致人类文明的全面危机，因此反对这种生态战争的行动必将团结起来，为维护人类赖以生存的星球付诸行动。福斯特认为，"帝国主义将其触角伸至世界各地，试图在缓慢增长的世界经济中攫取更大的利益，而这种攫取更依赖于帝国主义的枪炮。"① 基于此，他认为，苏联解体只是社会主义的暂时停顿，建立社会主义对于脱离资本主义具有重要意义。美国主流媒体重新谈论帝国主义，就在一定程度上否认了"帝国主义过时论"的错误言论。帝国主义内在于资本主义全球化趋势之中，与经济帝国主义无关，是一个意识形态话语，旨在"为美国军事和政治统治辩护，使其与造成穷国和富国的鸿沟脱离干系"②。

　　生态学马克思主义不是纯学院派的马克思主义，它十分关注当今资本主义的新变化，并由此出发，提出了不少直接针对这些新变化的新理论。它对生态问题的认识、对国际性生态危机的揭示、对资本主义面临的新问题的深刻分析，有助于我们揭示当代资本主义的本质，为我们认识和分析当代资本主义的社会危机和生态危机提供了新的素材和视角。尽管这些理论还存在这样或那样的问题，但由于生态学马克思主义具有明确的价值取向——反对资本主义，提倡社会主义，因而他们的论著都从不同角度揭露了现存资本主义的种种弊端，并对如何构建社会主义以取代资本主义提出了新的设想。基于此，可以明显地看出，在生态学马克思主义那里，帝国主义批判思想绝不仅仅是一种国际关系，也绝不是生态问题的简单经济呈

---

① ［美］约翰·贝拉米·福斯特：《社会主义的复兴》，庄俊举译，载《当代世界与社会主义》，2006年第1期。
② ［美］约翰·B. 福斯特：《重新发现帝国主义》，王淑梅摘译，载《国外理论动态》，2004年第1期。

现，而是当代资本主义生产方式的生态表征。可以说，不理解帝国主义思想就无法理解当代资本主义的发展以及由其所主导的全球化。应该说，生态学马克思主义对帝国主义思想进行的全方位、系统的研究，在某种意义上就是一种基于生态视角的当代资本主义发展的研究。此外，生态学马克思主义对生态危机的认识也经历了一个由浅入深的过程，从最初将生态危机的根源归因于经济、人口等外在因素，到认清资本主义制度与生态危机的关系，为我们全面认识当代资本主义的本质提供了有益的理论参考。

（二）推动着当代西方马克思主义的新进展

生态学马克思主义是当代西方最有影响的马克思主义思潮流派之一，是西方马克思主义在新的历史条件下对新情况、新问题进行积极探索的产物。它的核心问题是阐明马克思主义理论及其传统对于人类目前面临的生态环境难题的相关性。生态学马克思主义的理论家们以其深入细致的研究，探索了长期以来被遮蔽的生态思想，有助于我们破除教条化的马克思主义的影响，捍卫马克思主义的当代性。与此同时，生态学马克思主义的帝国主义批判思想为全面理解西方马克思主义提供了新的视角，其创新性主要体现在将可持续发展问题置于资本主义系统性批判的框架中。生态学马克思主义指出，从根本上解决当前的资源环境问题，需要在马克思主义的指导下重建一种有机的、可持续性的生产方式，并在以实现人类共同福祉的前提下建设一个可持续发展的社会。

过去二十年间，环境议题已从国际发展政策的边缘逐渐走向核心，这一转向在国际援助领域体现得尤为显著。多数学者将"可持续发展"描述为一种教条或矛盾修饰，而其关注的重点在于发展政策是否在实际上发生了根本性的改变。一些右翼人士就对"可持续发展"持批评态度，认为这是一种矛盾的说法，而且经济发展也不能适应可持续发展的需要。其他人则认为，可持续发展的概念掩盖了它所揭示的一切，并使分配问题、贫穷和正义边缘化。① 迄今为止，关于可持续发展的主流研究日益增多，但关于其概念的研究仍存在较大争议。朱利安·阿吉曼（Julian Agyeman）等学者将可持续发展定义为三个"E"，即经济、生态和公平。其中，经济指的是创造能带来体面就业、收入和税基的经济活动；生态指的是保护城市或社区的自然资产，创造污染较轻的环境；公平指的是保证所有人都能获得经济机会，不因其社会阶层而受到环境危害。根据阿吉曼等人的说法，"可持续发展至少与政治、不平等和不公正有关，正如它与科学或环境有关一样"②。虽然汉斯·A.贝尔或多或少地同意这一看法，但同时，他也指出阿吉曼等人在关于可持续发展的定义中还具有持续经济增长或扩张的内容。③ 但正如阿尔夫·霍恩伯格（Alf Hornborg）如此贴切地论证的那样，"只要发展的概念继续依赖于增长，'可持续发展'的概念仍然是矛盾的"④。

通过以上分析可以看出，目前学界关于可持续发展的研究集中于经济政策、环境恶化和全球不平等结构，但被遮蔽或严重忽视的是可持续发展的政治、经济、政策和意识形态，以及社会生态影响等视角的研究。可以说，"关于可持续性的争论从根本上讲是关于道德的，然而经济学家把收入分配作为一个给定的因素，并因此制定

---

① Michael R. Redclift, "The Transition out of Carbon Dependence: the Crises of Environment and Markets", in Michael R. Redclift and Graham Woodgate (eds.), *The International Handbook of Environmental Sociology*, Second Edition, Northampton: Edward Elgar, 2010, p. 122.

② Julian Agyeman, Harriet Bulkeley and Aditya Nochur, "Climate Justice", in Jonathan Isham and Sissel Waage (eds.), *Ignition: What You Can Do to Fight Global Warming and Spark a Movement*, Washington, DC: Island Press, 2005, p. 43.

③ Hans A. Baer, *Global Capitalism and Climate Change: the Need for an Alternative World System*, MD: Altamira AltaMira Press, 2012, p. 62.

④ Alf Hornborg, *The Power of the Machine: Global Inequalities of Economy, Technology, and Environment*, Walnut Creek, CA: AltaMira Press, 2011, p. 9.

生态帝国主义：分析与批判

了捍卫现状的政策。"① 欧鲁指出，"可持续性需要政策解决办法，其基础是在几代人之内和几代人之间公平分配资源和机会。"② 弗雷德里克·H. 巴特尔（Frederick H. Buttel）认为，"可持续发展"的基础是"物质福利的增加可以在低收入国家和高收入国家产生环境效益"③。通过对概念进行深思熟虑的批判，德布拉·J. 戴维森（Debra J. Davidson）将"可持续发展"定义为"系统的无限均衡状态，在这种状态下，人为材料的消耗和废物产生的水平保持在生态系统的生产和吸收能力的阈值以下，同时确保社会系统的当前和未来成员认为可以接受的生活质量"④。可以说，建立一个新的可持续体系是当今环境斗争的目标，其基础必须是满足所有人民的基本物质和非物质需要，同时保护全球环境以及地方和区域生态系统。

"生活得更好"是一种以满足现实社会需要和尊重自然为基础的"美好生活"的概念，而不是资本主义的增长、扩张和"发展"崇拜。克里斯·威廉姆斯认为，"为了使这个制度或多或少保持原状，资本家和他们的有偿拥护者不得不争辩说，'可持续发展'是可能的；许多公司和政府都有大量的可持续发展部门、声明和增长目标来促进可持续发展"⑤。理查德·史密斯也令人信服地指出"可持续生产当然是可能的，但在资本主义的统治下是不可能的"，他甚至更

---

① Martin Oulu, "Core Tenets of the Theory of Ecologically Unequal Exchange", *Journal of Political Ecology*, Vol. 23, No. 1, 2016, p. 450.

② Martin Oulu, "Core Tenets of the Theory of Ecologically Unequal Exchange", *Journal of Political Ecology*, Vol. 23, No. 1, 2016, p. 456.

③ Frederick H. Buttel, "Social Institutions and Environmental Change", in Michael R. Redclift and Graham Woodgate (eds.), *The International Handbook of Environmental Sociology*, Second Edition, Northampton: Edward Elgar, 2010, p. 41.

④ Debra J. Davidson, "The Applicability of the Concept of Resilience to Social Systems: Some Sources of Optimism and Nagging Doubts", *Society and Natural Resources*, Vol. 23, No. 12, 2010, p. 1136.

⑤ Chris Williams, *Ecology and Socialism: Solutions to Capitalist Ecological Crisis*, Chicago: Haymarket Books, 2010, p. 6.

有力地认为"资本主义在拯救地球方面是不可能的"。① 大卫·克莱恩（David Klein）则在书评中认为，史密斯解释和说明了迫使资本主义不断发展的关键机制，并且得到了世界范围内公司和国家经济实践的广泛实例的支持。他认为，在资本主义制度下，经济扩张是不可避免的，而且星球的毁灭是必然结果。无法满足的增长和消费正在毁灭地球，毁灭人类。但如果没有不断增长的产量和无法满足的消费增长，我们的处境将更加糟糕。②

起初，"可持续性"似乎是一个最好的词，用来呼吁每个人在认真思考我们想要的未来和我们能够维持的未来之后采取行动。然而，如果我们想要的某些东西在不久的将来成为短缺的自然资源，那么想要是不够的。由于我们可能想要或需要的大多数东西都是由有限的资源维持的，我们将需要学习如何以最大限度地满足全球人类需要和愿望的方式使用资源，并以相对平等的方式做到这一点。正如彼得·M.哈斯（Peter M. Haas）所强调的那样：可持续发展现已成为"国际环境治理领域的主要口头禅之一"③。今天的可持续发展不仅仅是环境和经济发展的问题；相反，它涵盖了现代社会的经济、人口、政治、文化、技术、道德和生态发展。在这方面，气候变化问题远不能仅仅试图通过改变公民或国家对能源的使用来解决。正如保罗·S.西坎特尔所证实的那样，"多维可持续性意味着需要考虑到特定商品链及其构成节点的长期政治、经济、社会和环境可持

---

① Richard Smith, *Green Capitalism: the God that Failed*, England and Wales: College Publications, 2015, p. 96.

② Richard Smith, "Green Capitalism: the God that Failed", https://climateandcapitalism.com/2015/06/17/green-capitalism-the-god-that-failed-2/（访问日期：2022年6月17日）。

③ Peter M. Haas, *Science and International Environmental Eovernance*. in Peter Dauvergne（ed.）, *Handbook of Global Environmental Politics*, Edward Elgar. Cheltenham, 2005, p. 383.

续性。"① 这种多维可持续性还包括地方、区域、国家和全球等级别。他认为,"在日益一体化的全球经济中,煤炭或其他工业以原材料为基础的发展的最根本的问题之一是这种发展的经济、政治、社会和环境的可持续性。"②

从严格意义上来看,要实现的可持续是当代和子孙后代都无法避免的社会正义、生态健康和经济活力的协同作用。伯格特指出:"为了符合可持续发展的要求,发展必须确保自然资源的数量和质量足以维持世代内和代际所有人的生活机会不减少。"③ 尽管人类生态系统的健康在逻辑上优先于可持续发展,并且居于主导地位,但要在人类主导的星球上维持生态系统的健康,就必须取得社会福利和经济活力,而这本身就是当务之急。莱斯指出:"如果可持续性被定义为人均福利不下降的发展道路,那么资源丰富的最不发达国家应该很好地走上实现这种结果的道路。但它们总体上是朝着相反的方向发展的,这促使环境经济学家质疑,资源禀赋的租金或利润是否被充分地再投资于其他形式的物质资本和人力资本。这种解释是值得注意的,但主要是因为没有考虑到的因素,即形成依赖自然资源出口的发展中国家历史轨迹的外生因素。"④ 为了稳

---

① Paul S. Ciccantell, "Ecologically Unequal Exchange and Raw Materialism: The Material Foundations of the Capitalist World-Economy", in R. Scott Frey, Paul K. Gellert and Harry F. Dahms (eds.), *Ecologically Unequal Exchange: Environmental Injustice in Comparative and Historical Perspective*, New York: Palgrave Macmillan, 2019, p. 60.

② Paul S. Ciccantell, "Ecologically Unequal Exchange and Raw Materialism: The Material Foundations of the Capitalist World-Economy", in R. Scott Frey, Paul K. Gellert and Harry F. Dahms (eds.), *Ecologically Unequal Exchange: Environmental Injustice in Comparative and Historical Perspective*, New York: Palgrave Macmillan, 2019, p. 60.

③ Paul Burkett, *Marxism and Ecological Economics: Toward a Red and Green Political Economy*, Boston: Brill, 2006, p. 305.

④ James Rice, "Ecological Unequal Exchange: Consumption, Equity, and Unsustainable Structural Relationships within the Global Economy", *International Journal of Comparative Sociology*, Vol. 48, No. 1, 2007, p. 62.

定气候以及确保人类有一个可持续发展的未来,德尔·韦斯顿强调必须采取紧急措施,停止矿物燃料的开采和使用。他指出:"要启动化石燃料的转型,就必须立即停止对化石燃料公司的补贴(以及任何形式的补偿),以免其后果变得不可逆转。"① 除了碳排放之外,韦斯顿还指出了未来社会中需要考虑的四个制约因素:地球的生物容量、化石燃料的峰值、去工业化的必要性以及涉及人类健康生存的生物需要。②

在生态学马克思主义看来,为了实现生态可持续发展,必须做到:第一,承认并内化社会的责任,即可持续地管理人与自然的新陈代谢,将保护土地作为今世后代的共同责任;第二,在生产和消费的整个过程中履行生态责任所需的所有生产者和社区之间传播科学和技术的知识;第三,认识到人类对生态和生物圈系统知识的不确定性和不完整性,以及在所有生产决策中必须遵循的"预防原则"的相应需求;第四,由于自然条件多样性以及通过生产和再生产活动实现人类成就的多种途径的需要,尊重人类经济关系中多样性的需求。需要明确的是,在不摆脱资本主义制度的前提下,很难满足这四个要求。更为重要的是,在实现可持续发展的过程中,最需要减少的不仅仅是碳足迹,还包括生态足迹,这意味着世界范围内的经济扩张,特别是发达国家的经济扩张需要减少,甚至停止。同时,许多落后的发展中国家需要扩大其经济,进一步削减富裕经济体的生态足迹,以便为可持续发展腾出空间。③ 自资本主义最早出现以来,就受到各种危机的困扰。在这方面,资本主义并没有忽略这些

---

① Del Weston, *The Political Economy of Global Warming: The Terminal Crisis*, London: Routledge, 2014, p. 155.

② Del Weston, *The Political Economy of Global Warming: The Terminal Crisis*, London: Routledge, 2014, pp. 161–164.

③ Fred Magdoff and John Bellamy Foster, *What Every Environment Needs to Know about Capitalism*, New York: Monthly Review Press, 2011, p. 121.

生态帝国主义：分析与批判

危机对自身发展的影响，而是通过各种方法调节危机并试图控制危机。资本主义并非盲目地限制自然。它对生态危机的应对经历了三个阶段：（1）无视自然资源储量和有限的环境承载力作为"免费赠予"阶段；（2）减轻自然资源的损失并要求自然资源用于"科学用途"阶段；（3）通过自身机制解决生态危机阶段。此过程的最终结果是实现自己的"绿化"。

在资本主义制度下，自然界变成原材料来源，人类变成了生产者和消费者，特别是它需要强大的军事工业来积累和控制领土和自然资源，从而压制发展中国家的反抗。可以很明显地看出，不论社会和生态成本如何，以利润最大化为核心的资本主义制度与公正和可持续的未来是不相容的。可见，人类面临着一个巨大的困境：是继续走资本主义道路，还是选择与自然和谐、尊重生命的道路？资本主义制度是工业革命以来由化石燃料推动的经济增长机器，是生态危机的首要元凶。可以说，问题不再是资本主义制度引起的生态问题是否会发生，而是在当今的经济和政治体制被一个将人民和地球置于利益之上的体制取代之前，情况会有多糟糕。没有人会知道这个问题的答案，因为一方面预测生态危机的确切影响是不可能的，另一方面预测何时以及是否会带来革命性的变化同样困难。这里需要指出的一个关键问题是，不推翻资本主义制度，生态破坏是不会停止的。值得一提的是，减缓和适应是有本质区别的。生态学马克思主义致力于通过在每一条战线上打击污染者和他们的支持者所造成的损害，也致力于参与应对已经发生的灾难性影响的斗争，而这些灾难性的后果肯定会在好转之前恶化。于他们而言，"适应"并不意味着让环境受害者相信他们应该以某种方式生活下去，而是要与受影响社区内的基层组织合作，推翻资本主义制度。

二、生态学马克思主义的帝国主义批判思想的理论缺陷

生态学马克思主义的帝国主义批判思想研究不可避免地显示出一些固有的缺陷，不仅在一定程度上存在对马克思主义的误解，同时对未来社会制度构想也存在局限，主要体现为对生态社会主义策略的分析带有浓厚的理想主义色彩。

（一）对马克思主义的误解

生态学马克思主义专注于用生态学的视角解读马克思主义理论。生态学马克思主义者在对资本主义国家经济发展与生态环境之间关系的研究中，认识到资本主义国家的发展都是建立在发展中国家或者"第三世界"国家经济的不发达基础之上的，资本主义国家生态环境的改善也都是建立在发展中国家生态环境持续恶化的基础之上。戴维·哈维认为福斯特论证了地球的危机是社会危机，并"进一步论证了第二次世界大战以来，西方为积累而进行的积累和共产主义世界为生产而进行的生产如何对世界环境产生了灾难性影响，从而使当代生态危机成为可能"。他认为，"我们破坏地球在物质上是可能的，我们能做的最坏的事情就是改造自己的环境，以至于使自己物种的生活更不舒服，而不是更舒服。"① 随着世界范围内的生态危机日益扩张，特别是全球变暖所导致的全球气候的急剧变化，生态学马克思主义也逐渐认识到帝国主义思想对于马克思主义研究的重要性，并分别从不同的视角认识帝国主义思想。当然，一些生态学马克思主义者在分析帝国主义思想的过程中，对马克思主义的认识存在一定程度的曲解和误读，有些研究阐释离马克思主义理论本身越来越远甚至走向背离。

---

① ［美］戴维·哈维：《正义、自然和差异地理学》，胡大平译，上海：上海人民出版社2015年版，第220页。

生态帝国主义：分析与批判

一些生态学马克思主义者认为，马克思把无限的经济和技术发展作为一种自然的历史规律，宣扬对自然的绝对掌握，但这两者都违背了对自然资源稀缺和生态圈超载等生态问题的理论和实践考量。还有一些生态学马克思主义者指责马克思没有充分认识到化石燃料的使用所引起的气候变化，并基于此声称马克思"并非通晓一切的神"。丹尼尔·塔努罗坚持认为，马克思的时代在技术和自然科学方面都如此远离当今时代，以至于他的理论不适用于系统分析今日的环境问题。[1] 他巧妙地运用了马克思的新陈代谢理论，认为斋藤幸平"夸大"了马克思生态批判的重要性，所以他尝试指出马克思的论证中存在的生态缺陷，特别是他指出"据我所知，由于化石燃料的燃烧，地球上全球能源失衡的可能性没有引起他（马克思）的注意"[2]。换言之，他指责马克思未能认识到化石燃料对资本主义工业化的核心作用。更有甚者直接否认马克思对新陈代谢方法的正面评价。以摩尔为例，他直接将批判的矛头转向福斯特，宣称福斯特的分析只是单纯地描述了一种受自然限制的静态的、非历史的新陈代谢断裂方法，所以这一方法不可避免地具有"天启式"意蕴，但不可否认这种方法缺少价值理论。[3] 除此之外，还有一些生态学马克思主义者坚持认为，"由于越来越多的证据，马克思的生态贡献得到了越来越多的认可。然而，并不是每个人都相信马克思的历史意义。许多分析家，包括一些自称为生态社会主义者的人，坚持认为这样的见解对他的工作来说是边缘化、微不足道的，他从未把自己从

---

[1] Daniel Tanuro, *Green Capitalism Why it Can't Work*, London: The Merlin Press Ltd, 2013.

[2] Daniel Tanuro, "Was Marx an Ecosocialist?: A Reply to Kohei Saito", *International Viewpoint*, January 12, 2020.

[3] Jason W. Moore, "The Value of Everything? Work, Capital, and Historical Nature in the Capitalist World-Ecology", *Review (Fernand Braudel Center)*, Vol. 37, No. 3–4, 2014, pp. 245–292.

'普罗米修斯主义'（这个术语通常指不惜一切代价地极端致力于工业化）中解脱出来，也没有留下重大的生态遗产，这些遗产或者延续到后来的社会主义思想中，或者与后来的生态学发展有关系。"①可以很明显地看出，这些学者认为马克思对生态学的研究本身最多能够指出资本主义有害于环境，但并没有充分认识到对环境影响的程度。

为了驳斥这种对马克思生态学的长期误解，彰显其更大的理论意义，斋藤幸平在《卡尔·马克思的生态社会主义》一书中系统地、全面地重构了马克思对资本主义的生态批判。②他认为，虽然福斯特和伯格特已经仔细研究过马克思的各种文本以证实其生态理论的力量，但是他们的分析有时会给人一种错误的印象，即马克思没有系统地研究过这个主题，换言之，只是零星地、边缘性地讨论过。因此，一方面，他必须揭示马克思生态学的内在系统性，即马克思的政治经济学批判具有明显的延续性。另一方面，他对马克思的生态学进行了比以前的文献更全面的考察，详细研究了首次出版在《马克思恩格斯全集》历史考证版第二版中的自然科学笔记。这些笔记将使学者们以更加生动和鲜活的方式追踪马克思对资本主义的生态批判的产生和发展，揭示了其令人惊叹的、包罗万象的《资本论》计划中鲜为人知的方方面面。这些笔记展示出马克思曾如何努力而严肃地研究过19世纪生态理论这个富饶领域，并就诸多新思想综合到他对资本主义社会的剖析中。

在此过程中，马克思有意识地与任何形式的单纯的普罗米修斯

---

① John Bellamy Foster, "Marx's Ecology and its Historical Significance", in Michael R. Redclift and Graham Woodgate (eds.), *The International Handbook of Environmental Sociology*, Second Edition, Northampton: Edward Elgar, 2010, p. 106.

② Kohei Saito, *Karl Marx's Ecosocialism: Capital, Nature, and the Unfinished Critique of Political Economy*, New York: Monthly Review Press, 2017.

生态帝国主义：分析与批判

主义划清了界限，并开始将生态危机看作资本主义生产方式的根本矛盾，而且他在对资本主义的生态批判中，运用自然科学的新发现和资本的具体化逻辑来分析物质世界的破坏性变化。这一背景下的关键概念就是"新陈代谢"，它引导我们系统地解释"马克思的生态学"。新陈代谢的概念不仅使马克思理解了人类生产的自然条件，而且使他能够在现代生产制度的发展和生产力的增长中研究这些自然条件的根本性历史变化。换言之，马克思研究了如何利用自然来最大限度地满足资本积累需要，并分析了自然的各种不和谐和差异是如何从这种资本主义对自然的普遍新陈代谢的变形中产生的。更为重要的是，马克思在生态学领域的开创性贡献就在于他对资本主义中人与自然关系的详细考察。

在研究帝国主义批判思想的过程中，生态学马克思主义还围绕新陈代谢展开了一场关于城乡分工与新陈代谢断裂关系的激烈争议。一些生态学马克思主义者肯定了城乡分工与新陈代谢断裂的关系，认为二者之间是因果关系。他们强调，马克思城乡分工理论是"乡村城市化"，所以新陈代谢断裂可以被理解为自然系统的分离或破坏。福斯特指出，生产者与生产资料的分离，意味着产生新的财富和权力的地理格局，而断裂的出现是因为这些"原始财富来源"产生于农业领域，但越来越多的消耗在城市空间，缺乏向农村回收城市工业废物的系统机制，从而导致农村养分枯竭、城市环境污染。基于此，他提出了"环境退化的一般规律"，即生物消耗和环境污染不断升级的长期趋势被"一系列连续的、历史性的养分循环"所打断。[①]在关于新陈代谢断裂的研究中，明迪·施耐德（Mindi Schneider）和菲利普·麦克迈克尔还认为，"马克思关于'新陈代谢断裂'的概

---

① John Bellamy Foster, "Marx's Theory of Metabolic Rift: Classical Foundations for Environmental Sociology", *American Journal of Sociology*, Vol. 105, No. 2, 1999, p. 399.

念……试图恢复环境和社会上的可持续发展的农业形式,这种形式超越了社会上普遍认为新陈代谢断裂是生态帝国主义产物的普遍看法。"①

还有一些生态学马克思主义者否认城乡分工与新陈代谢断裂的关系。他们认为,城乡分工不会产生新陈代谢断裂,但这种断裂持续发展的话,就会导致资本主义空间的连续重组。詹森·W. 摩尔指出了新陈代谢断裂的三个特征:资本积累将发展后果强加于农村;"自然独特性"与"经济等价性"的矛盾需要实现"城市化";国家与城市之间存在紧张关系。② 在摩尔看来,新陈代谢断裂理论坚持自然与社会的二元对立的观点,这本身就是一种断裂,而且马克思和恩格斯对资本主义的理解和马克思关于"新陈代谢相互依赖的过程中出现不可弥补的断裂"的思想蕴含一种远离城乡辩证法的倾向。将城乡辩证法降低到次要矛盾的地位,就允许理查德·约克把新陈代谢的断裂说成资本主义"破坏社会系统和自然系统之间的交流"的方式。资本主义通过对"自然循环"的"破坏"产生了一种外生的"生态可持续性危机"。但不可忽视的是,马克思对新陈代谢的分析为生态学马克思主义阐释"马克思的生态学"奠定了重要基础。

在福斯特和伯格特看来,塔努罗还忽视了马克思和恩格斯对可再生能源和不可再生能源的区分,更具体地说,塔努罗认为马克思和恩格斯完全忽视了能源的形式。因为在塔努罗的分析框架中,马克思将可再生能源和不可再生能源视为"综合体"(amalgam)。他认为,尽管马克思极力主张相关生产者对自然与社会之间的新陈代谢关系进行理性调节,但马克思似乎从未想到过这样一个事实:在

---

① Mindi Schneider and Philip McMichael, "Deepening, and Repairing, the Metabolic Rift", *Journal of Peasant Studies*, Vol. 37, No. 3, 2010, p. 466.

② Jason W. Moore, "Transcending the Metabolic Rift: A Theory of Crises in the Capitalist World-Ecology", *The Journal of Peasant Studies*, Vol. 38, No. 1, 2010, p. 7.

生态帝国主义：分析与批判

马克思那个时代，生产已经开始依赖煤炭，而不是木材等可再生能源。据此，塔努罗认为，化石燃料的使用隐含着能源中立假设（the postulate of energy neutrality），违背了对能源形式的合理监管，因此，需要转向可再生能源或太阳能——即使从马克思那个时代的立场来看也是如此，而且这也是马克思整个生产观及其合理调节的一个重大缺陷。① 基于此，福斯特和伯格特"重新审视马克思的工作，并使他的结论'绿色化'"②。他们认为，塔努罗对马克思的指责没有任何证据，因为"他没有充分研究马克思和恩格斯在这一领域中的著作（包括《资本论》），而关于这方面的研究，或者在其他替代燃料中，马克思多次提到煤的性质，而且他也不知道马克思和恩格斯已经写了许多较为重要的关于热力学的著作。"③ 更令人惊讶的是，恩格斯在写给马克思的信中明确提到稳定目前的"太阳热"的过程，以及通过"浪费我们的能源储备，我们的煤炭"来消耗"过去的太阳热"，而这些论点都是直接反对马克思和恩格斯提倡能源中立的观点。

随着对马克思主义认识的深化，塔努罗似乎已经放弃了对马克思和恩格斯忽略化石燃料作用的指责，但事实并非如此。取而代之的是，他开始指责马克思没有意识到，全球能源失衡是由人为排放到大气中的二氧化碳造成的，同时指责马克思错误地认为某些植物可能从大气中获取氮，而且也没有将土壤、动物与其在土壤肥力中的作用相结合。④ 虽然斋藤幸平追溯了马克思的思想从人类生产的

---

① John Bellamy Foster and Paul Burkett, *Marx and the Earth: An Anti-Critique*, Chicago: Haymarket Books, 2017, p. 16.

② John Bellamy Foster and Paul Burkett, *Marx and the Earth: An Anti-Critique*, Chicago: Haymarket Books, 2017, p. 17.

③ John Bellamy Foster and Paul Burkett, *Marx and the Earth: An Anti-Critique*, Chicago: Haymarket Books, 2017, p. 18.

④ John Bellamy Foster, "Misrepresenting Marx's Ecology: A Response to Daniel Tanuro's 'Was Marx an Ecosocialist'?", https://mronline.org/2020/01/14/misrepresenting-marxs-ecology-a-response-to-daniel-tanuros-was-marx-an-ecosocialist/#_ednref9（访问日期：2022 年 1 月 14 日）。

"生产主义"到"反生产主义"的观点的演变,特别是通过将自然界限纳入农业视角来进行分析。但塔努罗认为,这种历史方法使斋藤幸平能够超越马克思主义者之间的争论。① 针对这一持续已久的争论,一些生态学马克思主义者做出了最恰当的解释,明确肯定了马克思的生态思想。福斯特以极具说服力的细节论证了生态主题是马克思思想的重要组成部分,他指出:"正如塔努罗部分承认的那样,马克思受到德国科学家卡尔·弗拉斯(Carl Fraas)和马蒂亚斯·施莱登(Matthias Schleiden)的影响,他们记录了古代社会的气候变化。但马克思和恩格斯也意识到殖民主义对圣赫勒拿岛(甚至印度部分地区)的环境影响。因此,他们多次提到与森林砍伐有关的当地气候变化。马克思认真地从地质学家约瑟夫·比特·尤克斯(Joseph Beete Jukes)的工作中记下了关于古气候变化造成的等温线运动及其在几千万年的地质时间内对物种灭绝的影响,就很好地说明了这一点。"②

马克思的政治经济学使我们能够将生态危机理解为资本主义矛盾,因为它描述了资本主义制度的内在动力,并根据这种内在动力,使资本无穷无尽地扩张,从而使其自身的物质条件受到侵蚀,并最终与自然的限度相对抗。他也以令人信服的方式证明,资本之所以与自然资源的根本有限性相矛盾,是因为它具有无限扩张的动力。这是资本主义生产方式的中心矛盾,马克思的分析目的是要认清这种物质世界中资本积累的限度。在这一点上,重要的是要理解提及自然的界限并不意味着自然会自动对资本主义进行"报复",并结束资本主义制度。相反,资本主义实际上很有可能无限期地、无情地

---

① Daniel Tanuro, "Was Marx an Ecosocialist?: A Reply to Kohei Saito", *International Viewpoint*, January 12, 2020.

② John Bellamy Foster, "Capitalism and the Accumulation of Catastrophe", *Monthly Review*, Vol. 63, No. 7, 2011, pp. 1–17.

生态帝国主义：分析与批判

从开采自然资源中获利，并破坏自然环境，以致地球上很大一部分地区不适合人类居住。然而，在马克思的新陈代谢理论中，自然在抵抗资本方面占有重要地位，因为资本不能为了其最高价值而武断地征服自然。事实上，通过试图征服自然，资本不得不在不断扩大的范围内破坏人类自由发展的基本物质条件。

马克思在这种对环境的非理性破坏和资本所创造的异化的相关经验中，发现了建构一种新的革命主体性的机会，这种主体性自觉地要求彻底改变生产方式，以实现人的自由和可持续发展。从这个意义上说，马克思的新陈代谢理论强调抑制资本的具体化力量和改变人与自然的关系，以确保更可持续的社会新陈代谢的战略重要性。马克思的生态学观念虽然受到19世纪物质条件和知识的限制，但这不仅取决于马克思和恩格斯对具体生态问题的了解（相对于我们自己的时代），还有整体批判方法。迈克尔·洛维还指出，"在21世纪初，生态问题对马克思主义思想的更新提出了重大挑战。它要求对马克思主义传统的'生产力'概念进行彻底而批判性的修正，并由此而隐含着与现代工业文明的技术经济范式和进步意识形态的根本决裂。"[①] 基于上述分析，生态学马克思主义认为马克思在分析国家与国家之间、地区与地区之间的关系时，阐明了生态理论，所以马克思对生态的分析不容置疑，从而澄清了对马克思主义的误解，肯定了马克思主义在生态学马克思主义研究中的重要地位。

（二）对未来社会制度构想的局限性

在生态学马克思主义看来，资本积累和国际扩张的最终目的都是满足极少数垄断资本家和发达资本主义国家的利益需要，但这是一种不平等的关系。以利润最大化为核心的资本主义制度，不顾社

---

① Michael Löwy, "From Marx to Ecosocialism", *Capitalism Nature Socialism*, Vol. 13, No. 1, 2002, p. 125.

会和生态成本，与公正和可持续的未来格格不入。而且，资本的无限积累、一切商品化、对劳动力和自然的无情剥削以及随之而来的残酷竞争破坏了可持续未来的基础，从而使人类的生存处于危险之中。不容忽视的是，资本与自然的矛盾并没有立即导致资本主义制度的崩溃，因为资本可以通过密集和广泛地剥削工人、发明新技术、发现新的原材料以及开放全球市场和殖民地来克服其局限性。与许多环保主义者一样，美国环保主义者罗斯·盖尔布斯潘（Ross Gelbspan）寄希望于说服资本主义的决策者，认为结束气候变化是"道义上的当务之急"。但伊恩·安格斯强调，"过去的经验以及对资本主义必要性的理解表明，这是一个徒劳的希望"①。

从长远来看，资本主义是不可持续的，而且由于人类社会（主要是最富裕的资本主义经济体）已经超过地球自然过程处理其活动能力的速度，所以整个星球的生态面临着"无法挽回"的威胁。萨卡提出应从经济衰退或当代资本主义的不可持续趋势中探讨基于"有序撤退"的生态社会主义的可能性，这就是一种新型社会主义。值得一提的是，福斯特也认为资本主义本质上对环境保护无能为力，所以，"如果想要拯救地球，就必须推行社会主义"②。汉斯·A. 贝尔等人也指出，鉴于全球资本主义所造成的气候变化和社会正义问题，人类需要过渡到一个基于社会平等和正义、民主、环境可持续性和安全气候的替代性世界体系，这是一种被称为生态社会主义的全面缓解战略。③

---

① Ian Angus, "Confronting the Climate Change Crisis", https：//climateandcapitalism. com/2007/02/01/confronting-the-climate-change-crisis/（访问日期：2022 年 1 月 1 日）。

② ［美］菲利普·科特勒：《直面资本主义——困境与出路》，郭金兴等译，北京：机械工业出版社 2016 年版，第 94 页。

③ Hans A. Baer and Merrill Singer, "Planetary Health：Capitalism, Ecology and Eco-Socialism", *Capitalism Nature Socialism*, Vol. 34, No. 4, 2023, p. 21.

生态帝国主义：分析与批判

从资本主义的"破坏性进步"转向生态社会主义是一个历史过程，是社会、文化和良心的永久性革命性转变。这种转变不仅将使我们进入一个新的生产世界，走向一个平等的民主社会，而且还将导致一种替代性生活方式、一种新的文明。在整个人类文明历史中持续存在的环境条件正在崩溃，应归咎于资本主义，而只有社会主义才能解决生态问题。生态社会主义是阻止和扭转全球变暖和资本主义生态危机，并构建一种激进的、切实可行的资本主义制度的替代性方案，采用一种强有力的民主计划的新模式，为解决生态问题提供了一个新选择，将社会和生态福祉放在首要位置，关注人类的真实需求而不是消费主义，对既得利益和生产资料私有制的独裁统治提出了挑战。生态社会主义的目标是用一个社会来取代资本主义，在这个社会中，生产资料的共同所有制已经取代了资本主义的所有制，生态系统的保护和恢复将成为一切活动的中心。

生态社会主义认为，生态破坏不是资本主义发展的偶然结果，而是资本主义制度的内在要素，就像阶级剥削、贫困、种族主义和战争一样不可或缺，其对利润的贪得无厌的需求是无法改变的。正如迈克尔·洛维明确指出的那样："生态社会主义与劳动剥削和环境剥削之间的联系协调一致，既反对改良主义的'市场生态'，也反对'生产主义的社会主义'，并根据资本主义市场之外的标准对整个生产和消费方式进行重组：人口的实际需求和捍卫生态平衡。"[①] 生态社会主义旨在为实现大转型的各种运动所拥护的共同精神做出贡献，将自己视为国际运动的一部分：由于全球生态、经济和社会危机不分国界，因此推动这些危机的系统性力量的斗争也必须全球化。可以说，生态社会主义是克服危机并将人类利益放在首位的替代方法：

---

① Michael Löwy, "Why Ecosocialism? A Discussion of the Case for a Red-green Future", https://climateandcapitalism.com/2018/12/19/why-ecosocialism-a-discussion-of-the-case-for-a-red-green-future/（访问日期：2022年12月19日）。

刻不容缓地分享财富、根据实际需求和消费节制建立新经济、保护气候和生态系统。它将物质积累提高到法律高度，并通过大量的宣传来产生无法满足的需求，主张将经济和生产体系服务于人类需求。

一方面，走向生态社会主义是历史发展的必然结果。当前经济和气候危机的全球化使生态社会主义变得如此迫切和必要。发达资本主义国家目前的生产和消费模式是建立在无限积累（资本、利润和商品）、浪费资源、挥霍性消费以及加速破坏环境的逻辑基础上的。这一模式必然在维持和加剧南北之间的明显不平等的基础上运作。资本主义对环境的攻击呈指数级增长，生态平衡遭到破坏的威胁也日益增加，这就构成了一种灾难性的情况，从而对人类物种的生存也提出了质疑。可以说，资本主义制度的扩张性与破坏性逻辑是不相容的，而在资本的庇护下追求"增长"，这使人类在短期内走向人类历史上没有先例的灾难。所以要解决日益严峻的生态问题，就必须建立生态社会主义，从而为包括人类在内的生物创造有利的环境。可以说，只有通过生态社会主义，才有可能产生最高层次的政治意愿和真正的民众支持与合作，以实现当前紧急情况下必要的国家和国际政治的巨大协调转变。而只有公有制和民主计划才能协调公共交通的建立和扩展，从而实现向可再生能源的紧急过渡。

生态社会主义作为一种系统的理论体系虽在20世纪后期才正式形成，但其哲学基础和方法论根源可以清晰地追溯至马克思与恩格斯的经典著作。需要特别指出的是，在19世纪的工业化初期，生态环境问题尚未像当代这样成为显性危机，这使得生态关切没有成为马克思主义创始人理论体系的核心议题。但马克思和恩格斯在其著作中构建的理论框架，特别是关于资本主义内在矛盾的分析方法，为揭示资本积累逻辑与自然环境破坏之间的本质联系提供了关键锁钥，同时也为构建既符合社会主义原则又遵循生态规律的替代性制度奠定了不可或缺的理论基石。马克思和恩格斯在某些段落中确实

生态帝国主义：分析与批判

肯定了资本创造的生产力的价值，认为"生产力的发展"是人类进步的主要原因。① 但是，马克思从根本上反对我们现在所说的"生产力主义"，也即资本主义逻辑。资本主义为获取新的利润来源，将一切商品化，因此它对于社会不平等差距的扩大、正在进行的全球化负有责任。

在理论研究过程中，一些社会主义者承认有必要将生态纳入社会主义研究中，但反对"生态社会主义"一词，认为"社会主义"中就已经涵盖生态、女性主义、反种族主义等内容。塔努罗认为，生态社会主义是唯一可能实现的社会主义，其中真正的挑战不是将生态纳入社会主义，而是将社会主义纳入生态。他强调，马克思主义在某一点上不能简单地"生态化"或"绿化"，而应该将社会主义与生态主义或绿色理论"趋同"。② 多数学者肯定了"生态社会主义"一词所具有的重要政治意义。首先，它反映出一种对资本主义的新认识，这种资本主义不仅建立在剥削基础上，而且建立在破坏的基础上，即对地球生命条件的大规模破坏。其次，生态社会主义将社会主义变革的意义从所有权的改变扩展到了文明的生产设备的转变、消费方式以及整个生活方式。最后，新术语强调以社会主义的名义接受20世纪实验的批判性观点。

另一方面，生态社会主义是一场革命性的社会变革。源于生态反思和社会主义反思的生态社会主义，是资本主义的根本替代，其基本前提是保护有利于地球生命的自然环境，而这与资本主义制度的扩张性和破坏性逻辑是不相容的。生态社会主义的"生态"源于生态学，强调生态系统中生物和非生物成分之间复杂而动态的相互作用，特别是生态学家了解生态系统中维持生命的功能是如何被一

---

① 《马克思恩格斯文集（第2卷）》，北京：人民出版社2009年版，第36页。
② John Bellamy Foster and Paul Burkett, *Marx and the Earth: An Anti-Critique*, Chicago: Haymarket Books, 2017, p. 15.

个有机体的行为所破坏的。但生态学缺乏社会分析，它无法理解经济和政治力量是如何推动人类行为和社会变革的发生。生态社会主义把生态学的观点与丰富的社会主义思想和行动结合起来，特别是与马克思主义结合起来，提供了一种理解资本主义如何运作的方式，并设想一种超越资本主义的制度。换言之，生态社会主义正是这样一种为社会主义而斗争、考虑人类在整个地球生物圈中的地位的社会，所以构建一个公正的国际政治经济秩序十分必要。从当前的分析出发，人类必须建立一个新的体系，以恢复人与自然之间的和谐。

面对日益严重的生态问题和环境问题，生态学马克思主义主张进行一场反对资本主义社会的生态革命，但这是一个长期过程，不可能在短期内实现，因而这就需要采取在短期内能够改变的相关举措。从当前的实际情况来看，人类所采取的任何行动，都必须以生态革命为最终目标。正如保罗·M. 斯威齐 1989 年在《资本主义与环境》一文中所写的那样："要解决环境危机，从而确保人类有未来，必须做的是用一种社会秩序取代资本主义，这种社会秩序的基础不是最大限度地增加私人利润和积累更多的资本，而是满足人类的实际需要，使环境恢复到可持续健康的状态。简单地说，这就是今天革命性变革的含义。"[①]

从资本主义的破坏性进步到生态社会主义的大转变是一个历史过程，是社会、文化和思维方式的永久性革命转变。实现这种过渡不仅导致一种新的生产方式，还导致另一种生活方式、一种新的社会主义文明。生态社会主义是一场涉及革命性的社会变革，意味着增长的局限性和需求的转变，即从定量经济转向定性经济，强调使用价值而非交换价值。这些目标既要求在经济领域进行民主决策，

---

① Paul M. Sweezy, "Capitalism and the Environment", *Monthly Review*, Vol. 41, No. 2, 1989, p. 9.

生态帝国主义：分析与批判

使社会能够集体确定其投资和生产目标，又要求生产资料集体化，这对于社会和自然系统的平衡和可持续性十分必要。这样一来就可以清楚地看出，建立一个既有社会理性又有生态理性的制度来替代这种不合理的制度，将对社会主义事业产生深远的影响。社会主义只有在联合生产者的新力量的时候，才能稳定而彻底地用一个完全不同的、基于不同能源系统的生产机器来取代资本主义生产机器。生态社会主义将终结发展中国家现在面临的债务体系，并终止发达资本主义国家对其资源的开采。必须清楚的是，这不一定意味着发达资本主义国家的人民"降低生活水平"，只是避免由资本主义制度引起的过度消费，而这些消费并不能满足实际需求或对人类福祉和繁荣做出贡献。

不容忽视的是，生态社会主义策略带有浓厚的理想主义色彩。生态社会主义是建立在社会正义和生态平衡的非货币价值基础上的转型经济。在资本主义制度不断自我完善的前提下，生态社会主义的实现在目前的条件下还存在很多的问题，其设想是美好的，但实现过程面临诸多困难。资本主义的不可持续性决定了资本主义制度必然会被取代。资本主义发展到现在还有其存在的合理性，还在不断地通过各种途径维持其发展现状，但发展中国家的经济基础还比较薄弱，因此生态社会主义的实现还有很多困难。马克思主义认为物质性的因素是决定性的因素，对社会发展起决定性作用。生态社会主义的构建也是如此，单纯把社会建立在生态基础上的生态社会主义是不牢靠的。所以，生态社会主义在理论和实践上都有其局限性。

生态社会主义不是一个整体框架，事实上，生态社会主义者一致认为，必须进行一系列的环境改革，特别是把环境运动不同分支聚焦在一起的改革。实现这一改革设想的真正困难是，即使有一场基础广泛的激进的大规模环境运动要求这样做，但环境危机范围广泛。人类必须从现在开始采取行动，以将环境影响减缓到人类可以接受的程度，并解决其他紧迫问题。国际环境活动家和生态学家更是要求进行系统更改。该目标突出了向社会主义转变的需要，并为进步势力和共产主义者之间的合作开辟了新途径。通过政策逆转和对大资本的根本性限制，可以大大遏制对环境的破坏。

一些生态学马克思主义者对环境革命的认识也有局限。对于世界观察研究所和一般的主流环境主义者来说，环境革命涉及"人口、技术和生活方式"的深远变化，以及世界经济的总体结构调整，以促进所谓的"可持续发展"，所以政府必须在环境管理方面发挥更积极的作用，公司必须进行改革，以提高对环境的责任，还必须制定一项"绿色"工业战略，以确保可持续发展。然而，这种环境革命的概念明显缺乏的是承认这样一个事实，即为了制止甚至大大减缓环境恶化的速度，资本主义商品社会将不得不让位于环境的必要性。可持续发展的社会强调满足人们的基本需要，围绕使用价值而不是交换价值来组织技术，或者可以做出不同类型的技术选择。可持续发展的未来需要实现整体上以及全球范围内的经济增长。乍一看，经济增长的含义似乎显而易见：越来越多的"物"的生产。然而，经济增长并不意味着制造更多或更大的"东西"。换言之，推动资本主义发展的因素，并不是对生产商品的不懈追求，而是对创造利润的不懈追求。

但不可否认的是，经济增长与实物生产的增长之间也存在一定的关系，这里的关键就是破坏环境的是实物生产而不是货币价值。所以说，这种"增长"与物质生产的概念上的脱钩并不能使资本主义的增长摆脱困境。只有为人类需求而非利润而组织的经济才有可能减缓生态危机并扭转已经造成的损害。鉴于化石燃料在当代资本主义中所起的关键作用，资本主义经济增长的确不可避免地将继续推动气候变化和其他环境破坏，但这并不意味着否认可持续发展中的增长问题。而且一个有效的气候变化计划将支持第三世界反对帝国主义统治和扭曲经济的斗争。它将反对向全球南方出口污染工业，支持土地改革运动，并重新调整农业以满足当地需求，而不是向北方出口。发达国家的政府必须尽力提供各种形式的实际援助，以协助第三世界国家寻找和实施符合世界环境要求的发展计划。生态可持续发展不同于当前的个人主义以及资本主义主导的社会。在这样的社会中，一切生产以人的需要为中心，而经济的主导原则也将是满足人们的需要和人类所依赖的生态系统。这将最大程度地保证人类能够以最可持续的方式进行生产，而不是以最有利可图的方式进行生产，同时也将淘汰那些只为盈利所必需的工业部分。在这种社会中，人类将共同拥有和享受公共资源。正因为生产是为了满足人类的需求，而不是一部分精英阶层，所以人们有更多的时间发挥自己的才能。虽然这样的社会与当今资本主义是不相容的，但它显然符合世界上大多数人的利益，所以也是可行的，这也预示着人类即将开展一场挑战资本主义制度的大规模民主运动。

参考文献

一、马克思主义经典著作

[1]《马克思恩格斯文集（第 2 卷）》，北京：人民出版社 2009 年版。

[2]《马克思恩格斯文集（第 4 卷）》，北京：人民出版社 2009 年版。

[3]《马克思恩格斯文集（第 5 卷）》，北京：人民出版社 2009 年版。

[4]《马克思恩格斯文集（第 8 卷）》，北京：人民出版社 2009 年版。

[5]《马克思恩格斯文集（第 9 卷）》，北京：人民出版社 2009 年版。

[6]《列宁全集（第 27 卷）》，北京：人民出版社 1990 年版。

[7]《列宁专题文集（论资本主义）》，北京：人民出版社 2009 年版。

[8]《列宁专题文集（论社会主义）》，北京：人民出版社 2009 年版。

[9]《习近平谈治国理政（第 2 卷）》，北京：外文出版社 2017

年版。

［10］《习近平谈治国理政（第 3 卷）》，北京：外文出版社 2020 年版。

二、中文文献

［1］陈学明、俞吾金：《国外马克思主义哲学流派新编·西方马克思主义卷（上）》，上海：复旦大学出版社 2002 年版。

［2］陈学明、俞吾金：《国外马克思主义哲学流派新编·西方马克思主义卷（下）》，上海：复旦大学出版社 2002 年版。

［3］郭剑仁：《生态地批判——福斯特的生态学马克思主义思想研究》，北京：人民出版社 2008 年版。

［4］刘仁胜：《生态马克思主义概论》，北京：中央编译出版社 2007 年版。

［5］时青昊：《20 世纪 90 年代以后的生态社会主义》，上海：上海人民出版社 2009 年版。

［6］徐艳梅：《生态学马克思主义研究》，北京：社会科学文献出版社 2007 年版。

［7］俞可平：《全球化时代的"社会主义"：九十年代国外社会主义评述》，北京：中央编译出版社 1998 年版。

［8］曾文婷：《"生态学马克思主义"研究》，重庆：重庆出版社 2008 年版。

［9］张一兵：《资本主义理解史（第六卷）》，南京：江苏人民出版社 2009 年版。

［10］周穗明等：《20 世纪西方新马克思主义发展史（下）》，北京：学习出版社 2004 年版。

［11］陈学明：《评生态学的马克思主义及其主要代表人物高兹》，载《当代国外马克思主义评论》，2002 年第 1 期。

[12] 董慧：《生态帝国主义——一个初步考察》，载《江海学刊》，2014年第4期。

[13] 何萍：《"生态学马克思主义"简介》，载《教学科研资料》，1986年第13—14期。

[14] 何萍：《生态学马克思主义的理论困境与出路》，载《国外社会科学》，2010年第1期。

[15] 胡绪明、柴文一：《现代性的生态学批判——生态学马克思主义现代性批判论析》，载《马克思主义理论学科研究》，2017年第2期。

[16] 郇庆治：《生态马克思主义与生态文明制度创新》，载《南京工业大学学报（社会科学版）》，2016年第1期。

[17] 刘仁胜：《生态马克思主义发展概况》，载《当代世界与社会主义》，2006年第3期。

[18] 黄继锋：《"政治生态学"——"生态学的马克思主义"的一种解释》，载《马克思主义研究》，1995年第4期。

[19] 龙睿赟：《对生态帝国主义的基本认识与应对策略》，载《重庆理工大学学报（社会科学版）》，2019年第8期。

[20] 孟献丽、郝玉洁：《生态帝国主义的批判与反思》，载《当代世界》，2019年第4期。

[21] 孟献丽、左路平：《生态马克思主义的生态批判理论及其局限》，载《国外社会科学》，2018年第3期。

[22] 王谨：《生态学马克思主义》，载《马克思主义研究》，1985年第4期。

[23] 王谨：《"生态学马克思主义"和"生态社会主义"——评介绿色运动引发的两种思潮》，载《教学与研究》，1986年第6期。

[24] 王雨辰：《反对资本主义的生态学——评西方生态学马克

思主义对资本主义社会的生态批判》，载《国外社会科学》，2008 年第 1 期。

［25］汪盛玉：《"生态正义"何以可能——生态学马克思主义生态文明观探析》，载《贵州师范大学学报（社会科学版）》，2014 年第 4 期。

［26］吴苑华：《国外马克思主义的生态学价值诉求》，载《自然辩证法研究》，2009 年第 12 期。

［27］曾文婷：《"生态学马克思主义"的生态危机理论评析》，载《北方论丛》，2005 年第 5 期。

［28］张纯厚：《环境正义与生态帝国主义——基于美国利益集团政治和全球南北对立的分析》，载《当代亚太》，2011 年第 3 期。

［29］张真真：《生态帝国主义理论的形成和界定》，载《大连干部学刊》，2017 年第 7 期。

［30］张之沧：《论生态学的马克思主义的人道主义》，载《伦理学研究》，2007 年第 3 期。

［31］郑吉伟、张真真：《论西方生态帝国主义研究的政治经济学转向及其新发展》，载《经济纵横》，2020 年第 11 期。

［32］郑湘萍、田启波：《生态学马克思主义与马克思主义关系辨析》，载《贵州社会科学》，2009 年第 12 期。

［33］周穗明：《"生态马克思主义"论生态学与马克思主义的关系》，载《新视野》，1996 年第 3 期。

［34］［美］艾尔弗雷德·W. 克罗斯比：《生态扩张主义——欧洲 900～1900 年的生态扩张》，许友民、许学征译，沈阳：辽宁教育出版社 2001 年版。

［35］［美］阿尔·戈尔：《濒临失衡的地球——生态与人类精神》，陈嘉映等译，北京：中央编译出版社 1997 年版。

［36］［加］娜奥米·克莱恩：《改变一切——气候危机、资本

主义与我们的终极命运》，李海默、韦涵、管昕玥等译，上海：上海三联书店 2018 年版。

［37］［加］本·阿格尔：《西方马克思主义概论》，慎之等译，北京：中国人民大学出版社 1991 年版。

［38］［美］丹尼尔·A. 科尔曼：《生态政治——建设一个绿色社会》，梅俊杰译，上海：上海译文出版社 2002 年版。

［39］［英］戴维·佩珀：《现代环境主义导论》，宋玉波、朱丹琼译，上海：格致出版社、上海人民出版社 2011 年版。

［40］［英］戴维·佩珀：《生态社会主义——从深生态学到社会正义》，刘颖译，济南：山东大学出版社 2012 年版。

［41］［英］大卫·哈维：《资本的限度》，张寅译，北京：中信出版社 2017 年版。

［42］［美］戴维·哈维：《正义、自然和差异地理学》，胡大平译，上海：上海人民出版社 2015 年版。

［43］［美］菲利普·科特勒：《直面资本主义——困境与出路》，郭金兴等译，北京：机械工业出版社 2016 年版。

［44］［美］弗雷德里克·杰姆逊、三好将夫：《全球化的文化》，马丁译，南京：南京大学出版社 2002 年版。

［45］［美］弗·卡普拉：《转折点——科学·社会·兴起中的新文化》，冯禹译，北京：中国人民大学出版社 1989 年版。

［46］［美］赫伯特·马尔库塞：《单向度的人——发达工业社会意识形态研究》，刘继译，上海：上海译文出版社 1989 年版。

［47］［美］赫尔曼·E. 戴利：《超越增长——可持续发展的经济学》，诸大建、胡圣等译，上海：上海译文出版社 2001 年版。

［48］［美］赫尔曼·E. 达利、小约翰·B. 柯布：《21 世纪生态经济学》，王俊、韩冬筠译，北京：中央编译出版社 2015 年版。

［49］［美］杰弗里·希尔：《生态价值链——在自然与市场中

建构》，胡颖廉译，北京：中信出版社2016年版。

[50] [美] 杰森·摩尔：《地球的转型——在现代世界形成和解体中自然的作用》，赵秀荣译，北京：商务印书馆2015年版。

[51] [美] 肯·威尔伯：《性、生态、灵性》，李明等译，北京：中国人民大学出版社2009年版。

[52] [美] 拉杰·帕特尔、詹森·W. 摩尔：《廉价的代价：资本主义、自然与星球的未来》，吴文忠、何芳、赵世忠译，北京：中信出版社2018年版。

[53] [美] 莱斯特·R. 布朗：《B模式2.0——拯救地球 延续文明》，林自新、暴永宁等译，上海：东方出版社2003年版。

[54] [美] 罗伯特·艾尔斯：《转折点——增长范式的终结》，戴星翼、黄文芳译，上海：上海译文出版社2001年版。

[55] [英] 尼尔·史密斯：《新城市前沿——士绅化与恢复失地运动者之城》，李晔国译，北京：译林出版社2018年版。

[56] [美] 乔尔·科威尔：《自然的敌人——资本主义的终结还是世界的毁灭?》，杨燕飞、冯春涌译，北京：中国人民大学出版社2015年版。

[57] [英] 乔纳森·休斯：《生态与历史唯物主义》，张晓琼、侯晓滨译，南京：江苏人民出版社2011年版。

[58] [圭那亚] 施里达斯·拉夫尔：《我们的家园——地球——为生存而结为伙伴关系》，夏堃堡等译，北京：中国环境科学出版社1993年版。

[59] [印] 萨拉·萨卡：《生态社会主义还是生态资本主义》，张淑兰译，济南：山东大学出版社2008年版。

[60] [美] 唐奈勒·H. 梅多斯、丹尼斯·L. 梅多斯、约恩·兰德斯：《超越极限——正视全球性崩溃，展望可持续的未来》，赵旭、周欣华、张仁俐译，上海：上海译文出版社2001年版。

[61] [英] 特德·本顿:《生态马克思主义》,曹荣湘、李继龙译,北京:社会科学文献出版社2013年版。

[62] [加] 威廉·莱斯:《满足的限度》,李永学译,北京:商务印书馆2016年版。

[63] [加] 威廉·莱斯:《自然的控制》,岳长岭、李建华译,重庆:重庆出版社2007年版。

[64] [德] 乌尔里希·布兰德、马尔库斯·威森:《资本主义自然的限度——帝国式生活方式的理论阐释及其超越》,郇庆治等编译,北京:中国环境出版集团2019年版。

[65] [英] 伊曼纽尔·沃勒斯坦等:《资本主义还有未来吗?》,徐曦白译,北京:社会科学文献出版社2014年版。

[66] [美] 约翰·贝拉米·福斯特:《马克思的生态学——唯物主义与自然》,刘仁胜、肖峰译,北京:高等教育出版社2006年版。

[67] [美] 约翰·贝拉米·福斯特:《生态危机与资本主义》,耿建新、宋兴无译,上海:上海译文出版社2006年版。

[68] [美] 约翰·贝拉米·福斯特:《生态革命——与地球和平相处》,刘仁胜、李晶、董慧译,北京:人民出版社2015年版。

[69] [德] 约翰·德赖泽克:《地球政治学——环境话语》,蔺雪春、郭晨星译,济南:山东大学出版社2012年版。

[70] [美] 詹姆斯·奥康纳:《国家的财政危机》,沈国华译,上海:上海财经大学出版社2017年版。

[71] [美] 詹姆斯·奥康纳:《自然的理由——生态学马克思主义研究》,唐正东、臧佩洪译,南京:南京大学出版社2003年版。

[72] [美] 乔尔·科威尔:《生态社会主义——一种人文现象》,马特译,载《国外理论动态》,2015年第9期。

[73] [美] 乔尔·科威尔:《马克思与生态学》,武烜、刘东锋

译，载《马克思主义与现实》，2011年第5期。

[74] [美] 苏珊娜·杰弗瑞：《化石能源、资本主义和工人阶级》，盛国荣译，载《国外理论动态》，2019年第8期。

[75] [日] 岩佐茂：《环境的思想和马克思主义》，倪增辉译，载《南开学报（哲学社会科学版）》，2010年第3期。

[76] [美] 约翰·B.·福斯特：《重新发现帝国主义》，王淑梅摘译，载《国外理论动态》，2004年第1期。

[77] [美] 约翰·B.·福斯特：《纪念哈里·马格多夫》，孙寿涛摘译，载《国外理论动态》，2006年第3期。

[78] [美] 约翰·贝拉米·福斯特：《生态马克思主义政治经济学——从自由资本主义到垄断阶段的发展》，张峰译，载《马克思主义研究》，2012年第5期。

[79] [美] 约翰·B.福斯特：《垄断资本和新的全球化》，陈喜贵摘译，载《国外理论动态》，2003年第6期。

[80] [美] 约翰·贝拉米·福斯特：《社会主义的复兴》，庄俊举译，载《当代世界与社会主义》，2006年第1期。

[81] [美] 约翰·贝拉米·福斯特：《资本主义与生态环境的破坏》，董金玉译，载《国外理论动态》，2008年第6期。

[82] [美] 约翰·贝拉米·福斯特、布莱特·克拉克：《星球危机》，张永红译，载《国外理论动态》，2013年第5期。

[83] 曹立华：《约翰·福斯特对生态帝国主义的批判与反思》，浙江师范大学硕士论文，2012年。

[84] 曹义恒：《"生态帝国主义"批判——马克思主义的视角》，武汉大学博士论文，2017年。

[85] 黄剑：《生态帝国主义探析》，福建师范大学硕士论文，2013年。

[86] 马涛：《生态帝国主义问题探析》，哈尔滨工业大学硕士

论文，2013年。

［87］艳红：《福斯特生态帝国主义批判研究》，内蒙古师范大学硕士论文，2019年。

［88］杨程少：《生态帝国主义初探》，华中科技大学硕士论文，2010年。

三、外文文献

［1］Alan Thornett，*Facing the Apocalypse: Arguments for Ecosocialism*，London：Resistance Books，2019.

［2］Alf Hornborg，*Nature, Society, and Justice in the Anthropocene: Unraveling the Money-Energy-Technology Complex*，London：Cambridge University Press，2019.

［3］Alf Hornborg，*The Power of the Machine: Global Inequalities of Economy, Technology, and Environment*，Walnut Creek，CA：AltaMira Press，2011.

［4］Alfred W. Crosby，*Ecological Imperialism: The Biological Expansion of Europe*，900–1900，Cambridge，UK：Cambridge University Press，1986.

［5］Andrea Janku，Gerrit Schenk and Franz Mauelshagen，*Historical Disasters in Context: Science, Religion, and Politics*，New York：Routledge，2012.

［6］Andreas Malm，*Fossil Capital: The Rise of Steam Power and the Roots of Global Warming*，London and New York：Verso，2016.

［7］Brian Fagan，*Floods, Famines, and Emperors: El Nino and the Fate of Civilization*，Cambridge，UK：Cambridge University Press，1999.

［8］Chris Chase Dunn，*Global formation*，Lanham. Maryland：Rowman and Litttlefield，1998.

［9］Chris Williams, *Ecology and Socialism: Solutions to Capitalist Ecological Crisis*, Chicago: Haymarket Books, 2010.

［10］Daniel Tanuro, *Green Capitalism Why it Can't Work*, London: The Merlin Press Ltd, 2013.

［11］David Klein and Stephanie McMillan, *Capitalism and Climate Change: The Science and Politics of Global Warming*, UK: Palgrave Macmillan, 2015.

［12］Del Weston, *The Political Economy of Global Warming: The Terminal Crisis*, London: Routledge, 2014.

［13］Derek Wall, *Babylon and Beyond The Economics of Anti-Capitalist, Anti-Globalist and Radical Green Movements*, London: Pluto Press, 2005.

［14］Derek Wall, *The Rise of the Green Left: A Global Introduction to Ecosocialism*, London: Pluto Press, 2010.

［15］Derrick Jensen and Aric McBay, *What We Leave Behind*, New York: Seven Stories Press, 2009.

［16］Douglas Dowd, *Capitalism and Its Economics: A Critical History*, London: Pluto Press, 2004.

［17］Emilio F. Moran, *Environmental Social Science: Human-Environment Interactions and Sustainability*, Malden, MA: Wiley-Blackwell, 2010.

［18］Ernesto Screpanti, *Global Imperialism and the Great Crisis*, New York: Monthly Review Press, 2014.

［19］Fred Magdoff and Chris Williams, *Creating an Ecological Society: Toward a Revolutionary Transformation*, New York: Monthly Review Press, 2017.

［20］Fred Magdoff and John Bellamy Foster, *What Every Environ-*

ment Needs To Know about Capitalism, New York: Monthly Review Press, 2011.

［21］Gabriel Kolko, *The Age of War: The United States Confronts the World*, Delhi: Gyan Sagar Publications, 2006.

［22］Hannah Arendt, *The Human Condition*, Chicago: University of Chicago Press, 1958.

［23］Harry Magdoff, *Imperialism without Colonies*, New York: Monthly Review Press, 2003.

［24］Ian Angus, *Facing the Anthropocene: Fossil Capitalism and the Crisis of the Earth System*, New York: Monthly Review Press, 2016.

［25］Ian Angus, *The Global Fight for Climate Justice: Anti-capitalist Responses to Global Warming and Environmental Destruction*, Canada: Fernwood Publishing, 2010.

［26］Ingo Schmidt and Carlo Fanelli, *Reading "Capital" Today: Marx after 150 Years*, London: Pluto Press, 2017.

［27］K. William Kapp, *The Social Costs of Private Enterprise*, Cambridge MAssachusetts: Harvard University Press, 1971.

［28］Kohei Saito, *Karl Marx's Ecosocialism: Capital, Nature, and the Unfinished Critique of Political Economy*, New York: Monthly Review Press, 2017.

［29］Leo Panitch and Colin Leys, *The New Imperial Challenge: Socialist Register*, New York: Monthly Review Press, 2004.

［30］Leo Panith and Colin Leys, *Socialist Register 2004-The New Imperial Challenge*, London: Merlin Press, 2004.

［31］Leo Panith and Colin Leys, *Socialist Register 2007-Coming to Terms with Nature*, London: Merlin Press, 2006.

［32］Linda McQuaig, *Crude, Dude: War, Big Oil and the Fight for the Planet*, Toronto: Doubleday Canada, 2004.

[33] Jason W. Moore and Raj Patel, *A History of the World in Seven Cheap Things: A Guide to Capitalism, Nature, and the Future of the Planet*, Oakland: University of California Press, 2017.

[34] Joan Martinez-Alier, *The Environmentalism of the Poor: A Study of Ecological Conflicts and Valuation*, Cheltenham, UK: Edward Elgar Publishing, 2002.

[35] Joe Weston, *Red and Green: A New Politics of The Environment*, London: Pluto Press, 1986.

[36] Jonathan Isham and Sissel Waage, *Ignition: What You Can Do to Fight Global Warming and Spark a Movement*, Washington, DC: Island Press, 2005.

[37] John Bellamy Foster, Brett Clark and Richard York. *The Ecological Rift: Capitalism's War on the Earth*, New York: Monthly Review Press, 2010.

[38] John Bellamy Foster and Brett Clark, *The Robbery of Nature: Capitalism and the Ecological Rift*, New York: Monthly Review Press, 2020.

[39] John Bellamy Foster and Paul Burkett, *Marx and the Earth: An Anti-Critique*, Chicago: Haymarket Books, 2017.

[40] John Bellamy Foster, *Naked Imperialism: The U. S. Pursuit of Global Dominance*, New York: Monthly Review Press, 2006.

[41] John Bellamy Foster, *The Vulnerable Planet: A Short Economic History of the Environment*, New York: Monthly Review Press, 1999.

[42] John Smith, *Imperialism in the Twenty-First Century: Globalization, Super-Exploitation, and Capitalism's Final Crisis*, New York: Monthly Review Press, 2016.

［43］ Joseph Schumpeter, *Essays, Reading*, Mass: Addison Wesley, 1951.

［44］ Mathis Wackernagel and William Ree, *Our Ecological Footprint: Reducing Human Impact on the Earth*, Gabriola Island (Canada): New Society Publishers, 1995.

［45］ Mark Elvin, *The Retreat of the Elephants: An Environmental History of China*, New Haven, CT: Yale University Press, 2004.

［46］ Michael Klare, *Rising Powers, Shrinking Planet*, New York: Henry Holt, 2008.

［47］ Michael Löwy, *Ecosocialism: A Radical Alternative to Capitalist Catastrophe*, Chicago: Haymarket Books, 2011.

［48］ Michael R. Redclift and Graham Woodgate, *The International Handbook of Environmental Sociology*, Second Edition, Northampton: Edward Elgar, 2010.

［49］ Michael T. Klare, *Resource Wars: The New Landscape of Global Conflict*, New York: Henry Holt and Company, 2001.

［50］ Michelle Williams and Vishwas Satgar, *Marxisms in the 21st Century: Crisis & Critique*, South Africa: Wits University Press, 2013.

［51］ Mike Cole, *Climate Change, The Fourth Industrial Revolution and Public Pedagogies: The Case for Ecosocialism*, London and New York: Taylor & Francis Group, 2021.

［52］ Mike Davis, *Late Victorian Holocausts: El Nino Famines and the Making of the Third World*, London and New York: Verso, 2002.

［53］ Nancy Jacobs, *Environment, Power, and Injustice: A South African History*, Cambridge, UK: Cambridge University Press, 2003.

［54］ Naomi Klein, *This Changes Everything: Capitalism vs. the Climate*, New York: Simon and Schuster, 2014.

[55] Neil Carter, Politics of the Environment: Ideas, Actions, Policy, Cambridge, UK: Cambridge University Press, 2007.

[56] Nicholas Georgescu-Roegen, *Energy and Economic Myths: Institutional and Analytical Economic Essays*, Elmsford, NY: Pergamon, 1976.

[57] Nick Buxton and Ben Hayes, *The Secure and the Dispossessed*, London: Pluto Press, 2016.

[58] Nick Hanley, Jason F. Shogren and Ben White, *Introduction to Environmental Economics*, Oxford: Oxford University Press, 2001.

[59] Paul A. Baran and Paul M. Sweezy, *Monopoly Capita*, New York: Monthly Review Press, 1966.

[60] Paul Burkett, *Marxism and Ecological Economics: Toward a Red and Green Political Economy*, Boston: Brill, 2006.

[61] Paul Burkett, *Marx and Nature: A Red and Green Perspective*, New York: Macmillan Press LiD, 1999.

[62] Peter G. Brown and Peter Timmerman, *Ecological Economics for the Anthropocene: An Emerging Paradigm*, London: Columbia University Press, 2015.

[63] Peter Dauvergne, *Environmentalism of the Rich*, Cambridge, MA: MIT Press, 2016.

[64] Peter Dauvergne, *Handbook of Global Environmental Politics*, Edward Elgar. Cheltenham, 2005.

[65] Ramin Jahanbegloo and Vandana Shiva, *Talking Environment: Vandana Shiva in Conversation with Ramin Jahanbegloo*, Oxford: Oxford University Press, 2013.

[66] Ramachandra Guha and J. Martinez-Alier, *Varieties of Environmentalism: Essays North and South*, London: Earthscan, 1997.

［67］Reiner Grundmann, *Marxism and Ecology*. Oxford: Clarenddon Press, 1991.

［68］Robert Costanza, *Ecological Economics*, New York: Columbia University Press, 1991.

［69］Robert Costanza, John H. Cumberland, Herman Daly, et al., *An Introduction to Ecological Economics*, Florida: St. Lucie Press, 1997.

［70］R. Scott Frey, Paul K. Gellert and Harry F. Dahms, *Ecologically Unequal Exchange: Environmental Injustice in Comparative and Historical Perspective*, New York: Palgrave Macmillan, 2019.

［71］Rachel Carson, *Silent Spring*, New York: Mariner Books, 2002.

［72］Riley E. Dunlap and Andrew K. Jorgenson, *Environmental Problems*, Hobokon, NJ: Blackwell Publishing Ltd, 2012.

［73］Robert Albritton, *Eco-Socialism For Now and the Future: Practical Utopias and Rational Action*, New York: Palgrave Macmillan, 2019.

［74］Sven Beckert, *Empire of Cotton: A Global History*, New York: Knopf, 2014.

［75］Stephen G. Bunker, *Underdeveloping the Amazon: Extraction, Unequal Exchange, and the Failure of the Modern State*, Chicago: University of Chicago Press, 1985.

［76］Stephen G. Bunker and Paul S. Ciccantell, *Globalization and the Race for Resources*, Baltimore, MD: The Johns Hopkins University Press, 2005.

［77］Vandana Shiva, *Soil Not Oil: Environmental Justice in an Age of Climate Crisis*, Boston: South End Press, 2008.

［78］William Morris, *Art and Socialism*, London: Kessinger,

2004.

[79] Sunanda Sen and Maria Cristina Marcuzzo, *The Changing Face of Imperialism: Colonialism to Contemporary Capitalism*, New York: Routledge, 2018.

[80] Utsa Patnaik and Prabhat Patnaik, *A Theory of Imperialism*, New York: Columbia University Press, 2017.

[81] Zak Cope, *Divided World, Divided Class*, Montreal: Kersplebedeb, 2012.

[82] Andrew K. Jorgenson, "Environment, Development, and Ecologically Unequal Exchange", *Sustainability*, Vol. 8, No. 3, 2016, pp. 1 – 15.

[83] Andrew K. Jorgenson, "Unequal Ecological Exchange and Environmental Degradation", *Rural Sociology*, Vol. 71, No. 4, 2006, pp. 685 – 712.

[84] Andrew K. Jorgenson and Brett Clark, "The Economy, Military, and Unequal Exchange Relationships in Comparative Perspective", *Social Problems*, Vol. 56, No. 4, 2009, pp. 621 – 646.

[85] Andrew K. Jorgenson, Kelly Austin and Christopher Dick, "Ecologically Unequal Exchange and the Resource Consumption / Environmental Degradation Paradox: A Panel Study of Less-Developed Countries, 1970 – 2000", *International Journal of Comparative Sociology*, Vol. 50, No. 3 – 4, 2009, pp. 263 – 284.

[86] Alexander Cockburn, "Is Global Warming a Sin?", *Nation*, Vol. 284, No. 19, 2007, p. 8.

[87] Alexander Cockburn, "Who Are the Merchants of Fear?", *Nation*, Vol. 284, No. 21, 2007, p. 9.

[88] Alfred W. Crosby, "Virgin Soil Epidemics as a Factor in the

Depopulation of the Americas", *The William and Mary Quarterly*, Vol. 33, No. 2, 1976, pp. 289 – 299.

[89] Alf Hornborg, "Towards an Ecological Theory of Unequal Exchange: Articulating World System Theory and Ecological Economics", *Ecological Economics*, Vol. 125, No. 8, 2014, pp. 127 – 136.

[90] Alf Hornborg, "Ecological Economics, Marxism, and Technological Progress: Some Explorations of the Conceptual Foundations of Theories of Ecologically Unequal Exchange", *Ecological Economics*, Vol. 105, No. 9, 2014, pp. 11 – 18.

[91] Arthur P. J. Mol, "Environmental Authorities and Biofuel Controversies", *Environmental Politics*, Vol. 19, No. 1, 2010, pp. 61 – 79.

[92] Arthur P. J. Mol and Gert Spaargaren, "Environment, Modernity and The Risk Society: The Risk Society: The Apocalyptic Horizon of Environment Reform", *International Sociology*, Vol. 8, No. 4, 1993, pp. 431 – 459.

[93] Bill Warren, "Imperialism and Capitalist Industrialization", *New Left Review*, Vol. 81, 1973, pp. 3 – 44.

[94] Brian Ohl, Steven Wolf and William Anderson, "A Modest Proposal: Global Rationalization of Ecological Footprint to Eliminate Ecological Debt", *Sustainability: Science, Practice and Policy*, Vol. 4, No. 1, 2008, pp. 5 – 16.

[95] Branko Milanovic, "The Two Faces of Globalization: Against Globalization as We Know It", *World Development*, Vol. 31, No. 4, 2003, pp. 667 – 683.

[96] Brett Clark and Richard York, "Carbon Metabolism: Global Capitalism, Climate Change, and the Biospheric Rift", *Theory and Soci-*

ety, Vol. 34, No. 4, 2005, pp. 391 – 428.

[97] Brett Clark and John Bellamy Foster, "Ecological Imperialism and the Global Metabolic Rift: Unequal Exchange and the Guano/Nitrates Trade", *International Journal of Comparative Sociology*, Vol. 50, No. 3 – 4, 2009, pp. 311 – 334.

[98] Cynthia A. Hody, "A Review of Ecological Imperialism", *Politics and the Life Sciences*, Vol. 10, No. 1, 2016, pp. 82 – 83.

[99] Dario Padovan and Alfredo Aliettiy, "Geo-capitalism and Global Racialization in the Frame of Anthropocene", *International Review of Sociology*, Vol. 29, No. 2, 2019, pp. 172 – 196.

[100] Debra J. Davidson, "The Applicability of the Concept of Resilience to Social Systems: Some Sources of Optimism and Nagging Doubts", *Society and Natural Resources*, Vol. 23, No. 12, 2010, pp. 1135 – 1149.

[101] Derrick Jensen, "Forget Shorter Showers", *Orion Magazine*, Vol. 28, No. 4, 2009, pp. 18 – 19.

[102] Daniel D. Moran, Manfred Lenzen, Keiichiro Kanemoto and Arne Geschke, "Does Ecologically Unequal Exchange Occur?", *Ecological Economics*, Vol. 89, No. 1, 2013, pp. 177 – 186.

[103] Hugh Dyer, "Eco-imperialism: Governance, Resistance, Hierarchy", *Journal of International Relations and Development*, Vol. 14, No. 2, 2011, pp. 186 – 212.

[104] James Rice, "Ecological Unequal Exchange: Consumption, Equity, and Unsustainable Structural Relationships within the Global Economy", *International Journal of Comparative Sociology*, Vol. 48, No. 1, 2007, pp. 43 – 73.

[105] Jason W. Moore, "The Value of Everything? Work, Capital, and Historical Nature in the Capitalist World-Ecology", *Review* (*Fernand*

Braudel Center), Vol. 37, No. 3 - 4, 2014, pp. 245 - 292.

[106] Jason W. Moore, "Marx's Ecology and the Environmental History of World Capitalism", *Capitalism Nature Socialism*, Vol. 12, No. 3, 2001, pp. 134 - 139.

[107] Jason W. Moore, "Transcending the Metabolic Rift: A Theory of Crises in the Capitalist World-Ecology", *The Journal of Peasant Studies*, Vol. 38, No. 1, 2010, pp. 1 - 46.

[108] Jennifer E. Givens, "Ecologically Unequal Exchange and the Carbon Intensity of Well-being, 1990 - 2011", *Environmental Sociology*, Vol. 4, No. 3, 2018, pp. 311 - 324.

[109] Jennifer E. Givens, Xiaorui Huang and Andrew K. Jorgenson, "Ecologically Unequal Exchange: A Theory of Global Environmental in Justice", *Sociology Compass*, Vol. 13, No. 5, 2019, pp. 1 - 15.

[110] Jerey D. Sachs and Andrew M. Warner, "Natural Resources and Economic Development: The Curse of Natural Resources", *European Economic Review*, Vol. 45, 2001, pp. 827 - 838.

[111] Joan Martinez-Alier, Leah Temper, Daniela Del Bene and Arnim Scheidel, "Is there a Global Environmental Justice Movement?", *The Journal of Peasant Studies*, Vol. 43, No. 3, 2016, pp. 731 - 755.

[112] John M. Shandra, Christopher Leckband, Laura A. McKinney and Bruce London, "Ecologically Unequal Exchange, World Polity, and Biodiversity Loss: A Cross-National Analysis of Threatened Mammals", *International Journal of Comparative Sociology*, Vol. 50, No. 3 - 4, 2009, pp. 285 - 310.

[113] Joel Kovel, "The Struggle for Use Value: Thoughts About the Transition", *Capitalism Nature Socialism*, Vol. 11, No. 2, 2000, pp. 2 - 23.

[114] John Bellamy Foster, "A Warning to Africa: The New U. S. Imperial Grand Strategy", *Monthly Review*, Vol. 58, No. 2, 2016, pp. 1 – 12.

[115] John Bellamy Foster, "Capitalism and the Accumulation of Catastrophe", *Monthly Review*, Vol. 63, No. 7, 2011, pp. 1 – 17.

[116] John Bellamy Foster, "Marx's Theory of Metabolic Rift: Classical Foundations for Environmental Sociology", *American Journal of Sociology*, Vol. 105, No. 2. 1999, pp. 366 – 405.

[117] John Bellamy Foster, "The New Imperialism of Globalized Monopoly-Finance Capital", *Monthly Review*, Vol. 67, No. 3, 2015, pp. 1 – 22.

[118] John Bellamy Foster, "Monopoly Capital at the Turn of the Millennium", *Monthly Review*, Vol. 51, No. 1, 2000, pp. 1 – 18.

[119] John Bellamy Foster and Dennis Soron, "Ecology, Capitalism, and the Socialization of Nature", *Monthly Review*, Vol. 56, No. 4, 2004, pp. 1 – 12.

[120] John Bellamy Foster and Paul Burkett, "Value Isn't Everything", *Monthly Review*, Vol. 70, No. 6, 2018, pp. 1 – 17.

[121] John Bellamy Foster, Brett Clark and Richard York, "Capitalism and the Curse of Energy Efficiency: The Return of the Jevons Paradox", *Monthly Review*, Vol. 62, No. 6, 2010, pp. 1 – 12.

[122] John Bellamy Foster and Hannah Holleman, "The Theory of Unequal Ecological Exchange: A Marx-Odum Dialectic", *Journal of Peasant Studies*, Vol. 41, No. 2, 2014, pp. 199 – 233.

[123] John Bellamy Foster, Robert McChesney and R. Jamil Jonna, "The Internationalization of Monopoly Capital", *Monthly Review*, Vol. 63, No. 2, 2011, pp. 1 – 23.

[124] Joseph Huber, "Pioneer Countries and the Global Diffusion

of Environmental Innovations: Theses from the Viewpoint of Ecological Modernisation Theory", *Global Environmental Change*, Vol. 18, No. 3, 2008, pp. 360 – 367.

[125] Joseph Huber, "Technological Environmental Innovations (TEIs) in a Chain-Analytical and Life-Cycle-Analytical Perspective", *Journal of Cleaner Production*, Vol. 16, No. 18, 2008, pp. 1980 – 1986.

[126] Mariko Lin Frame, "The Neoliberalization of (African) Nature as the Current Phase of Ecological Imperialism", *Capitalism Nature Socialism*, Vol. 27, No. 1, 2016, pp. 87 – 105.

[127] Martin Oulu, "Core Tenets of the Theory of Ecologically Unequal Exchange", *Journal of Political Ecology*, Vol. 23, No. 1, 2016, pp. 446 – 466.

[128] Paul Burkett, "An Eco-Revolutionary Tipping Point Global Warming, the Two Climate Denials, and the Environmental Proletariat", *Monthly Review*, Vol. 69, No. 1, 2017, pp. 1 – 19.

[129] Richard Smith, "Green Capitalism: the God that Failed", *Real-World Economics Review*, Vol. 56, No. 11, 2011, pp. 112 – 144.

[130] Yohan Ariffin, "On the Scope and Limits of Green Imperialism", *Peace Review*, Vol. 22, No. 4, 2010, pp. 373 – 381.

[131] Eddie Yuan, "Reply to 'The Myth of "Environmental Catastrophism"'", *Monthly Review*, Vol. 65, No. 7, 2013, pp. 52 – 54.

[132] Zhun Xu, "The Ideology of Late Imperialism The Return of the Geopolitics of the Second International", *Monthly Review*, Vol. 72, No. 10, 2021, pp. 1 – 20.